참여정권, 건설족 덫에 걸리다

참여정권, 건설족 덫에 걸리다

초판 1쇄 발행 | 2005년 9월 20일

지은이 | 박태견
펴낸이 | 승영란
디자인 | Design co-KKIRI 02-735-1206

펴낸곳 | 뷰스
주소 | 서울 중구 정동 11-3 두비빌딩 703호
문의 전화 | 02-753-2700, 2778
FAX | 02-753-2779

분해·출력 | 애드샵
찍은곳 | 미래프린팅
등록 | 2005년 8월 5일 제 2-4208호

©박태견, 2005
값 12,000원
ISBN 89-85145-95-9 03320

참여정권, 건설족 덫에 걸리다

| 박태견 지음 |

'건설족' 이야기

일본을 쥐락펴락하는 암장군(暗將軍), '건설족'

신조어를 잘 만드는 일본인들이 만든 용어 중에 '건설족(建設族)'이라는 게 있다. 건설업계와 깊게 유착해 있는 정치인, 관료, 언론인, 학자 등을 통틀어 가리키는 개념이다. 총리를 비롯한 일본 정-관계의 내로라하는 실력자들과 일본의 정책을 막후에서 쥐락펴락하는 '일본의 어둠속 실세', 즉 일본식 표현을 빌면 '암장군(暗將軍)'이 다름 아닌 이들 건설족이라는 게 일본의 비판적 지식인과 언론들의 일치된 분석이다. 이와 반대로 겉으로만 실력자인양 허세를 부릴 뿐 실상은 허깨비에 불과한 정-관계 인사들을 '영장군(影將軍)'이라 비아냥댄다.

일본 건설족의 막강 파워를 보여주는 한 사례가 있다.

지난 2002년 9월17일 고이즈미 준이치로 일본총리가 북한을 전격 방문해 김정일 국방위원장과 정상회담을 갖고 '연내 북-일 수교'에 합의, 당시 북한 고립정책을 펴던 미국 부시 정권을 격노케 한 '평양선언' 발표 직후의 일이다. 일본 굴지의 메이저 신문사 사장이 한국을 방문해 친분이 두텁던 국내의 모방송사 사장과 만난 사석에서 평양선언의 성사 배경을 말한 적이 있다.

그는 고이즈미 총리가 그 무렵 북한을 '악의 축'으로 규정한 뒤 철저한 봉쇄전략을 추구하던 미국에게 북-일 정상회담을 불과 사흘 전에 통고해 분노를 사면서까지 극비리에 북-일 수교를 추진한 배경이 "다름 아닌 '건설족' 때문이었다"고 밝혔다. 그에 따르면, 일본집권 자민당을 비롯한 일본정계와 일본 관료들의 최대 자금줄은 다름 아닌 건설업계이다. 1980년 중반부터 1990년초까지 5년 새 부동산값이 3배나 폭등할 때 일본 건설업계는 물론, 일본 정-관계는 더없는 '황금시대'를 구가했다. 폭리에 대한 반대급부로 건설업계에서 무궁무진한 자금이 흘러들어왔기 때문이다.

그러다가 1991년 부동산거품이 터지면서 정계와 재계에 돈줄이 말라 이들은 몇년간 굶주린 불만의 계절을 보내야 했다. 그러던 중 1995년 1월17일 고베 대지진이 발발했다. 진도 7.2의 강진으로 고베시가 초토화되면서 5천2백여명이 죽고 2만6천여명이 다치는 대참사였다. 그러나 굶주려 있던 건설족에게는 더없는 '낭보'였다. 막대한 인명 피해외에 무려 14조1천억엔(우리돈 1백50조원대) 규모의 엄청난 물적 피해가 발생했고, 이에 따라 엄청난 긴급 예산 등이 투입되면서 거대한 건설수요가 발생했기 때문이다. 고베 지진으로 가뜩이나 부실했던 일본 재정은 더욱 부실화됐으나, 건설족에게는 알 바 아니었다.

하지만 '고베 특수' 또한 오래 갈 수 없었다. 1990년대 후반 들어 고베 특수가 소멸하자, 그때부터 건설족은 새로운 건설수요를 찾아 국내외를 훑었다. 그 결과 도달한 결론이 '북-일 수교를 통한 대규모 건설특수'를 일으키자는 것이었다. 결론에 도달한 건설족은 김대중 대통령과 김정일 국방위원장간 6.15 남북정상회담으로 한반도에 해빙무드가 무르익은 2000년 다음해인 2001년부터 극비리에 북한과 수교협상을 진행했고, 마침내 2002년 9월 고이즈미 총리가 평양을 방문해 북-일 정상회담을 갖기에 이른 것이다.

북-일 실무협상 과정에서 북한이 요구한 배상금은 직접배상과 유상원조 등을 포함해 3백억달러였다. 당초 일본이 예상했던 1백억달러 수준보다 크게 많은 액수였으나 일본은 큰 틀에서 이 요구를 받아들이기로 하고, 원산은 일본 A은행과 B건설이 맡아 개발하고, 신의주는 일본 C은행과 D건설이 맡아 개발하기로 하는 식으로 구체적 플랜까지 마련했다고 한다. 대북 배상금을 풀어 일본 건설족에게 일거리를 만들어주고 반대급부를 취하려했던 것이다.

일본 건설족은 여기에 멈추지 않고 한반도 평화 정착시를 전제로, "한반도를 관통해 중국-러시아-일본을 거미줄같이 엮는 철도-가스-통신망 등 거대한 동북아개발 네트워크를 구축한다"는 플랜 아래 향후 10년간 1천2백억달러를 들어 한-일 해저터널을 뚫겠다는 계획을 발표하는 등 야심 찬 그림을 그렸다 한다. 요컨대 일본 건설족은 북-일 수교를 계기로 동북아에 거대한 개발수요를 일으켜 건설불황을 돌파하려 했고, 이에 미국의 반발을 충분히 예상하면서까지 고이즈미 총리를 내세워 북-일 정상회담을 추진했다는 것이다.

일본 건설족의 의욕적 시도는 조지 W. 부시 미대통령의 격노에 부딪혀 좌절됐으나, 2004년 미국 대통령 선거 운동과정에 한때 케리 민주당후보의 당선 가능성이 높아지는 듯 싶자 고이즈미 총리가 재차 북한을 방문해 김정일 국방위원장과 2차 정상회담을 갖고 수교협상을 재개하기로 하는 등 부시 이후를 대비한 듯한 미묘한 행보를 보이기도 했다.

일본 건설족은 이렇듯 일본 국내정책뿐 아니라, 일본의 최대우방인 미국과의 갈등까지 감수하면서 외교정책의 큰 흐름까지 바꾸려 들 정도로 절대적 영향력을 행사하고 있으며, 그 동인은 다름 아닌 '건설족의 이해관계'라는 게 일본 신문사 사장의 전언이었다. 요컨대 일본은 건설족의 나라인 것이다.

세계 불안의 진앙 '미국 건설족'

건설족은 일본에만 존재하는 게 아니다. 지구상 거의 모든 나라에 예외없이 존재하고 있으며, 미국에서도 건설족의 위력은 대단하다. 건설족의 막강 파워는 미국의 이라크 침공 전후에 그 실체를 또 한번 드러냈었다.

미국 공화계의 현존하는 최대 대부, 일본식 표현을 빌면 '미국의 암장군'은 다름 아닌 조지 프랫 슐츠 전 국무장관(85)이다. 슐츠는 레이건-부시정권 시절인 1982~1989년까지 7년간 국무장관을 맡아 미국 외교를 총괄하며 공산권 붕괴를 주도한 인물로 유명하나, 그의 알려지지 않은 파워는 그 이상이다. 그는 레이건 정권시절인 1981~1987년 국방장관을 지낸 캐스퍼 와인버거와 함께 영화배우 출신인 레이건 대통령을 쥐락펴락하던 실세 중 실세였다. 슐츠와 와인버거 쌍두마차는 1988년 조지 부시 대통령 탄생에도 결정적 역할을 했으나, 그후 부시 대통령이 이들에게 했던 '약속'을 지키지 않는 바람에 사이가 벌어졌다. 자신이 대통령이 되면 당시 '이란 콘트라' 사건에 깊게 연루돼 곤경에 빠져있던 와인버거를 구해 주겠다던 약속을 지키지 않았기 때문이다.

이란 콘트라 사건이란 레이건 후반부인 1986년 10월, 이란에 잡혀있던 미국인 인질을 풀어주는 대가로 미국이 대통령 승인하에 이란에게 판매 금지된 무기를 밀수출하고, 여기서 받은 수출대금을 극비리에 니카라과의 산디니스타 정권을 무너뜨리기 위한 반군 우익게릴라(콘트라)에게 지원했다가 들통 난 스캔들이었다. 이 사건은 '특검'까지 가동될 정도로 공화당 정권을 궁지에 몰았고, 부시 대통령도 문제를 푸는 데 한계가 있을 수밖에 없었다.

그러나 사정이 어떠했든 간에, 부시의 위약에 분개한 슐츠와 와인버거는 부시 대통령의 1992년 재선 운동과정에 냉담한 태도로 일관했고, 이들의 외면으로 결국 부시 대통령은 시골 주지사 출신의 빌 클린턴 민주당후보에게 권력을 넘겨줘야 했다.

그후 수년간 슐츠 등과 부시 전대통령 사이는 극히 냉랭했다. 하지만 목마른 쪽이 먼저 우물을 찾는 법. 부시 전대통령은 2000년 대선 전 슐츠를 찾아와 자신의 과거 잘못을 사과한 뒤 "아들 조지 W. 부시가 대통령이 될 수 있도록 도와달라"고 고개를 숙였다. 이에 슐츠는 사과를 받아들인 뒤 부시 캠프 구성을 주도하는 등 '부시 대통령 만들기'에 전격 나섰고, 현재 부시의 외교정책을 총괄하고 있는 콘돌리자 라이스 현 국무장관을 외교 문외한인 부시에게 천거하며 "앞으로 모든 외교정책은 라이스 말을 따르라"고 한 것도 슐츠였다. 라이스는 슐츠가 국무장관 시절 그의 보좌관으로 소련 붕괴를 주도했던 '슐츠사단' 중 일원이었다. 결국 아들 부시는 2000년 미국의 대통령이 될 수 있었다. 그후 부시의 외교정책을 비롯한 주요정책의 이면에는 슐츠의 입김이 깊게 작용하고 있다. 특히 부시의 이라크 침공 결정에도 슐츠는 지대한 영향력을 행사한 것으로 알려지고 있다.

그렇다면 슐츠는 왜 부시 대통령 만들기에 나섰나. 그 답 중 하나는 슐츠가 현재 미국 최대 건설사인 벡텔사의 회장을 맡고 있다는 데서 찾아야 할 것이다. 벡텔은 이라크 침공을 전후해 이라크의 재건 건설사업을 싹쓸이하다시피 하고 있다. 흥미로운 대목은 슐츠와 더불어 공화당의 양대 암장군 역할을 해온 와인버거도 레이건 정권에 국방장관으로 합류하기 전인 1975~1981년에 벡텔사 특별고문을 맡았었다는 사실이다.

미국의 대표적인 건설족 중에서 딕 체니 부통령을 빼놓을 수 없다. 그는 아버지 부시 정권 시절 국방장관을 지냈던 인물로 1992년 부시가 대선에 패하자 야인으로 물러난 뒤 1995년부터 5년간 유전개발사이자 건설사인 핼리버튼의 사장을 역임했다. 체니는 이 기간 동안 핼리버튼의 정부사업 수주 규모를 취임 전 2배인 23억달러로 키웠으며, 정치기부금 역시 두배 이상 늘려 공화당 후보들에게 흘러들어가도록 했다.

'네오콘(신보수주의자)'의 대부격인 체니의 진가는 2000년 부통령이 된 뒤 본격적으로 빛을 발했다. 아프간 전쟁 때는 아프간 부근 지역의 미 군사기지 관리사업 등을 핼리버튼에게 건네줬으며, 2004년에는 이라크 침공을 주도해 이라크 점령 직후 미육군을 통해 핼리버튼이 수십억달러 규모의 이라크 유전개발사업을 독식하도록 했다. 또 이라크 침공 직후에는 핼리버튼을 이라크 전후 복구사업에 참여할 유선입찰자로 지명된 5대 그룹 중 하나로 선정했다. 핼리버튼 외에 입찰자로 지명된 그룹은 슐츠가 회장을 맡고 있는 벡텔 그룹, 플루오르 그룹, 파슨스 그룹, 더 루이스 베르거 그룹 등이었다. 특히 미 국방부는 이라크 침공 전에 이미 핼리버튼사의 자회사인 '켈로그, 브라운 & 루트(약칭 KBR)'에 사담 후세인이 유전에 불을 지를 경우 원유를 통제할 권리를 부여, 특혜 논란을 불러일으켰다. KBR은 이전 '테러와의 전쟁'에서도 알 카에다 등 테러 용의자를 수감하는 관타나모 수용소의 3천3백만달러 규모의 건설 계약을 따내는 등 '체니 특수'를 톡톡히 누리고 있다.

미국에서는 이런 권력과 건설업계의 야합을 '기업정치(corporatocracy)'라 부른다. 미 국가안전보장국(NSA) 산하의 위장 컨설팅회사에서 공작을 해온 존 퍼킨스가 2001년 9.11테러에 충격을 받아 쓴 양심고백서인 〈경제저격수의 고백〉은 미국 기업정치의 추한 이면을 적나라하게 드러내고 있다. 위장 '민간 경제전문가' 자격으로 그가 한 일은 컨설팅을 맡은 해당 국가의 경제성장률을 터무니없이 부풀려 예측하고, 이에 따라 필요 이상의 매머드 기간산업 개발계획을 수립하는 것. 이어 미국 지배하의 세계은행 등을 통해 필요한 차관을 도입한 뒤 벡텔, 핼리버튼 같은 미국 거대 건설기업들이 개발사업의 계약을 따내도록 유도한다. 그는 첫 표적이었던 인도네시아에서 인도네시아 전문가들의 반발에도 불구하고, 연간 15~19%의 터무니없는 전기수요 증가 예측을 토대로 대규모 전력회사를 세우도록 하는 데 성공했다. 이밖에도 1차 오일쇼크로 거대한 오일머니를 쥐게 된 사우디아라비아를 대상으로는 첨단산업단지에 대한 환상을 부추겨, 황량했던 사막에 전력공급시스템, 고속도로, 송유관, 통신시설, 공항, 항구, 대규모 주택단지, 쇼핑몰, 상하수도, 공공시설이 들어서게 함으로써 개발이익의 대부분이 벡텔 등 미국 건설기업에게 돌아가게 만들었다.

그에 따르면 기업정치의 최초 창시자는 케네디·존슨 정권에서 국방장관으로 재직했던 로버트 맥나마라로, 포드자동차 사장에서 국방장관을 거쳐 세계은행 총재가 되는 방식으로 기업정치를 작동시켰다. 이런 식으로 레이건 시절 국무장관이었던 조지 슐츠는 벡텔의 회장이 됐고 체니 부통령은 아버지 부시 정권 시절 국방장관과 핼리버튼 회장을 거쳤다. 이라크전 입안자인 폴 울포위츠 국방장관은 세계은행 총재가 됐다.

현재 세계를 지배하고 있는 미국에는 검은 돈을 양산하는 집단으로 '건설족' 외에도 '무기족'과 '석유족'을 꼽고 있다. 무기족이란 군산복합체를 일컫는 말이며, 석유족이란 부시 일가로 대표되는 석유재벌들을 일컫는다. 이들 3족은 부시 정권 시절을 맞아 최고의 전성기를 누리며 이윤을 극대화하고 있으며, 이에 비례해 세계에는 반미감정과 긴장도 고조되고 있다. 미국 건설족 등 3족은 세계 불안의 진앙인 것이다.

대통령까지 좌지우지하는 '한국 건설족'

우리나라의 경우는 어떠한가.

국민들은 체험적으로 한국도 건설족의 나라라는 사실을 잘 알고 있다. 지역내에 어려운 소년소녀가장, 독거노인 등이 무수함에도 불구하고 한 겨울에 예산이 남아돈다는 이유로 보도블럭을 뜯어내는 지방자치단체나, 불법정치자금 수사 때마다 재벌 계열건설사에서 조성된 비자금의 뚜껑이 열리는 장면을 수없이 지켜보는 과정에 자연스레 체득한 진실이다. 특히 최근 몇 년 사이에는 아파트값 폭등 과정에 그 실체를 뚜렷이 목격하고 있다.

노태우 정부 후반부인 1990~1992년 경제수석을 맡아 당시 만연했던 부동산투기를 일소했던 김종인 박사(현 국회의원)는 "한국의 건설-주택 정책을 언제 정부가 정했나. 건설업자들이 정했지"라고 단언한다. 역대의 한국 건설정책은 '건설족의, 건설족에 의한, 건설족을 위한 정책' 이었다는 지적이다.

요즘 '삼성 공화국' 론이 세간의 화두다. 삼성그룹이 막대한 자금력을 바탕으로 한국의 각계를 쥐락펴락하고 있으며, 특히 전체 언론광고의 15%를 공급하면서 비판여론을 원천 봉쇄 또는 통제하고 있다는 지적이다. '이상호 X파일'이 공개되면서 삼성 공화국론은 한층 설득력을 얻고 있다. 그러나 한 국 사회에서 '삼성 공화국' 보다 몇배 막강한 파워를 발휘하고 있는 것이 다름 아닌 건설족이다. 한 예로 건설족은 최근 몇 년간 전체 신문광고의 50% 전후를 공급하고 있다. 대다수 언론이 건설족의 횡포, 폭리에 대해 침묵하거나, 한 걸음 더 나아가 그들의 주장을 확대재생산하고 있는 것도 이런 맥락에서다. 한국은 '건설족 공화국'인 것이다.

김종인 박사 경험에 따르면, 한국의 건설족은 경제관료나 정치권은 물론 권력의 최고정점인 대통령에게까지 심대한 영향력을 미친다. 이렇듯 무소불위의 영향력을 행사하고 있는 한국 건설족의 또다른 이름은 그룹 산하에 예외 없이 건설계열사를 거느리고 있는 다름 아닌 '재벌'이다.

김 박사는 당초 1988년초 노태우 정권 출범 당시 초대 경제 부총리로 내정됐었다. 하지만 노태우 당선자가 이 '약속'을 깼다. 전경련을 필두로 한 재벌들의 필사적인 저지 로비 탓이었다. 재벌들이 김종인 박사의 출현에 대해 동물적 거부반응을 보인 것은 1987년 9차 개헌때 김 박사가 보인 철저한 '재벌 견제' 성향 때문이었다.

당시 집권 민정당 의원으로 1987년 개헌작업에 경제분과 책임자로 참여했던 김 박사는 헌번 제119조를 신설하려 해 재계를 경악케 했다. 제119조에서 문제가 된 것은 "국가는 균형 있는 국민경제의 성장 및 안정과 적정한 소득의 분배를 유지하고, 시장의 지배와 경제력의 남용을 방지하며 경제 주체 간의 조화를 통한 경제의 민주화를 위하여 경제에 관한 규제와 조정을 할 수 있다"는 2항. 김 박사는 "앞으로 십수년 후 경제규모가 더 커지면 재벌이 국가권력 위에 군림하려 할 게 분명한 만큼 헌법안에 이에 대한 견제장치를 만들어 둬야 한다"고 판단, 헌법에 '경제 민주화'라는 개념을 도입함으로서 재벌의 폐해를 막으려 한 것이다.

당연히 전경련 등 재벌의 거센 반격이 있었다. 친재벌 언론 등을 통해 "김 의원이 시장경제의 근간을 해치는 공산주의식 발상을 하고 있다"는 비난이 잇따랐다. 여기서 멈추지 않고 당시 전경련회장이던 정주영 고 현대그룹회장은 재계 차원의 대책반을 꾸렸고, 김우중 당시 대우그룹회장이 대책반장을 맡아 조직적으로 반격에 나섰다. 전경련은 김 의원에게 공개 토론회를 제안하기에 이르렀고, 김 의원은 이에 응해 설악산 호텔에서 1박2일간 홀로 재벌총수 및 친재벌 성향의 학자, 언론인 등을 상대로 미국, 유럽 등 선진국의 예를 들며 치열한 논쟁을 벌여 이들의 반발을 논리적으로 잠재웠다. 토론회가 끝난 뒤 정주영 회장은 김 의원에게 "자본주의를 그렇게 깊숙이 이해하고 계신 줄 몰랐다"고 전경련의 완패를 시인했다.

이같은 '위험분자'인 김종인 박사가 노태우 정권의 초대 경제부총리로 내정됐다는 소식이 알려지자 재계는 펄쩍 뛸 수밖에 없었고, 재벌총수들까지 나선 치열한 로비 끝에 김종인의 입성을 저지할 수 있었다. 이처럼 약속을 깼던 노 대통령이 멋쩍은 표정으로 김 박사에게 "도와 달라"고 부탁한 것은 그로부터 2년 뒤인 1990년초 일이다. 이유는 경제에 적신호가 켜진 데다가 부동산값 폭등으로 민심이 폭발직전의 위험수위에 도달했기 때문이었다.

3저 호황의 착시가 심했던 1987~1990년 부동산값은 폭등을 거듭했다. 이른바 '제3차 부동산 폭등기'이다. 이 기간 중 땅값은 연평균 23.7%나 뛰어올랐다. 이 와중에 재벌들도 경쟁적으로 수천만평의 땅을 사들이는 땅투기에 나서 국민 비난여론이 들끓었다. '정권 안보' 차원에서라도 부동산투기를 잠재워야 할 시점이었고, 노 대통령은 결국 김 박사에게 도움을 청하기에 이른 것이다.

김 박사는 노 대통령에게 두 가지 요구를 했다. 첫 번째는, 경제문제에 관한 '전권(全權)'이었다. "부동산 거품을 빼는 등 개혁을 하는 과정에 불가피하게 주가 급락 등의 고통이 뒤따르는데, 주가가 반토막이 나더라도 모른 채해주십시오." 두 번째는, 재벌총수와 독대하지 말라는 것이었다. 꼭 만날 일이 있으면 자신을 거쳐 만나라 했다. 재벌 등 건설족의 집요한 대(對)대통령 로비 공세를 사전차단하기 위한 주문이었다. 노 대통령은 "그렇게 하마"라고 약속했고, 그는 청와대 경제수석직을 수락했다.

김 박사가 경제수석이 되자마자 가장 먼저 빼어든 칼은 재벌들의 비업무용 부동산 토지 매각이었다. 이른바 '5.8 부동산조치'였다. "망국적 부동산 투기를 잡지 않으면 나라가 결딴난다"는 판단에서였다.

그는 우선 노 대통령으로 하여금 5대 재벌총수들을 청와대로 함께 불러 만나도록 했고, 노 대통령은 김 수석 주문대로 재벌총수들에게 재벌들이 보유하고 있는 비업무용 부동산을 즉각 매각하도록 지시했다. 침통한 표정의 재벌총수들은 "그렇게 하겠다"고 약속하고 물러갔다. 그런데 시간이 지나도 함흥차사였다. 김 수석은 강영훈 당시 국무총리에게 전화를 걸어 "총리께서 한번 재벌총수들을 만나 대통령과 한 약속을 지키라고 독려해 달라"고 부탁했고, 강 총리는 "그러마" 하고 약속했다. 얼마 뒤 강 총리로부터 전화가 왔다.

"김 수석, 우리나라에서 총리는 아무래도 허깨비인가 봐. 내가 한번 보자고 해도 총수들이 이런저런 핑계를 대고 아무도 만나려 하질 않아."

김 수석은 "수고 많으셨다"고 전화를 끊은 뒤 곧바로 5대 재벌 기조실장들을 소집, 불같이 호통을 쳤다.

"정권과 한번 해 보자는 거냐. 당신들 눈에 대통령이 그렇게 우습게 보이냐."

단호한 최후통첩이었다. 그제서야 겁 먹은 재벌들이 황급히 움직이기 시작했다.

그후 재벌들이 보인 반응이 흥미로웠다. 10대 재벌이 비업무용 부동산을 어떻게 처리할 것인가를 정리한 계획서를 갖고 왔다. 총 1천5백만평이었다. 그러자 11대 이하 나머지 재벌들이 앞다퉈 "왜 10대 재벌만 땅을 팔게 하느냐. 우리도 국가정책에 따르겠다. 비업무용 땅을 팔겠다"고 자발적으로 나섰다. 가만히 있다가 무슨 날벼락을 맞을지 모른다는 판단에서였을 것이다. 이렇게 해서 11~30대 재벌들이 내놓은 땅이 3천만평이었다. 정부의 목표치보다 배 이상 많은 4천5백만평의 비업무용 땅을 처분할 수 있었고 그후 10년간 부동산투기 바람을 깨끗이 잠재울 수 있었다.

김 박사는 "90년대초 4천5백만평의 비업무용 토지를 팔게 해 그나마 1997년 IMF사태가 발발했을 때 금융권 등의 부실과 국민 부담을 최소화할 수 있었다"고 회고한다. 만약 재벌들이 땅을 그대로 갖고 있었다면 이를 담보로 천문학적 액수의 담보대출을 더 받았을 것이고, 그만큼 국민들이 부담해야 할 공적자금액도 늘었을 것이라는 이유에서다.

하지만 비업무용 토지를 강제 매각시키는 과정에도 재벌들은 막판까지 교묘한 '꼼수'를 부리려 했다. A그룹이 대표적 예로, A그룹은 제주도에 4백만평의 비업무용 땅을 보유하고 있었다. A그룹은 이 가운데 3백만평을 처분하겠다고 밝혀왔다. 외형상 큰 성의를 보인 것인 양 비쳤다. 김 수석은 그러나 A그룹이 보유하고 있는 제주도 땅의 지적도를 가져오라 해 들여다보았다. A 그룹의 꼼수가 곧바로 발견됐다. A그룹이 내놓은 땅 3백만평은 산간벽지의 별 쓸모없는 땅인 데 반해, 안 내놓은 1백만평이야말로 알토란이었던 것. 김 수석은 곧바로 A그룹을 불러 "이런 식으로 정부를 갖고 놀려 하냐"고 호통쳤고, 결국 A그룹은 치를 떨며 그 땅마저 처분해야 했다. 당시 재벌들 가운데에는 헐값에 땅을 팔기가 억울해(?) 주위 대학 등에 기부한 이들도 있었다.

하지만 서슬 퍼런 김종인 수석이 버티고 있는 와중에도 노태우 대통령과 재벌간의 더러운 뒷거래는 은밀히 진행됐다. 노 대통령이 김 수석과의 약속을 깨고 김 수석 모르게 이현우 경호실장을 통해 재벌들과 비밀리에 만나 4천억원대 뇌물을 챙긴 것이었다. 자금 수수의 대가는 대규모 관급공사 나눠주기였다. 퇴임한 지 3년 뒤 터진 비자금 사건으로 구속된 노태우 구속영장에는 그가 대형 정부 발주공사들을 재벌 건설사들이 수주할 수 있게 해주는 대신 공사비의 10%를 커미션으로 챙긴 사실이 적나라하게 적시돼 있다. 한 예로 김우중 대우회장은 1991년 5월초 청와대 대통령 집무실에서 진해 해군 잠수함기지 건설을 대우건설이 수주할 수 있게 해준 데 대한 사례로 노태우 대통령에게 50억원, 같은 달 중순에도 같은 취지로 50억원 등 도합 1백억원을 상납했다. 잠수함기지 공사비는 9백96억8천2백만원. 공사비의 10%를 노대통령이 삼킨 것이다. 건설족의 뒷거래가 얼마나 추잡한 형태로 진행돼 왔는가를 보여준 명백한 증거였다.

건설족간 추악한 거래는 그후 여러 차례의 대통령 불법 대선자금 수사 과정에서도 예외없이 목격됐다. 삼성, 롯데 등 굴지의 재벌들이 받친 수십억, 수백억원의 불법 대선자금은 한결같이 재벌의 건설 계열사에서 조성된 비자금들이었다. 건설족이 한국 부패의 근원임을 감지케 하는 대목이다. 재계까지 참여해 '반부패 사회협약'을 선언한 요즘에도 건설사 없는 재벌이란 애당초 생각할 수 없는 듯, 후계-상속 등의 과정에 모그룹에서 분가한 신흥 재벌들이 가장 먼저 만드는 자회사가 다름 아닌 건설 계열사이다. 그도 그럴 것이 대다수 검은돈은 지금도 건설 계열사를 통해 조성되고 있기 때문이다. 또한 최근 '형제의 난'으로 비자금 등 재벌가의 추한 이면을 드러낸 두산그룹의 경우도 건설 계열사인 두산산업개발이 하청업체 공사비를 부풀리는 방식으로 비자금을 조성해, 오너들이 제 돈처럼 펑펑 사용해온 사실이 백일하에 드러났다.

김 박사는 재벌로 대표되는 건설족의 발호는 앞으로도 계속될 것으로 내다보고 있다. "솔직히 말해 한국 재벌들이 여지껏 제 실력으로만 오늘날만큼 돈을 모았나? 부동산투기가 큰 도움이 됐지. 앞으로도 제 힘으로는 그 유혹을 떨쳐버리지 못할 거다"

김 박사 말대로 건설족의 생명력은 잡초처럼 끈질기다. 김 박사의 질풍노도 같은 몰아치기에 숨죽였던 건설족은 그로부터 10년이 지난 2001년부터 또다시 전국적으로 아파트투기, 땅투기 광풍을 불러일으키며 한국을 재앙적 위기상황으로 몰아넣고 있다.

부동산투기가 극성을 부릴 때마다 역대 위정자들은 "투기와의 전쟁"을 선포했다. 하지만 이는 대단히 위선적 캐치프레이즈이다. 작금의 부동산값 폭등은 복부인 등 개별적 투기세력의 일방적 탓만이 아니기 때문이다. 그보다는 불로소득-부패 고리로 연결돼 있는 재벌-관료-정치권-언론 등 기득권 세력과의 전쟁, 즉 "건설족과의 전쟁"이 근원적 해법이다. 지금 우리 사회는 국가 생존적 차원에서 "건설족과의 전쟁"을 절실히 필요로 하고 있는 중차대한 시점을 맞고 있는 것이다.

| **프롤로그** | '건설족' 이야기

일본을 쥐락펴락하는 암장군(暗将軍), 건설족 · 5
세계 불안의 진앙 미국 건설족 · 8
대통령까지 좌지우지하는 한국 건설족 · 14

1장_ 참여정부, 뱀파이어와 손잡다

뱀파이어 경제 시대 · 29
통한의 양극화 초래한 1차, 2차, 3차 뱀파이어 착취 · 31
노무현 후보의 공약, 아파트투기 뿌리 뽑겠다 · 36
노 대통령의 잘못 끼운 첫 단추, 김종인에서 김진표로 · 39
김진표 메시지, "걱정마라, 부동산 규제는 없다" · 42
불붙은 아파트값 재폭등, 국민들 "김진표 갈아치워라" · 45
정부가 유도한 주상복합아파트–재건축아파트 투기 · 48
박승 한은 총재의 '은평구 발언' 파문 · 51
강남의 궤변, 지진 발생할지 모르니 재건축 허용해야 · 55
9.5조치, 판교 학원특구…정부의 잇따른 닭짓 · 58
노무현 지지율 폭락, 잇따르는 강남 테러협박 · 61
건교부의 속 보이는 통계조작, 주택보급률 낮추기 · 63
마침내 봇물 터진 "분양원가 공개하라" · 66
비상 걸린 청와대, "이제는 아파트문제가 정치문제 됐다" · 68
대통령 부동산투기와의 전쟁 선언에 관료들의 투기막기 시늉 · 71
차 떼고 포 뗀 10.29대책, 김진표의 '사회주의' 발언 · 74
참여정부 1년 최악의 경제성적표 1–뱀파이어 경제의 절정 · 77
성적표 2–아파트투기로 떼돈 번 상류층, 집 빼앗기는 서민들 · 80
성적표 3–25평 아파트 장만 기간 18년으로 늘어 · 82

성적표 4—절망의 끝, IMF사태 때보다 늘어난 자살 · 85
뱀파이어 경제의 종착역, 내수경제 붕괴—장기불황 돌입 · 87

2장_ 국민과 건설족의 전면전, '분양원가 공개 전쟁'

한번 오르면 그것으로 끝, 거품 뺄 생각 없는 참여정부 · 95
이명박 서울시장의 분양원가 공개 쇼크 · 97
김진표의 궤변, "분양원가 공개하면 아파트값 폭등" · 100
잇따라 실체 드러낸 단군이래 최대 건설족 폭리 · 103
부도난 건설사에선 목도장만 두 가마니 · 105
건설사 폭리의 근원, 고무줄 건축비 · 111
참여정부 출범 후 건설족 비리 급증 · 114
1조6천억 담합 폭리에 공정위 과징금은 고작 2백53억 · 116
법원의 "분양원가 공개하라" 묵살하는 건설족 · 119
오만한 열린우리당의 분양원가 공약 파기 · 121
배반당한 민심, "벌써부터 배부른 게냐" · 124
열린우리당 공약 파기의 '4대 허구' · 126
건설 광고에 목매인 건설족 언론 · 130
"10배 남는 장사도 있는 법", 노 대통령의 6.9발언 쇼크 · 134
임종석—유시민 의원의 6.9발언 옹호 · 136
조중동의 이례적인 노무현 격찬 · 139
"사기 당했다", 노 대통령 지지율 통치 불능으로 급락 · 141
건설사 출신 의원의 양심선언, "호텔도 평당 3백50만원이면 충분" · 144

3장_ 이헌재의 '골프 경기부양론'

돌아온 이헌재, 건설경기 연착륙시켜야 · 151

무더기로 골프장 세워야 나라가 산다 · 154
이헌재의 골프 부양론, 한국형 대재앙 초래할 것 · 157
새만금, 영암-해남의 세계최대 골프공화국 만들기 · 159
'미야자키의 악몽', 한국에 재연되나 · 161
문광부의 전방위 골프 경기부양 지원사격 · 165
이헌재의 '10.29－종합부동산세' 무력화 · 167
열린우리당, 종합부동산세를 따로부동산세로 · 170
부동산투기 재연에 이헌재 희희낙락 · 174

4장_ 재벌 종합선물세트 '기업도시'

골프도시는 예고편, '본편' 기업도시 출현 · 179
공청회, 잘 짜여진 사전각본에 따른 한 편의 쇼 · 182
성난 여론, "한국판 로보캅 시대 열자는 거냐" · 185
"여론? 신경 쓸 것 없어", 건교부의 속전속결 · 188
정치권 철판 공조, "주는 김에 홀딱 벗고 주자" · 190
열린 우리당과 한나라당의 합작 '쇼쇼쇼' · 194
참여정부의 거침없는 친재벌 독주 · 200
열린우리당의 기업도시 엽기공약, "삼성-현대에게 몇 조원은 껌값" · 203
전국을 휩쓴 땅투기, 땅값 2천조-아파트값 1천조 시대 도래 · 206
이해찬의 궤변, "지방 땅값 상승은 서민경제에 타격 안줘" · 210

5장_ 천당 아래 분당

네살배기 아사, 노 대통령의 대국민 사과 "경제 올인하겠다" · 217
노 대통령 석달 만에 "경제, 다 극복된 것 같다" · 222
또다시 시작된 정권의 아파트 경기부양 · 226

김한길 의원의 서울공항 이전 발언 파문 · 229

천당 아래 분당, 지옥 위에 일산 · 231

창원에 몰아닥친 투기 광풍, "전국은 지금 투기중" · 235

혁신 도시, 경제특구…끝없는 땅투기 드라이브 · 237

민심 폭발 직전, 폭등에는 폭동으로 · 239

노 대통령의 '말의 향연' · 241

노 대통령의 '국민 책임-대통령 무책임론' 파문 · 245

정부의 네 탓 타령, "건설족은 죄 없다. 투기족이 문제다" · 249

정권의 명운 걸었다던 8.31대책, '혹시나'가 '역시나' · 252

한 위대한 지도자가 세운 반(反)건설족의 나라, 싱가포르 · 257

6장_ 대재앙이 다가오고 있다

일본, 한국은 우리 뒤를 그대로 밟고 있다 · 265

일본은행의 통한의 '거품 보고서' · 268

광란의 제4차 부동산 폭등기 · 273

미국발 부동산 거품 파열 공포, "공황 전야에는 투기가 극성이다" · 280

서방 자본의 2차 음모, "한국 부동산거품 더 키워 다시 잡아먹자" · 285

몇 년 뒤 대공황이 오니 마지막 한탕 세게 하자 · 288

하인리히의 '재앙의 법칙'에 빠져든 한국 · 291

IMF사태보다 심각할 부동산 거품 재앙 · 295

재앙의 도래, 이제 무엇을 할 것인가 · 299

| 에필로그 | '화(和)'의 철학

1장
참여정부, 뱀파이어와 손잡다

안타까운 사실은 그토록 큰 기대 아래 출범했던 참여정부가

어처구니없게도 '건설족' 덫에 걸려 다수 국민을 영원히 빠져나오기 힘든

양극화 늪으로 거침없이 몰아넣었다는 것이다.

뱀파이어 경제 시대

"아랫목은 절절 끓고 있으나 윗목에는 서리가 내리고 있다."

작금의 극심한 양극화를 일컫는 세간의 말이다. IMF사태 발발 얼마 뒤 "이제 아랫목이 따듯해졌으니 곧 윗목도 따듯해질 것"이라던 김대중 정부의 낙관론을 빌어, 나날이 심화되는 양극화를 신랄하게 꼬집는 촌철살인의 비유다. 1997년 IMF사태가 발발한 이래 한국 사회의 가장 심각한 문제로 부상한 것이 '빈부 양극화'이다. 한국의 부(富)가 한쪽으로 급속히 쏠리면서 일각에서 체제 붕괴까지 우려할 정도로 정치-사회적 위기감이 고조된 게 작금의 현실이다.

IMF사태가 발발하기 전까지만 해도 한국은 사회평등도를 재는 지니계수가 꾸준히 개선되는 등 국제사회에서 상대적으로 분배가 양호하게 진행되는 것으로 좋은 평가를 받아온 국가였다. 그러던 것이 IMF사태가 발발, 분배문제가 뒤틀리며 지구상 최악의 양극화 국가가 돼 버렸다.

외국계 컨설팅기업의 CEO는 필자와 만난 자리에서 한국경제에 대해 이런저런 얘기를 나누던 중, "한국경제는 한마디로 '뱀파이어 이코노미(Vampire Economy)'라 부를 수 있다. 햇빛에 노출되면 순식간에 사라져버릴 부실기업과 기업주들이 대낮에는 음지에 숨어 있다가 밤만 되면 활개치고 다니고 있기 때문이다"라고 말했다. 한국기업의 구조조정이 아직 미완성형이라는 지적이었다. 그러나 그의 '뱀파이어 이코노미', 우리말로 풀면 '흡혈귀 경제' 라는 개념을 듣는 순간, '야, 이 개념을 작금의 한국 아파트 시장에 적용하면 적격이겠다' 는 생각이 들었다. 전국민의 절반에 달하는 무주택 서민과, 열심히 일하고 저축해 집을 넓혀가려는 시민들에게 건설업계 등 건설족이 행한 지난 몇년간 행위야말로 '뱀파이어의 흡혈행위' 에 다름 아니었기 때문이다. '뱀파이어 경제' 란 한마디로 정상적 기업행위나 노동 등을 통해 부를 축적하는 게 아니라, '남의 것을 빼앗아 자신의 부를 부풀리는 수탈경제' 를 가리킨다.

한국의 경제전체규모 즉 국내총생산(GDP)은 IMF사태 이전보다 별로 나아지지 못했다. 1996년 1만달러를 돌파한 1인당 GDP가 2004년 1만3천달러 수준으로 높아졌다고는 하나, 이는 한국은행의 계수조정과 원화 절상에 의한 '착시현상' 이 큰 작용을 했다. 이렇듯 나라경제 전체의 파이는 별로 커지지 않았음에도 불구하고, 일부 상류층은 이 기간 중 재산을 IMF사태 전보다 몇배씩 불릴 수 있었던 반면에 다수 국민은 상대적 또는 절대적으로 더욱 빈곤해졌다.

'공황후 양극화 심화' 는 1929년 세계 대공황이후 일관되게 관철돼온 '공황의 법칙' 이기도 하다. 1929년 미국에서 세계 대공황이 발발한 초기만 해도 개인, 기업 모두 예외없이 극심한 피해를 입었다. 기업은 연쇄도산하고 주가는 폭락했으며 노동자들은 무더기 해고됐다. 그러나 세계 대공황의 후폭풍이 어느 정도 진정된 7년 뒤인 1936년 뚜껑을 열어본 결과는 경이로웠다. 당시 미국의 양대 재벌이던 록펠러와 카네기 그룹의 부는 1929년 공황 발발 직전보다 무려 3배나 급증하며 재벌공화국 시대를 열었다. 반면에 다수 중산층과 서민 노동자는 절대 빈곤상태로 빠져들었다.

부동산거품 파열후 13년간 장기복합불황에 빠진 일본의 경우도 마찬가지였다. 부동산거품이 터지기 전까지만 해도 일본은 "전체 국민의 90%가 중산층"이라고 자부하던 나라였다. 그러던 것이 부동산거품이 터지면서 중산층이 붕괴되면서 지금은 빈부 양극화가 심각한 사회문제가 되고 있다.

같은 양극화 현상이 IMF사태 발발후 한국에서도, 그것도 세계자본주의사상 유례를 찾기 힘든 최악의 형태로 급속히 진행중이다.

노무현 대통령이 얼마 전 경제가 잘 돌아가고 있다고 강변하면서도 "그러나 지금까지 풀리지 않은 걱정 하나가 바로 사회가 양극화 돼가고 있다는 점"이라고 취임후 양극화 심화를 시인하기에 이르렀다. 게다가 "스스로 자기를 감당할 수 없는 사람들이 늘어나고 있으나 이를 해소할 만한 확실한 정책수단을 아직까지 발견하지 못하고 있고, 어떻게 극복해야 할 것인지에 관해 정부를 포함한 어느 두뇌집단도 '이것이다' 라고 할 만한 정책 제안을 해온 곳이 없다"고 말할 정도로, 지금 우리나라의 양극화는 대통령조차 해법을 모르는 최악의 상황으로 치닫고 있다.

그렇다면 우리나라의 양극화는 도대체 어떤 과정을 통해 확대재생산된 것일까.

'통한의 양극화' 초래한 1차, 2차, 3차 뱀파이어 착취

IMF사태후 한국의 양극화는 정부 주도로 이루어진 세 차례의 투기판이 만들어낸 필연적 귀결이다. 1차 투기판은 1997~1998년 벌어졌고, 2차 투기판은 1999~2000년, 3차 투기판은 2001년이래 현재까지 진행형이다.

1차(1997~1998년) 투기판의 주 동인은 살인적 고금리정책이었다.

2차(1999~2000년)의 주 동인은 주식거품이었다.

3차(2001년~2005년 현재)의 주 동인은 부동산투기였다.

1차 투기판이 전개되는 과정부터 살펴보자. 1997년 12월3일, 우리 정부는 IMF로부터 긴급 구제금융 5백80억3천5백만 달러를 차입하는 약정서에 서명하는 대가로 경제운영권을 IMF로 넘겼다. IMF는 즉각 '경제 피식민지' 한국에 대해 '고리대' 수준의 살인적 고금리 정책을 강행했다. 명분은 금리를 감당 못할 부실기업은 쓰러트려야 한다는 것이었다. 하지만 한때 40%를 넘었던 콜금리를 감당할 기업은 없었다. 무수한 기업이 쓰러졌고, 이들 기업은 외국자본에게 헐값으로 넘어갔다. 살인적 고금리 정책을 강요하던 IMF가 연쇄 기업도산과 무더기 실업 발생으로 민심이 극도로 불안해지자 '점진적이어야 한다'는 단서를 붙여 콜금리 인하를 용인하기 시작한 것은 1998년 4월 말부터였고, 콜금리는 그해 10월 들어 한자리 숫자로 낮아졌다.

이 기간 동안 살인적 고금리의 최대 수혜자는 외국자본이었다. 고금리를 견디지 못하고 쓰러지는 기업과 금융기관, 부동산 등을 헐값에 사들여 천문학적 차익을 거둘 수 있었기 때문이다. 그러나 어부지리를 보는 국내 세력도 있었다. 금융기관에 예금을 하고 있었던 국내의 '현금 보유자'들이 그들로, 그들은 가만히 앉아 막대한 불로소득을 거둘 수 있었다. 반면에 은행 돈 등을 빌려 집을 샀거나 장사를 하던 이들은 고리대 수준의 이자를 수탈당해야 했다. 돈을 빌린 이의 주머니에서 돈을 빌려준 이의 주머니로 돈이 옮겨가는 수탈적 국면이 전개되며, 1차 양극화가 완료됐다.

1차 양극화의 주범은 엄격히 말해 IMF였으나, "고금리 정책은 한국에게 독약이 될 것"이라던 국내외 전문가들의 경고 및 지원사격에도 불구하고 무기력하게 IMF정책을 추종한 정부에게도 2차적 책임이 있음은 두말 할 필요도 없다.

2차 투기판은 한국은행의 콜금리 인하와 함께 시작됐다. 금리가 낮아지자 돈이 증시로 몰리기 시작했다. 우선 1998년 후반기 종합주가지수가 3백대이던 증시에 외국계가 몰려들면서 엄청난 차익을 거두었다. 그 뒤를 이어 1999년초부터 IMF직후 살인적 고금리로 부를 불린 현금 보유자들이 외국인 뒤를 좇아 증시로 몰려가면서 그 유명한 '묻지마 투자'가 시작됐다. 2000년 3월 미국의 나스닥 거품이 꺼지기 전까지 2년간 현금 보유자들은 증시에서 천문학적 부를 축적할 수 있었다. 반면에 눈앞에서 벌어지는 광란의 잔치를 보면서도 돈이 없어 발만 동동 구르던 대다수는 뒤늦게 은행 돈 등을 빌려 참가했으나, 결과는 막판 '상투잡기'였고 돈을 벌기는커녕 그나마 있던 몇푼 안되던 돈마저 털려야 했다. 이렇게 해서 2차 양극화가 완료됐다.

이 기간중 IMF 신탁통치 조기졸업을 추구해온 정부는 각종 지원책을 통해 묻지마 투자를 부추겼으며, 여기에 거치지 않고 '플라스틱 거품'을 양산한 신용카드 촉진책까지 병행해 경제를 한층 골병 들게 만들었다.

양극화가 회복불능의 치명적 형태로 진행된 것은 2001년 후반기부터 본격화된 3차 투기판이었다. 3단계 양극화의 첨병은 아파트투기였다. 아파트투기의 동인은 주가가 연일 폭락을 거듭하던 2000년 8월 취임한 진념 경제부총리가 서둘러 취한 부동산규제 완화, 금리 인하 등 일련의 건설경기 부양책이었다.

경제부총리에 취임한 진념이 가장 먼저 취한 정책은 건설경기 부양 '올

인'이었다. 그는 우선 아파트 미분양분을 해소하기 위해 그해 9월부터 2001
년말까지 한시적으로 1년 이상 보유한 기존주택을 판 뒤 신축 분양주택을
구입할 때는 양도소득세 세율을 종전의 20~40%에서 10%로 대폭 낮추고,
2001년 사회간접자본(SOC) 예산도 당초 11조원에서 14조원 수준으로 늘렸
다. 또한 아파트를 지을 공공택지 개발물량을 8백50만평에서 1천만평으로
확대하는 동시에, 기업의 비업무용 부동산에 대한 취득세 중과세제도도 폐지
했다. 이와 함께 임대사업자가 임대주택을 구입할 때의 대출한도를 현행 최
고 3천만원에서 6천만원으로 늘려주고, 임대주택을 담보로 발행된 자산담보
부증권(ABS)에 대해서도 이자소득세 감면혜택을 주기로 했다. 진념 경제팀
의 '부동산경기 올인'은 IMF사태 발발직후인 1998년 11월 건설교통부가 집
값 폭락 및 건설업체 연쇄도산에 놀라 취했던 아파트 분양권 전매 전면허용
등의 조치와 맞물리면서 2001년부터 본격적으로 아파트값 폭등을 초래했다.

　이에 앞서 건교부는 1998년 11월12일 주택경기 침체 및 아파트 미분양 해
소를 위해 1999년 4월부터 종전의 전매제한 기간을 없애고 아파트 계약후 등
기없이 언제라도 분양권을 매매할 수 있게 했다. 건교부는 동시에 1999년 1
월부터 공공개발택지에 건설된 민영주택의 재당첨제한기간(2년)을 없애 청
약을 통해 주택을 이미 공급받은 사람도 아무 제한없이 다른 주택을 청약할
수 있게 했다. 이와 함께 2가구 이상 주택 소유자도 민영주택 분양신청에서
청약 1순위 자격을 가질 수 있게 했고, 민영주택의 무주택 우선 분양제와 장
기간 청약통장가입자에게 우선 청약권을 주던 청약배수제도도 철폐했다.

　이밖에 의무화돼 있던 아파트단지내 공중화장실·유치원·약국설치, 재
개발사업회계감사, 대지안의 공지확보의무, 택지환매 등도 폐지했다. 또한

일조권 확보를 위해 옆 건물과 띄어야 하는 거리를 종전의 건물높이의 0.8배에서 입지여건에 따라 0.4~0.8배로 축소했고, 건축허가 없이 지을 수 있는 건물 연면적도 15평에서 45평으로 확대했다. 이와 함께 아파트 분양가도 풀었고, 2000년 3월에는 1가구 1통장으로 제한해온 청약예금 가입자격을 20세 이상 성인이면 누구나 가능하도록 고쳤다. 아파트투기를 부채질하고 나선 것이다.

이처럼 이미 모든 규제를 해제한 마당에 진념 부총리가 취임해 추가로 노골적인 '부동산 올인 정책'을 펴니, 앞서 '묻지마 투자'에서 단단히 한몫 챙긴 4백조원대 부동자금들이 아파트시장으로 몰리지 않는다면 오히려 이상한 일이었다. 금융권에서 빠져나온 부동자금들은 일제히 강남으로 집중됐고 2001년 후반부터 아파트값 폭등이 시작됐다. 특히 2001년 가을 뉴욕의 쌍둥이 빌딩이 공격을 당하는 '9.11 사태'가 발발해 세계경제가 출렁이면서, 미연방준비제도이사회를 필두로 세계 중앙은행들이 잇따라 금리를 내리고 한국은행도 여기에 편승해 세 차례 금리인하를 단행하면서 아파트투기는 결정적 계기를 맞이했다. 미국을 겨냥한 9.11 테러가 '나비 효과' 이론에 따라 한국에 아파트거품을 일으키는 예기치 못한 결과를 초래한 것이다.

정부가 아파트 경기부양책이라는 독약을 쓴 결과는 너무 뚜렷하게 나타났다. 2001년 3.4분기의 경우 수출과 설비투자는 계속 부진했지만 유독 건설업만은 호조를 보여, 3.4분기의 건설업의 성장기여율은 2.4분기의 3.3%에서 34.1%로 급증했고, 2004년말 현재 건설업이 한국 GDP에서 차지하는 비중이 무려 17%로 급증했다. 또한 건설경기 부양은 그후 정권이 바뀌었음에도 변함없는 핵심 경기부양책으로 군림하며 양극화를 극한적 형태로 확대시켰다.

노무현 후보의 공약, "아파트투기 뿌리 뽑겠다"

그 어느 역대 대통령 선거보다 치열했던 2002년 대통령 선거의 최대 민생 화두는 단연 '아파트값 잡기'였다.

2001년 하반기부터 폭등하기 시작한 강남의 아파트값은 풍성한 부동자금을 배경으로 10년간 잠들어있던 부동산투기 심리를 일거에 일깨웠다. 특히 이번에 아파트값 폭등을 선도한 것은 강남 도곡동의 타워팰리스로 대표되는 초고층 주상복합아파트였다.

초고층 주상복합아파트는 1962년의 제1세대 아파트 출현에 이은, 1980년대의 강남 압구정동 아파트단지로 대표되는 제2세대 아파트에 이어 등장한 제3세대 아파트였다.

미국 등 선진국에서 기존 아파트의 슬럼화에 따른 도심 공동화 현상을 막고, 공공 공간의 확보와 도시 미관 개발 계획에 의해 짓기 시작된 주상복합아파트는 한국에서 새로운 주거형태로 90년대부터 생겨나기 시작했다. 초창기 주상복합아파트는 주로 기능성 위주로 지어져, 오피스텔 건설 붐과 함께 여의도 등의 오피스 지역에 지어지면서 30~40대 고소득 직장인의 편의 제공이 중심목적이었다. 그러던 것이 1994년을 기점으로 대형 주상복합아파트가 본격적으로 등장해 인기를 끌기 시작했다. 주상복합건물의 주거비율이 50% 미만으로 바뀌면서 분양가와 평형제한을 피할 수 있는 주상복합이 부유층에게 인기를 끌어 시그마타워(잠실) 나산스위트(보라매공원) 등은 분양가가 평당 6백만원을 웃돌 정도로 당시로서는 상당한 고가였음에도 불구하고 경쟁률이 5대 1을 넘었다. 하지만 50%를 넘는 상가부분 분양에 실패하면서 주상복합의 열풍은 다시 시들해졌다.

이에 정부는 IMF사태가 터진 1997년 경기부양 차원에서 주택건설촉진법을 개정해 주거비율을 90%까지 높일 수 있게 개정했고, 이에 삼성 타워팰리스를 필두로 타워팰리스 인근의 도곡동 우성 캐릭터빌이나 대림 아크로빌 등 초고층 제3세대 아파트 상품이 본격 출현했다. 그 중에서도 타워팰리스는 '신부유층'이 거주하는 고급주거 형태의 상징처럼 받아들여져, IMF사태 후 잠시 미분양에 허덕이는 듯했으나 2001년 하반기부터 폭등을 거듭해 마침내 2002년말 평당 가격이 평균 3천만원을 돌파하기에 이르렀다. 20002년말 64평형 중간형 집값이 20억원에 육박하고, 맨 꼭대기의 1백24평형 팬트하우스는 거래가가 40억원을 넘으면서 강남을 위시한 전국 아파트값 폭등의 견인차가 됐다.

타워팰리스 시대의 개막은 그러나 급작스런 게 아니라, IMF사태 발발후 일각에서 이미 예견된 것이었다. IMF사태 직후인 1998년 경제각료 출신인 신명호 당시 주택은행장은 기자들과 만난 자리에서 이런 예언을 한 적이 있다.

"앞으로 몇년 두고 봐라. 상류층들만 모여사는 초고층 아파트가 폭발적 인기를 끌 게 분명하다. IMF사태를 겪으면서 빈부격차가 크게 벌어져 사회 분위기가 흉흉해지면서, 주거환경에서 보안이 무엇보다 중요한 시절이 올 것이기 때문이다. 그 때가 되면 미국 베버리힐즈처럼 상류층들만 모여 사는 철통 같은 보안 안전지대가 생길 것이고, 집값도 다른 곳보다 몇배나 비싸질 것이다. 베버리힐즈의 민간 경호업체는 심지어 장갑차까지 보유하고 있다더라."

그의 예언은 귀신같이 적중했고, 아파트값 폭등은 가뜩이나 IMF사태후 심화된 빈부격차에 분개하던 국민 다수에게 극심한 좌절감과 분노를 안겨주면서 민심이 흉흉해졌다.

특히 당시 성난 민심을 더욱 격노케 만든 것은 잘못된 부동산세제로 인해 강북 주민이 강남 주민보다 재산세를 더 많이 내고 있다는 사실이었다. 2002년 9월10일 건설교통부는 "같은 평수 아파트의 경우 강북 아파트주민이 부유한 강남 주민보다 최고 5.5배나 많은 재산세를 내고 있다"는 조사결과를 발표했다. 당시 재산세 부과 방식이 아파트값이 아니라, 평수와 신축연도 등에 기초하고 있었기 때문이다. 이에 당연히 조세 형평성 차원에서 아파트값에 기초해 세금을 물리자는 여론이 일었으나 행정자치부가 "강남의 조세저항 우려"를 이유로 반대한다는 입장을 밝히자 국민 분노는 폭발했고, "정부는 강남 조세저항만 겁나지 국민 저항은 개의치 않는다는 말이냐. 세상을 한 번 싹 엎어야 한다"는 목소리가 증폭됐다.

이런 분위기 하에서 진행된 2002년 대통령선거 운동의 최대 민생이슈가 '아파트값 잡기'가 된 것은 당연한 일이었다.

'서민의 이익 대변'을 표방했던 노무현 후보는 대선기간중 "내가 대통령이 되면 정권의 명운을 걸고 서민을 울리는 부동산투기를 반드시 뿌리 뽑겠다"고 다짐, 아파트값 폭등의 최대 피해자인 서민층과 젊은세대의 적극적 지지에 힘입어 선거에서 이길 수 있었다. 이회창 후보도 이에 맞서 "내가 대통령이 되면 아파트 분양가를 30% 끌어 내리겠다"는 공약을 내걸었으나, 다수 서민과 젊은층은 귀족풍의 이 후보보다 서민풍의 노대통령 말을 보다 신뢰했다.

대선 기간중 노 대통령이 내놓은 '아파트값 잡기' 공약의 골간은 "공급확대보다는 가수요 차단과 불로소득 과세 강화 등 투기억제"였다. 구체성은 띄지 못하고 있으나 방향은 제대로 잡은 것이었다.

노 후보는 우선 아파트투기 원인을 주택공급 부족에서 찾고 있는 건설족 주장에 대해 "보급률 자체는 무의미하다"고 일축하며, "철저한 투기규제를 통해 투기 가수요를 잠재우면 체감 주택난을 해소할 수 있다"고 주장했다.

그는 이어 강남투기 방지 대책의 일환으로 강북 등 전국 노후주택 40만가구를 정비하며, 특히 서울 강북 재개발과 관련해선 24조원을 조달해 체계적인 개발계획을 세운다는 구체적인 청사진까지 내놓았다.

노 후보는 또 부동산 관련 세제의 강화를 약속했다. 대형주택에 대한 세제 현실화를 일관되게 주장해온 그는 특히 6억원이상 고가주택에 대한 양도소득세 중과세 방침을 밝혔고, 시가 대비 30% 미만인 과표 현실화 비율의 단계적 상향조정도 약속했다.

주택공급 정책도 서민에 촛점을 맞춰 중대형 아파트 등 민간부문은 시장에 맡기고 투기를 억제하되 서민을 위한 임대주택 등은 재정투입을 대거 확대해서라도 정부가 책임지겠다"고 약속했고, 소형 및 임대주택에 대해선 "분양가를 '협의한 후 인하' 하겠다"는 입장을 밝히기도 했다.

이런 공약을 내건 노 후보가 당선된 만큼 국민들이 대통령에게 거는 기대는 컸다. 대선기간중 양분됐던 국민은 노 후보 취임직후 92%의 지지를 보낼 정도로 노 대통령이 '소신껏' 일할 여건을 만들어주었다.

노 대통령의 잘못 끼운 첫 단추, '김종인에서 김진표로'

노무현 후보가 대통령에 당선되자, 당연히 부동산 전문가들은 한결같이 "향후 주택공급 및 입주 물량, 차기 정부의 주택 안정의지 등을 감안할 때 내년 이후 집값은 5% 안팎에서 안정세를 보일 것"으로 예상했다.

시장의 반응은 더욱 예민했다. 노 후보 당선직후 강남권과 과천지역의 집값이 급락 조짐을 보였다. 노 후보 당선에 따라 행정수도의 충청권 이전이 기정사실화하면서 정부 청사가 자리 잡고 있는 과천 지역의 경우 아파트값이 대선 이후 수천만원 하락했고, 강남권에도 노 당선자가 향후 강력한 부동산 안정책을 펼칠 것으로 예상되면서 재건축 아파트 매물이 쌓이고 가격도 내림세를 보였다.

아파트 거품 소멸 분위기는 노무현 후보가 당선후 초대 경제부총리로 '김종인 기용'을 적극 검토하면서 더욱 뚜렷해질 조짐을 보였다. 김종인 전 경제수석은 앞서도 소개했듯 1990년 재벌들이 보유하고 있던 4천5백만평의 비업무용 부동산을 강매토록 해, 그후 10년간 부동산 투기의 싹을 잘랐던 인물. 그가 참여정부의 초대 경제부총리가 되면 부동산경기 부양 같은 것은 꿈도 꿀 수 없을 게 명약관화했다.

애초에 노무현 당선자는 정운찬 서울대 총장을 경제부총리로 영입하고자 했으나 정 총장이 이를 고사하며 대신 거시-미시 경제 모두에 통달한 김종인 전 수석을 강력 천거함으로써 노 당선자는 김 전수석과 두 차례 직접 만나 장시간 얘기를 나눈 뒤 사실상 기용을 결심한 상태였다. 노 후보는 당시 "김 전수석이 가르치려 하는 스타일"이라며 탐탁하지 않다는 반응을 보였으나, 정운찬 총장 등 많은 경제전문가들의 적극 추천으로 그의 기용을 최종적으로 결심했다고 한다. 네티즌 등 일반국민 여론도 '김종인 기용' 움직임에 강한 지지 의사를 밝혔다.

하지만 재계는 달랐다. 1987년 노태우 후보 당선직후 김종인씨의 경제부총리 기용을 저지했던 재계 등 건설족이 가만 손을 놓고 있을 리 만무했다. 이때부터 재계의 영향력이 절대적인 경제일간신문을 비롯해 기존 언론 일각에서 '김종인 불가론(不可論)'이 제기되기 시작했다. "재계 심리가 극도로 위축돼 있는 현재 상황에서 재계가 기피하는 김종인 같은 '강성인사'가 전면에 나서는 것은 문제가 있다"는 식의 주장이었다.

때 맞춰 노무현 당선자 캠프의 실세들 일각에서도 '김종인 불가론'에 동조하는 목소리가 흘러나오기 시작했다. "군사통치시절의 구여권인사를 참여정부에 기용하는 것은 맞지 않는다", "집권후 경기회복에 주력해야 하는데 재계와 불편한 김종인은 적임자가 아니다"라는 식의 반론이 그것이었다. 일부 측근인사들은 노무현 당선자에게 직접 이런 입장을 전달했다는 후문도 흘러나왔다.

본디 인사라는 게 내정이 됐다고 하더라도 막판에 말이 많아지면 뒤틀리는 법이다. 결국 사실상 내정 상태였던 김종인 전 수석이 막판에 재정경제부 출신의 김진표 당시 국무조정실장으로 전격 교체됐다.

김진표 실장은 재경부에서 잔뼈가 굵은 세제통. 동시에 김종인 전수석과는 대조적으로 '재계 친화적 인물'로 알려져 있었고, 경복고 동기인 조선일보 방상훈 사장을 비롯한 구여권 인사들과도 두터운 친분을 유지하고 있었다.

김 실장은 노무현 당선자가 공개석상에서 "내가 아는 두 명의 가장 유능한 관료 중 한명"으로 꼽힐 정도로 노 당선자의 신임이 절대적이었다. 노 당선자가 이렇듯 김진표 실장을 절대 신뢰하게 된 데에는 대통령 선거기간 동안 김 실장이 던진 '승부수' 때문으로 알려진다. 김 실장은 대선기간중 장관급인 국무총리실 국무조정실장으로 재직하면서 일찌감치 노무현 후보에게 자신의 관운을 맡기는 승부수를 던졌고, 대선기간 동안 음양으로 적잖은 역할을 한 것으로 전해진다. 그는 대통령선거 전날 정몽준의 급작스런 '노무현 지지 철회' 선언으로 노무현 후보조차 패배를 기정사실로 받아들이며 낙담하고 있던 투표일 당일, 노 후보에게 불리한 낮은 투표율에도 불구하고 이날 오후 들어 '젊은층의 투표율 급증, 노년층의 낮은 투표율'을 근거로 투표가 채 끝나기도 전에 '노무현 당선'을 가장 먼저 확신해 노 캠프에 이를 알림으로써 절대적 신뢰를 확보했다는 일화도 전해지고 있다.

이들이 "첫 단추를 잘못 끼운 것 같다"며 노무현 대통령의 '선택'에 대해 우려를 표시했으나 버스는 이미 떠나간 뒤였다.

김진표 메시지, "걱정마라, 부동산 규제는 없다"

'김종인에서 김진표로의 대반전'은 바짝 긴장하고 있던 재계에게 희망의 메시지가 아닐 수 없었다. "우려와는 달리 참여정부의 경제정책이 결코 반(反)재벌로 가지 않을 것"이라는 낙관적 판단이 재계에 확산됐다. 실제로 취임직후 김진표 경제부총리가 펼친 일련의 정책은 재계의 판단에 어긋나지 않았다.

조세통을 자처하는 김 부총리가 던진 취임 일성은 기업의 '법인세 인하'였다. "기업의 세금 부담을 줄여 경기를 활성화해야 한다"는 것이었다. 하지만 법인세 인하는 대선기간중 노무현 후보가 강력 반대해온 '이회창 공약' 중 하나였고, 김진표 부총리도 며칠 전까지만 해도 반대했던 사안이었다. 당시 노 후보는 이회창 후보의 법인세 인하 공약에 대해 "법인세를 2%포인트 인하할 경우 1조5천억원의 세수가 줄어드는데 그중 1조2천억원의 감면혜택은 대기업에게 돌아가고 나머지 3천억원만 중소기업에게 돌아가게 될 뿐"이라고 반대했었다.

김진표 부총리의 법인세 인하 방침은 당초 노 대통령의 승인을 얻었으나 "공약 위반"이라는 비난여론이 일자 장기과제로 보류되는 우여곡절을 겪었으나, 법인세 파동이 던진 경제적 파장은 컸다. 부동산 시장에 김진표 경제팀이 추진할 재벌친화적 경제정책의 방향이 읽히면서 그후 사상최악의 아파트값 폭등 사태가 재연되는 데 결정적 계기로 작용했기 때문이다.

김 부총리는 대부분 경제관료가 그러하듯 '성장론자'다. 일단 경제 파이부터 키워야 분배문제 등도 해결된다는 사고방식이다. 문제는 이들 성장론자의 경제 파이 키우는 방식이 경제에 독약인 부동산거품 양산 등도 개의치 않는다는 데 있다. "약간의 거품은 오히려 경제에 윤활유 역할을 한다"는 게 이들 성장론자의 주장이었다.

김 부총리는 실제로 부총리에 취임하자마자 박승 한국은행 총재와 손잡고 경제심리 회생을 명분으로 금리 인하를 추진하는 등 아파트 경기부양을 노골적으로 추진했다. 김진표 경제팀의 금리 인하 추진은 참여정부 출범후 공약과는 정반대로 아파트값이 재폭등하는 데 따른 민심 이반에 놀란 여당인 민주당의 반대로 백지화했으나, 이런 일련의 과정이 건설족에게 던진 분명한 메시지는 "참여정부에게는 폭등하는 아파트값을 잡을 생각이 없다"는 것이었다.

김진표 경제팀은 금리 인하 같은 우회적 부동산 경기부양책 차원을 넘어서 골프장 경기부양책 등 직접적 부동산 경기부양책도 동시에 추진했다. 김 부총리 취임직후 재정경제부는 하반기부터 현재 임야면적의 3%로 제한돼 있는 골프장 허가면적을 5%로 상향조정, 당시 완공돼 영업중이거나 공사중인 전국 1백30여개의 골프장외에 골프수요가 큰 수도권에서만 최소한 40여개의 골프장 신축허가를 내주기로 했다. 재경부가 내세운 골프규제 완화 근거는 18홀짜리 골프장 하나를 새로 만들 경우 발생하는 8백억~1천억원의 신규건설투자와 50억~90억원의 세수확대였다. 40개의 골프장이 신설된다 할 때 3조2천억~4조원의 신규투자 효과와 연간 2천억~3천6백억원의 세수 증대가 기대된다는 주장이었다.

재경부는 이밖에 스키장에 대해서도 전체부지가 슬로프 면적의 2백배를 넘어서는 안된다는 규정을 폐지, 스키장 건설 및 확장을 대폭 허용키로 했다. 골프장, 스키장 등 이른바 수요가 공급을 앞서고 있는 '레저산업의 투자 촉진'을 통해 경기부양을 도모하겠다는 계산이었다.

김진표 경제팀은 여기서 그치지 않고 이용섭 당시 국세청장이 부패 척결 차원에서 의욕적으로 추진하던 '접대비 상한제' 도입과 관련, "다른 접대비는 몰라도 최소한 골프접대비만은 예외로 해야 한다"는 등의 브레이크를 거는 등, 부동산 경기부양책을 분명히 했다.

무엇보다 김진표 경제부총리의 부동산 경기부양 의지가 가장 극명하게 드러난 것은 당시 아파트값 폭등의 견인차였던 타워팰리스 등 주상복합아파트에 대한 노골적 '감싸기'였다. 재경부는 노무현 후보 당선직후인 2003년 연초까지만 해도 경제운용방안을 발표하면서 "강남 부동산 급등의 견인차 역할을 하고 있는 주상복합아파트에 대해 분양권 전매 제한제도를 추진하겠다"고 밝혔었다. 그러나 김진표 경제부총리가 취임하자 재경부는 곧바로 "분양권 전매제한 조치 등 강력한 투기억제책은 고려하지 않고 있다"고 말을 바꾸었다. 말로는 "아파트 투기를 잡겠다"면서도 정작 아파트값 폭등의 진원지인 주상복합아파트에는 손을 대지 않겠다는 식이었다.

김진표 경제팀이 부동산 시장에 던진 메시지는 한마디로 "걱정마라. 내 사전에 부동산 규제란 없다"였다.

불붙은 아파트값 재폭등, 국민들 "김진표 갈아치워라"

시장의 후각은 더없이 동물적이다. 김진표 경제팀이 시장에 던진 메시지는 곧바로 아파트값 폭등으로 나타났다. 김진표 경제팀 등장후 급등세로 반전된 아파트값은 노무현 정부 출범 두달 뒤인 2003년 4월 서울시내 아파트의 평당 평균가격이 1천만원을 돌파하면서 수직상승을 거듭했다.

아파트 전문포탈 〈부동산 114〉의 정례 조사결과에 따르면, 서울시내 아파트 평당가격은 4월11일 1천만4천원으로 마침내 1천만원을 돌파했다. 이는 아파트값 폭등이 시작되기 전인 지난 2000년말 평당가격이 6백68만원이었던 점과 비교하면, 불과 2년여 사이에 아파트값이 얼마나 급등했는가를 실감케 했다.

아파트값 폭등을 주도한 곳은 강남-서초-송파 등 '강남 3인방'으로, 특히 이들의 평당가는 강남구(1천7백82만원), 서초구(1천5백76만원), 송파구(1천4백78만원) 순으로 조사돼 평당 분양가 2천만원 돌파가 초읽기에 들어갔음을 예고했다.

당시 더욱 주목해야 했던 대목은 아파트투기가 일부 상류층 차원을 벗어나 '대중적' 차원으로 확산되는 증거가 뚜렷이 목격되기 시작했다는 사실이다. 4월29일 도곡동 주공 1차 아파트가 서울 강남 대치동에 모델하우스를 오픈했다. 오픈이래 마감일인 6일까지 1주일새 모여든 인파는 3만여명. 지하철 3호선 도곡역에서 도보 5분거리에 있는 등 여러 호조건 때문이기도 하나 이곳에 하루 평균 4천명씩 3만여 인파가 모여들어 북새통을 이뤘다는 사실은 아파트투기가 범국민적 차원으로 빠르게 확산되고 있음을 보여주는 적신호였다.

특히 이곳의 분양가는 26평형이 평당 1천6백만원, 33평형이 1천8백만원, 43평형이 1천8백10만원으로 다른 강남지역보다 훨씬 높았음에도 모델하우스는 북새통을 이뤄, 평당 2천만원 돌파가 초읽기에 들어섰음을 보여줬다. 전년도말 평당 3천만원을 돌파한 파워팰리스의 후폭풍이 일반 신규아파트로까지 빠르게 확산되기 시작한 것이다.

당시 한국은행의 한 간부는 필자에게 "강남 아파트 평당가격이 2천만원에 육박하고 있다는 얘기는 강남에 사는 우리나라 상류층에 들어가기 위한 '스페셜 피(special fee)'가 평당 2천만원이 됐다는 의미"라며 "이렇게 크게 벌어진 계층간 간극을 앞으로 무슨 수로 메울 수 있을지 암담할 뿐"이라고 우려했으나, 한은에게 금리인상 등 근원적 대책을 내놓을 배짱은 없었다.

공인중개사 이태용씨 같은 경우는 "사람들의 묘한 특성이 로또복권에 당첨되거나 주식으로 떼돈을 벌었을 때는 주위에 떠벌리지 않으나 아파트로 돈을 벌었다는 사실은 주위에 숨김없이 자랑하는 경향이 있다"며 "한 주부가 이런 얘기를 하면 다른 주부들의 얼굴빛이 하얗게 변하면서 너도나도 투기에 동참하는 장면을 여러 번 목격했다"고, 부동산투기의 가공스런 전염력을 전하며 우려를 표시하기도 했다.

아파트값이 폭등하자, 정부는 아파트값을 잡겠다고 국세청을 동원한 세무조사 계획이나, 재건축 허가 엄격화 등의 상투적 대책을 내놓았으나 시장의 반응은 "당신네 속내를 뻔히 아는데 왜 이러시냐"는 식이었다. 당시 한 부동산 전문가는 "부동산 시장에서는 내년 4월 총선을 앞두고 있는 정부여권이 득표전략 차원에서 강도 높은 아파트값 억제책을 쓰지 못할 것으로 내다보고 있다"며 "역대 선거 때마다 반복됐던 현상인 만큼 최소한 시장에서는 내년 총선 때까지는 아파트값이 계속해 오를 것으로 확신하고 있다"고 시장 분위기를 전해주기도 했다. 한마디로 말해 '정치논리'로 경제를 운영하던 역대 정권이나 참여정부가 다를 게 없다는 판단을 하고 있었던 것이다.

취임직후 노골적 부동산 경기부양책을 펴면서 아파트값 폭등을 재연시킨 김진표 경제팀에 대한 비판여론이 급등한 것은 당연했다. 한 예로 〈문화일보〉가 노무현 정부 출범 90일을 맞아 2003년 5월 경제계, 학계, 시민단체, 경제연구소, 국회 해당 상임위 입법보좌진, 해당 부처 출입기자 등 전문가 6백 명을 대상으로 실시한 여론조사 결과, 김진표 경제부총리는 20명의 국무위원 가운데 현재의 업무평점 및 미래 업무기대치 모두에서 최하위 바로 위인 19위를 차지했고, 건설정책 주무부처 건설교통부의 최종찬 장관은 그 다음인 18위를 차지해 김진표 경제팀에 대한 불신이 얼마나 큰가를 웅변적으로 보여줬다. 특히 '앞으로 일을 잘할 것 같냐'는 미래 업무기대치가 이처럼 낮다는 것은 앞으로도 기대할 것이 없다는 얘기로, 즉각 경질을 해야 한다는 의미였다. 취임 1백일을 맞아 실시된 다른 여론조사 결과도 대동소이했다.

그러나 세간의 비판여론에 대해 인사권자인 노무현 대통령은 김 부총리에 대한 '절대 신임'으로 맞대응했다. 노 대통령은 "한번 쓴 각료는 최소한 2년간 같이 가겠다"고 말하기까지 했다.

정부가 '유도'한 주상복합아파트 – 재건축아파트 투기

노 대통령이 김진표 경제팀을 적극 감싸는 사이에 재경부, 건교부 등 부동산 주무부처는 연일 '부동산투기를 부추기는 부동산투기 대응책'을 쏟아냈다. 재경부의 경우 투기과열지구의 일반 아파트에 대해선 분양권 전매금지를 발표하면서, 유독 아파트값 폭등의 진원지인 주상복합아파트에 대해서만은 분양권 전매금지를 할 수 없다고 고집을 피웠다. 당시 타워팰리스가 폭발적 인기를 끌면서 강남 곳곳은 물론 강북의 강변지구 및 분당 등 신도시에도 마천루를 연상시키는 40~50층대의 초고층 주상복합아파트가 쭉쭉 하늘로 치솟고 있었으며, 이들 주상복합아파트에는 분양 때마다 수많은 투기세력들이 몰려들어 북새통을 이루고 있던 상황이었다. 그럼에도 불구하고 김진표 부총리는 분양권 전매제한을 안 받고 청약통장조차 필요 없는 주상복합아파트에 대해서만은 "그 어떤 규제도 가할 수 없다"고 저항했다.

전문가들 사이에서는 "초고층 주상복합아파트의 경우 개발에 수천억원대 선(先)자금이 필요해 자금력이 풍부한 재벌 건설사만이 추진할 수 있는 사업"이라며 "김 부총리가 유독 주상복합아파트만을 전매금지 대상에서 제외한 것은 재벌을 의식했기 때문이 아니겠냐"고 강한 의혹의 눈길을 던졌다. 본디 '재벌 친화적'이라는 김부총리의 명성을 재확인시켜주는 대목이었다.

마치 '다음 아파트 투기는 주상복합아파트에서 하라'고 안내해주는 식의 '김진표 아집'은 당연히 시중의 부동자금이 주상복합아파트로 쏠리게 해 주상복합아파트 값을 더욱 폭등시키는 결과를 낳았다.

노무현 정부 출범 석달 뒤인 5월14일 일반아파트의 분양권 전매제한을 강화한 정부의 '5.8 조치' 후 처음으로 분양하는 주상복합아파트인 삼성물산의 마포 '트라팰리스' 청약 현장. 이곳에는 첫날부터 하루 평균 1만여명씩의 청약자들이 몰려들어 북새통을 이뤘다. 청약자들이 길게 장사진을 이룬 분양현장은 누구 눈에도 분명 투기장이었다. 모델하우스 안팎에는 수많은 '떴다방' (이동중개업소)이 청약자들 사이를 돌아다니며 명함을 건네거나 즉석상담을 벌이는 모습이 곳곳에서 눈에 띄었다. 정부의 평소 주장처럼 중대형 아파트에서 살고 싶어하는 실수요자들이 모여든 게 결코 아니었다.

이어 5월26~28일 사흘간 청약을 받은 서울 광진구 자양동의 주상복합아파트 '스타시티'에는 8만9천84명이 청약신청을 해 경쟁률이 무려 75.8대 1에 달했고, 26일 하루만 청약받은 오피스텔에도 5천1백69명이 몰려 38.9대 1의 높은 경쟁률을 보였다. 특히 제일 인기가 높았던 아파트 1군(39~45평형)의 경우는 2백63가구 공급에 3만3천7백7명이 몰려 1백28대 1의 경쟁률을 기록했다. 이처럼 경쟁률이 높다 보니 사흘간 모인 청약증거금만 아파트 2조6천9백40억8천만원, 오피스텔 5백16억9천만원 등 도합 2조7천4백57억7천만원에 달해 종전의 모든 기록을 경신했다.

이런 광적인 청약 열기는 당연히 아파트값 폭등의 진원지인 주상복합아파트에 대해서도 즉각 분양권 전매금지를 해야 한다는 여론을 불러일으켰다. 하지만 정부는 막판까지 전매금지를 안 시키려 필사적 저항을 했다.

트라팰리스 등의 투기판이 사회적 비난여론을 낳자 정부와 민주당은 5월 14일 이 문제를 놓고 당정협의를 가졌으나, 재경부-건교부 등의 강력 반대로 결론을 도출하는 데 실패했다. 건교부는 회의후 "청약이 과열양상을 빚으면 모르겠으나 아직까지 주상복합 분양권 전매를 검토한 적이 전혀 없다"며 마치 청약이 과열상태가 아닌 것처럼 주장했고, 재경부 역시 "주상복합

아파트 계약률은 60%에 불과한 것으로 파악되고 있다"는 터무니없는 궤변을 펴며 전매금지에 반대한다는 입장을 분명히 했다.

재경부와 건교부의 건설족적 태도는 당연히 여론의 거센 비판을 야기했다. "참여정부, 출범한 지 며칠이나 됐다고 노골적으로 재벌 편을 들기냐", "벌써부터 떡고물이 탐난다는 게냐"는 등의 비난여론이 쇄도했다. 결국 며칠 뒤인 5월23일 김진표 부총리는 주택관계장관 회의를 갖고 "3백세대 이상의 대형 주상복합아파트에 대해서만 오는 8월부터 분양권 전매를 제한한다"는 이른바 '5.23 주택가격안정대책'을 발표해야 했다. 하지만 5.23 대책도 곳곳에 '구멍'이 뚫려 있기란 종전 대책들과 마찬가지였다.

가장 큰 허점은 '재건축 아파트'의 분양권 전매를 계속 허용키로 한 것이었다. 김진표 부총리는 "재건축 아파트는 조합 아파트와 다르다"며 "재건축 아파트의 분양권 전매를 금지할 경우 재산권 침해 소지가 있다"고 주장했다. 하지만 재건축 아파트 분양권 전매를 계속 허용키로 한 것은 '앞으로는 재건축 아파트를 놓고 아파트 투기를 하라'는 정부 안내문에 다름 아니었다. 그후 시중 부동자금은 송파구, 서초구 등의 강남 재건축 아파트로 쏠리면서 이번에는 재건축 아파트가 폭등을 주도하기 시작했다.

부동산투기를 부추기는 데에서는 건교부 역시 재경부 못지않았다.

건교부는 5월9일 "공급을 늘려 부동산값을 잡겠다"며 경기 김포, 파주에 강남 수요를 대신할 신도시를 건설하겠다는 계획을 발표했다. 즉각 김포, 파주의 부동산 매물이 사라지고, 두배의 위약금을 물고 매매계약을 파기하는 사태가 발생하는 등 땅값이 폭등하기 시작했다. 건교부는 여기서 멈추지 않고 "이들 신도시 후보지가 서울 서부권에 위치하고 있어 당초 정부가 신도시 건설의 명분으로 내세운 중상류층 전용 신도시 건설을 통한 강남 아파트 값 하락 주장과 상치된다"는 비판이 일자, "필요하다면 강남과 가까운 서울 청계산 주변 등 1~2곳을 연내에 신도시로 추가 선정하겠다"고 발표했다. 당연히 후보지로 거명된 청계산 일대의 과천, 판교, 인덕원의 아파트값과 땅값이 폭등했다.

재경부와 건교부 등의 '아파트투기를 부추기는 아파트 안정대책'을 지켜보던 국민들은 한가지 의심을 하기 시작했다. 내놓는 대책마다 족족 도리어 부동산값을 폭등시키는 이들의 계속되는 정책 실패가 단순히 '무능' 하기 때문이 아니라, 그들의 '이해관계' 때문이 아니냐는 의혹을 갖게 된 것이다. 한 조사결과가 이런 의혹을 더욱 증폭시켰다. 〈매일경제신문〉의 5월21일 조사결과, 부동산 정책을 담당하는 재경부 · 건교부 · 행자부 · 국세청 · 금융감독위원회 등 5개 부처의 국장급 이상 고위 간부 22명 가운데 지방 출신인 김두관 행정자치부장관을 제외한 21명 가운데 김진표 경제부총리를 비롯한 18명이 강남 · 서초 · 송파구 등 이른바 '강남 3인방'에 거주하고 있다는 것이었다. 이밖에 최종찬 건교부장관의 장인이 굴지의 건설업체 오너라는 점 등 '이해상충' 사실이 알려지면서, 부동산 정책을 펴는 관료들에 대한 국민 불신은 극에 달했다.

박승 한은 총재의 '은평구 발언' 파문

아파트값 폭등에는 재경부, 건교부 외에 '거품 방어'에 본원적 책임을 갖고 있는 한국은행도 한몫했다.

한국은행은 노 대통령 취임 석달 뒤인 5월13일 금융통화위원회 회의에서 부동산투기 조장 우려에 따른 민간 경제연구소들의 이례적 반대에도 불구하고 콜금리를 4.25%에서 4.0%로 0.25%포인트 내렸다. 금리인하는 1년 만의 일이었다.

금리인하는 그해 3월 김진표 경제부총리가 박승 한국은행 총재와 손잡고 강력추진하려다가 경제전문가들은 물론, 집권 민주당조차 반대해 '미수'에 그친 경기부양 카드였다. 또한 5월 금통위 개최 전에도 이례적으로 삼성경제연구소, 현대경제연구원 같은 대기업 소속 민간연구소는 물론, 한국금융연구원 같은 국책연구소까지도 한결같이 금리인하 반대 입장을 밝혔다. 이들의 반대이유는 "금리인하를 해봤자 국내외 불확실성 때문에 투자를 안하고 있는 기업들이 투자할 리가 없고 은행들이 신용불량자들나 한계기업에게 돈을 빌려줄 리도 만무하며, 0.25%포인트의 금리인하 갖고서 기업의 금융비용 절감 운운하는 것도 어불성설"이라는 것이었다. 이들 연구소는 반면에 "금리를 낮추면 부동산투기만 부추겨 끝내는 거품이 터지면서 일본과 같은 장기복합불황에 빠져들 것"이라고 경고했다. 한은노조가 한길리서치에 의뢰해 금통위 개최 직전인 5월9일 교수, 경제연구소 직원, 국회의원, 언론사 등 외부전문가 2백23명과 한은 직원 53명 등 모두 2백76명을 대상으로 실시한 여론조사 결과도, 응답자의 62.3%가 현시점에서 콜금리 인하는 경기부양에 별 효과가 없고 부동산투기만 확산시킬 것이라는 부정적 내용이었다.

하지만 한은 금통위는 금리인하를 강력 희망하던 재경부와 '코드'를 맞춰 금리인하를 강행했고, 금리인하후 가진 기자회견에서 박승 한은 총재는 "북한의 핵무기 보유선언과 사스 등의 영향에 따른 경기침체로 투자, 소비가 극도로 위축됐다"며 "정부가 경기부양을 하지 않을 경우 성장률은 3%대로 하락할 것"이라고 밝혀, 금리인하가 경기부양용임을 분명히 했다. 대선 때에는 집권시 "해마다 평균 7% 성장"을 공약으로 내걸었고 취임직후에는 "5% 성장"을 약속했으나 3% 성장도 쉽지 않을 것 같다는 위기감이 확산되자, 몸이 달은 참여정부가 총체적으로 경기부양에 나선 것이다.

이날 박 총재의 발언 가운데 세간의 큰 파문을 불러일으킨 것은 중앙은행 총재의 부동산투기 인식 수준을 적나라하게 드러낸 '은평구 발언'이었다. 박 총재는 작금의 부동산투기와 관련, "이것은 한국경제의 특이 상황이다. 불경기와 부동산투기는 상충되는 것이다. 마치 폭한과 폭서가 같이 있는 상황이다"라며 "한은총재인 나는 현재 강북 은평구 단독주택에서 20년 동안 생활중이다. 그러나 10년 전이나 지금이나 값 차이가 없으며 팔려고 해도 안 팔린다. 살 사람이 없다. 현재의 부동산투기는 특정지역 특정계층의 부분적 현상으로 신행정수도와 재개발에 좇아 다니는 현상"이라고 주장했다. 그는 따라서 "이런 일을 잡는 데 한은 금리정책을 동원하기보다는 세금이나 전매규제와 같은 행정조치로 특정인과 특정지역에 대응하는 것이 바람직하다"며 "금리인하의 효과여부에 대해 한계가 있고 부동산에도 마찬가지이다. 금리를 동결해도 부동산투기에 효과를 미치기는 역시 한계가 있게 마련"이라고 덧붙였다.

'은평구 발언'은 당시 아파트값 폭등에 몸서리치던 전국 국민의 거센 반발을 야기해 인터넷 뉴스사이트마다 세상물정이 어두운 박 총재를 비난하는 글이 쇄도하고, 네티즌들의 항의글 때문에 한은 홈페이지가 마비될 정도로 큰 파문을 불러일으켰다.

ID '중산층'이라는 부산의 한 시민은 〈프레시안〉에 올린 댓글에서 "지난

주 금요일(5.10) 내가 사는 부산 해운대 센텀시티에서 D아파트를 1순위로 분양받고자 분양사무소에 갔더니, 새벽부터 줄선 장사진으로 하루 종일 기다리다 결국 내 차례까지 오지 않아 포기하고 되돌아갔다. 30평대 아파트로 평당 분양가가 6백70만원이란다. 거기에다가 전매차익까지 보태지면 평당 8백만원쯤 간다"라며 "작년 부근의 해운대 신도시 기존 아파트 평당 가격이 약 4백만원대였다"라고, 1년새 아파트값이 배나 오른 부산의 투기 현실을 고발했다.

인천에 11년째 산다는 ID '박양삼'은 "2년 전에 33평에 1억1천만원이던 분양가가 1년 전에는 1억4천만원, 올 들어서는 1억7천2백만원으로 올랐다"며 "주위 동료들은 은행에서 최초 융자금 1억원을 빌려서 분양받고 분양권 팔고, 또 분양받고 분양권 팔고, 이런 식으로 집을 2,3채 갖고 있다"고 전했다.

서울 신림동에 산다는 ID '이기향'은 "내가 사는 이곳 신림동 촌동네도 3년 전과 비교하면 집값이 두배로 올랐다"며 "한은총재라는 양반이 저런 사고를 가지고 있으니 서민만 죽어 나가는 것"이라고 질타했다. 그는 이어 "바로 옆동네 금천구 벽산아파트도 몇년 전에 신문에 분양받으라고 광고지에 나왔던 값보다 두배더라"라며 "충청도, 경상도 어디를 가도 몇년 사이에 부동산 값이 최소 절반에서 배는 올랐더라"라고 전국적 투기 상황을 전했다.

아파트투기는 '강남→수도권→비강남→전국'으로 번지는 전파 공식을 갖고 있다는 것은 삼척동자도 아는 공식이다.

요즘에는 주택보급률이 100%를 넘어서면서 신규 아파트값은 폭등하고, 반면에 비강남이나 지방의 낙후 단독주택이나 연립주택 등은 값도 안 오르고, 팔려고 해도 팔리지 않으면서 슬럼화하는 '주택 양극화 공식'까지 가세하고 있다. 한 예로 국민은행이 지난 1995년부터 2005년까지 10년간 주택값 변화를 조사한 결과를 보면, 지난 10년간 서울의 아파트 평균가격은 배(100.8%)가 오른 반면 대표적인 서민주택인 연립주택 값은 5.8%, 단독주택 값은 17.5% 오르는 데 그쳤다. 전국 통계는 더욱 심각해, 전국 아파트의 10년간 가격 상승률은 66.1%였던 반면 단독주택 가격은 도리어 6.8% 하락했고 연립주택 가격 상승률은 2.3%에 그쳤다.

박 총재는 기초 흐름조차 인식 못하고 부동산투기가 별문제 아닌 양 일축하는 최악의 발언을 한 셈이다. '투기의 파수꾼'이어야 할 한은총재의 안이한 인식은 아파트투기 광풍을 한층 부추기는 또 하나의 촉매 역할을 했다.

강남의 궤변, "지진 발생할지 모르니 재건축 허용해야"

노무현 대통령이 김진표 경제팀을 감싸고 돌고 재경부, 건교부, 한국은행 등이 연일 투기시장에 휘발유를 뿌리면서 강남에서 불붙은 아파트값 폭등은 목동과 신도시 등 '준(準)강남' 지역으로 번지고, 이어 전국 대도시로 들불처럼 번져나갔다.

2003년 8월, 마침내 강남 아파트의 평균 평당가격이 2천만원을 돌파했다. 앞서 4월에 1천7백만원대였던 강남구 아파트 평당가격이 넉달 만에 2천만원을 돌파했고, 건교부의 '청계산 신도시' 개발 발언에 의해 과천의 아파트도 순식간에 2천만원을 돌파했다. 9월 들어서는 송파구 아파트가 2천만원을 돌파하면서 '2천만원 클럽'에 합류했다.

이번 아파트값 재폭등의 견인차는 강남의 '재건축 아파트'였다. "재건축 아파트의 분양권 전매만은 무슨 일이 있어도 계속 허용하겠다"는 정부 방침

발표이후 시중의 투기자본이 재건축 아파트로 앞다퉈 몰려들었기 때문이었다. 8월 한달 사이에만 1억원이 넘게 오른 재건축 아파트가 강남지역에서만 무려 1만가구에 달했다. 특히 재건축 아파트가 운집한 송파구의 경우는 9월 한 주에만 아파트 매매가격이 5.94%나 폭등하며 아파트투기를 견인했다.

10여평에 불과한 재건축 대상 아파트 시가가 7~8억원을 넘어 그후 10억원대까지 폭등을 거듭한 데에는 정부의 투기 조장 외에, 지역주민 표를 의식해 재건축투기를 부채질한 지방자치단체의 '집단 이기주의'도 큰 몫을 했다.

재건축 규제를 완화, 재건축투기를 부채질하려는 강남권 지자체들의 노력은 집요했다. 한 예로 강남, 송파 등 강남권 구청장들이 주축이 된 '서울특별시 구청장협의회'는 5월13일 구청장과 학자, 건설업자 등이 참석한 가운데 '재건축 정책토론회'를 열고 재건축 규제의 대폭 완화를 주장했다.

이들은 "강남 재건축 추진 아파트들의 가격상승은 주변아파트의 시세와 시장수요를 반영한 정당한 가격"이라며 "최근 발표된 김포, 파주 신도시 건설로는 강남권 아파트 수요를 흡수할 수 없고 일산이나 분당처럼 수도권의 기형적인 비대화만 가져올 게 분명한 만큼 재건축으로 강남지역의 아파트 공급을 확대해야 실질적으로 부동산시장을 안정시킬 수 있다"고 주장했다. 이날 토론자로 참석한 박모 한진중공업 대표 같은 경우는 "강남의 오래된 아파트들은 내진설계가 잘 되어 있지 않기 때문에 지진 등에 대비하기 위해 재건축을 하는 것이 바람직하다"는 황당한 '지진 대비론'을 펴기까지 했다.

그럼에도 불구하고 재건축투기가 사회적 비난을 낳자, 서울시는 "90년 1월1일 이후 준공된 아파트는 40년, 79년 12월31일 이전에 지어진 아파트는

20년이 경과해야 재건축할 수 있도록" 하는 '도시 및 주거환경정비 조례안'을 마련해 서울시 의회에 제출했다. 평균 수명이 50년 이상인 아파트를 '투기 차익' 때문에 20년도 안돼 부순다는 것은 자원 낭비이자, 부도덕한 행위라는 여론을 반영한 규제안이었다.

그러나 한나라당 소속이 다수인 서울시 의원 13명으로 구성된 도시관리위원회는 9월2일 상임위를 열어 이 조례안을 "93년 1월1일 이후는 40년 이상, 82년 12월31일 이전은 20년 이상으로 기준연도를 3년씩 늦추고, 당초 80년 1월1일부터 89년 12월31일 사이에 지어진 아파트는 1년이 지날 때마다 대상연한을 2년씩 늘리기로 했던 기준연도를 83년 1월1일부터 92년 12월31일 사이로 3년 완화한다"는 요지의 수정 조례안을 통과시켰다.

이에 따라 1981년 준공한 둔촌 주공3단지와 4단지는 당초 2005년에나 재건축이 가능했지만 곧바로 추진할 수 있게 됐고, 82년 준공된 아파트도 당초 2008년에야 재건축할 수 있었지만 이번 조치로 당장 아파트를 다시 지을 수 있게 됐으며, 83년 준공한 고덕 주공5~7단지는 재건축 가능기한이 2011년에서 2005년으로 6년이나 앞당겨졌다.

이 수정 조례안은 4일 시의회 본회의에서 통과해 시 조례규칙심의회를 거쳐 공포, 시행됐다. 수정 조례안 통과 소식이 알려지자마자 해당 아파트 매물이 급속히 회수되며 값이 폭등한 것은 두말할 필요도 없다.

강남 재건축 아파트가 투기세력의 온상임을 밝혀주는 실증적 조사 결과가 얼마 뒤 나왔다. 11월2일 KBS 1TV의 '한국사회를 말한다' 제작진이 재건축 대상 아파트인 잠실 주공2.3단지 총 7천7백30채의 등기부등본을 발급받아 분석한 결과, 실제 거주하는 소유자는 13.9%에 불과했다. 반면에 전체 소유자의 48%(3천7백10채)가 송파(해당단지 거주 제외)·강남·서초 등 강남권 거주자로 파악됐다. 이른바 '강남 3인방' 지역내 돈많은 주민이 아파트투기의 주범이 아니냐는 의혹이 부분적으로 입증된 것이다. 재건축론자들이 내세워온 아파트 주인의 '안전한 집에서 살 권리' 운운이 허구였음을 보여주는 대목이다. 또한 전체 7천7백30채 가운데 5천5백채가 담보대출로 인해 근저당권이 설정돼 있었고 이들 아파트의 평균 근저당권 설정금액이 1억7천5백만원으로 밝혀져, 이들이 은행돈을 빌려 투기를 하고 있음이 드러나기도 했다.

이렇듯 재건축 아파트가 투기의 온상이 되고 있음이 명백해졌음에도 불구하고, 정부는 모르쇠로 일관할 뿐이었다.

'9.5조치', '판교 학원특구'… 정부의 잇따른 닭짓

강남 재건축 아파트에서 재폭발한 아파트값 폭등은 '아파트값 인상 루트'에 따라 서울 양천구 목동, 경기도의 분당, 일산 등 비강남과 신도시로 빠르게 확산돼 나갔다. "강남 일부지역에서만 오를 뿐 다른 곳은 문제없다"던 정부를 머쓱하게 만드는 투기 확산이었다. 목동, 분당, 일산 등에서도 강남의 뒤를 이어 2003년 8월 한달간 상승분이 1억원에 육박하는 아파트가 속출했다. 강남 집값이 폭등하면서 '준(準)강남권과의 가격 차이가 너무 벌어졌다'는 인식이 확산된 데 따른 결과였다.

재건축 아파트가 부동산 폭등을 견인하자, 건교부는 9월5일 "수도권 과밀억제권역에서 사업계획승인을 신청하는 재건축 아파트는 전체 건설 예정 가구수 가운데 60% 이상을 전용면적 25.7평 이하의 국민주택으로 지어야 한다"는 대책을 발표했다. 강남 재건축 지역에 소형아파트를 많이 짓게 해 투기를 막아보겠다는 유아적 발상이었다. 9.5 조치는 결과적으로 중대형 아파트의 희소성 가치를 자극해 강남 일대의 '중대형 아파트 값'을 몇달 사이에 수억원씩 폭등시키는 결과만 가져왔을 뿐이다.

한 예로 당시 부동산포탈 〈닥터아파트〉의 조사결과에 따르면, 9월24일 현재 강남구·서초구·송파구·강동구의 40평형 이상 아파트 가격이 9.5대책 이전보다 3.04%, 분양권은 3.60% 오른 것으로 조사됐다. 같은 기간 서울 전체 아파트값 상승률은 1.44%, 분양권 상승률은 1.61%에 그쳤다. 아파트값이 가장 많이 오른 곳은 송파구 문정동 올림픽훼밀리 68평형으로 9.5대책후 며칠새 2억5천만원이나 뛰었고, 중대형 주상복합아파트 값도 덩달아 뛰어, 도곡동 타워팰리스 72평형의 경우 1억5천만원, 송파구 잠실동 롯데캐슬골드 67평형과 갤러리아팰리스도 2억원 이상 올랐다.

내놓는 대책마다 강남 집값을 폭등시키는 건교부의 시쳇말로 '닭짓'은 여기서 그치지 않았다. 건교부는 9.5대책 발표 사흘 뒤인 9월8일에는 '판교 학원단지' 파문을 자초했다.

건교부는 '제2의 강남'으로 키우기로 한 판교 신도시의 분양을 2005년 상반기로 반년 앞당기는 동시에, 여기에 1만평 규모의 '학원단지'를 만들어 강남의 유명학원들을 대거 유치하고 특목고(외국어고)와 특성화고(정보통신고), 자립형 사립 초-중-고, 외국인학교를 세우겠다고 발표했다. 건교부 발상은 한마디로 "판교를 '제2의 8학군'으로 육성, 강남 인구를 분산시키며 아파트값 폭등을 잡겠다"는 것으로, 정부가 강남 아파트값 폭등의 근원을 엉뚱하게 '학원'에서 찾고 있음을 보여주는 것이었다. 판교 학원특구 발상에 대한 비난여론이 빗발치고 교육 주무부처인 교육인적자원부도 "사전협의한 바 없다"고 반발하자, 건교부는 '아니면 말고' 식으로 곧바로 이를 백지화했다. 말 그대로 정부가 내놓은 일련의 아파트투기 대책은 '무능의 경연장'이었다.

"부동산투기는 강남과, 행정수도가 세워질 충청 일각의 문제일뿐"이라고 강변하던 건교부가 마침내 10월 들어 부동산투기가 '전국적 현상'임을 공식적으로 시인했다. 건교부는 10월1일 부산의 해운대구와 수영구, 대구의 수성구를 투기과열지구로 지정했다. 대구 황금아파트의 경우 32평형 1백35가구 분양에 1만6천명이 청약해 1백38대1의 경쟁률을 나타냈고, 부산 해운대구 e-편한세상 1천1백가구 중 83%인 9백13가구의 분양권이 전매되는 등 최근 이들 지역의 분양시장이 투기세력이 대거 가담한 투기장화한 데 따른 뒤늦은 대응이었다.

그럼에도 불구하고 최종찬 건교부장관은 "전세값은 안정적이다"라는 궤변을 펼치며 "당장 준비중인 대책은 없다"는 안이한 태도로 일관했다.

최 장관은 "전세값은 안정적이다"라는 이유를 들어 아파트투기의 심각성을 부인했으나, 집값(매매가)과 비교한 전세값 비율 즉 '전세가율'이 비정상적으로 낮다는 것이 바로 아파트 거품이 얼마나 극심한가를 보여주는 지표였다. 이는 아파트를 사는 이들이 이자에는 관심 없고 앞으로도 아파트값이 계속 천정부지로 오를 것이라는 투기심리로 사들이고 있다는 의미이기 때문이다.

통상적으로 거품이 없을 때의 정상적인 전세가율은 60%선이다. 그러나 부동산포탈 〈닥터아파트〉 집계에 따르면, 2003년 9월말 서울 강남권의 송파구 33.2%, 강동구 35.4%, 강남구 35.7%, 서초구 39.1%로 아파트값 폭등 지역의 수치가 모두 30%대로 급락했고 과천은 26.5%까지 내려갔다.

이 수치를 조사하기 시작한 1999년 1월 52.4%를 기록했던 전세가율은 2000~2001년 전세값이 급등하면서 2001년 10월 64.4%로 정점에 달했다. 그러다가 그후 아파트값 폭등이 시작되면서 하락세로 반전되더니 마침내 서울과 경기도의 전세가율이 각각 45.4%와 49.8%로 99년 조사이래 최초로 50% 이하로 떨어지고, 아파트값 폭등의 진원지인 강남 3인방은 30%대로 떨어지기에 이른 것이다.

상황이 이런데도 주무장관은 도리어 "전세값은 안정" 운운하며 부동산투기의 심각성을 은폐하려 애쓰니, 국민들의 절망감은 깊어질 수밖에 없었다.

노무현 지지율 폭락, 잇따르는 '강남 테러협박'

참여 정부가 공약과는 정반대로 출범후 아파트값을 거듭 폭등시키자, 당연히 민심이 이반하며 노무현 대통령과 정부여당의 지지율이 급락했다.

노 대통령은 2005년 중반 지지율이 밑바닥을 헤매자 "나는 취임 초기부터 레임덕에 빠져있었다"고 푸념했으나, 이는 사실과 다른 궤변이다. 노 대통령 취임 이틀 뒤인 2003년 2월27일 지지도는 무려 92.2%(TNS코리아 여론조사결과)에 달했다. 대선과정에는 지지자에 따라 양분되나, 일단 선거가 끝나면 새 대통령에게 확실하게 '힘'을 실어주는 우리 국민의 현명한 미덕 때문이었다. 이처럼 전무후무하게 높던 지지율이 노 대통령 취임 1백일에는 50%선으로 거의 반토막 나더니, 10월초에는 30%대 초반으로 또다시 반토막 났다. 노 대통령 지지율 급락의 원인은 복합적이나, 최근 여론조사에서도 밝혀졌듯 가장 큰 요인은 노 대통령 지지층과 다수 국민을 분노케 한 아파트 값 폭등이었다.

위기는 단순히 노 대통령 지지율 급락에 그치지 않았다. 아파트값 폭등이 한창이던 2003년 9월5일 오후 8시께 서울지방경찰청 112신고전화로 신원미상의 40대 남자가 "강남 대치동 모 아파트의 한 동과 고급 주상복합건물의 지하 헬스클럽을 폭파하겠다"는 협박전화를 걸어왔다. 강남 대치동은 학원들이 밀집해 있어, 강남 아파트값 폭등의 진원지 역할을 해온 지역이었다. 협박 전화에 놀란 경찰은 폭발물 처리반과 수색견들을 출동시켜 3시간여 동안 폭발물 수색작전을 벌였으나 폭발물은 발견되지 않았다. 경찰은 협박전화 발신지를 추적한 결과 지하철 4호선의 미아역 내 공중전화로 밝혀졌다.

그로부터 두 시간여 뒤인 오후 10시30분경 이번에는 잠실 롯데월드 당직실에 "폭발물을 설치했고 곧 폭파시키겠다"는 협박전화가 걸려와 경찰 1개 중대와 폭발물 처리반이 긴급 출동, 수색에 나서 2시간반 동안 롯데월드 내 화장실, 쓰레기통까지 샅샅이 뒤져야 했다. 경찰 조사결과 괴전화의 발신지는 경기도 용인 지역으로 밝혀졌다.

협박전화는 다행히 단순 해프닝으로 그쳤으나, 이런 연쇄 협박은 그 무렵 강남 일대에서 잇따라 발생한 부녀자 납치 사건 등과 맞물리면서 전달에만 아파트 1만채의 값이 1억원 이상 폭등한 강남 지역에 대한 비강남권의 '적개심'이 표출된 게 아니냐는 긴장된 해석을 낳았다. 요컨대 '체제 위기'가 작동하기 시작한 게 아니냐는 우려였다. 이런 해석이 가능한 것은 역사적으로 세계 대공황 등을 거치면서 양극화가 극심해진 사회에서도 이와 유사한 사례들이 많이 목격됐기 때문이다. 한 예로 1929년 대공황 이후 미국의 빈부격차가 극심해진 1930년대 중반, 공황과정에 도리어 부를 3배나 불린 록펠러와 카네기 등 굴지의 재벌그룹의 사옥에는 양극화 심화에 분노한 실직자의 사제폭탄이 던져지는가 하면 길거리에서 임원을 향한 린치 행위가 발발하는 등 체계 위기가 심화됐고, 이런 체제 위기는 카네기 등의 대규모 기부를 촉발하는 주요요인으로 작용하기도 했다.

건교부의 속 보이는 '통계조작', 주택보급률 낮추기

분명한 체제 위기 징후에도 불구하고, 10월초까지만 해도 김진표 부총리를 비롯한 참여 정부의 인식은 여전히 안이했다.

김진표 경제부총리는 10월초 "주택문제는 기본적으로 수요와 공급 원칙에 따라 처리해야 한다"며 "2015년까지 주택보급율을 1백15%까지 높였을 때 해소가 가능하다"고 주장했다. 이는 작금의 아파트값 폭등의 본질을 '투기'가 아닌 '공급 부족'에서 잘못 찾고 있는 동시에, 정부가 "2015년까지는 아파트값이 계속 오를 것"이라는 '투기 보증수표'를 남발하는 게 아니냐는 비판을 낳았다.

아파트값 폭등의 근원을 '공급 부족'에서 찾는 것은 건설족의 대표적 논리다. "국민들은 이제 살기 편한 아파트에서 살기를 원하는데, 아직 아파트 공급이 이를 따라가지 못해 수요-공급 불일치로 아파트값이 오를 수밖에 없다"는 주장이다.

하지만 이런 주장에 대한 전문가들의 견해는 다르다. 특히 전문가들 사이에서는 오래 전부터 정부가 주택보급률 통계를 의도적으로 낮게 잡아, 건설족의 투기 논리를 돕는 '통계 조작'을 하고 있다는 의혹이 제기돼 왔다. '통계 조작'이란 벤자민 디스레일리 영국총리(1804~1881)가 "거짓말에는 세 종류가 있다. 거짓말(lies), 환장할 거짓말(damn lies), 그리고 통계(statistic)다"라고 말할 정도로 국내외 역대 정치세력이 애용해온 여론조작 수단중 하나이다.

한 예로 국회 건교위 소속인 이낙연 민주당 의원은 2004년 10월5일 국감 과정에 이같은 통계조작 의혹을 공식적으로 제기했다. 이 의원이 문제삼은 '통계조작'의 증거는 각기 다른 건설교통부와 서울시의 서울 주택보급률이었다.

서울시는 2003년도 서울 주택보급률을 103%라고 발표하고 있는 반면, 건교부의 서울 주택보급률은 86.3%(2004년은 각각 106%와 89.2%)로 무려 17%포인트나 차이가 나고 있다. 이런 현상은 서울시가 단독주택과 아파트 외에 다가구단독주택, 빌라, 오피스텔, 상가주택 등 새로운 주택유형까지도 포함해 '거주 기준'으로 주택수를 계산해 주택보급률을 산정하고 있는 반면, 건교부는 과거 방식으로 '소유권'을 기준으로 이들 새로운 주택유형들을 제외하고 주택수를 계산하고 있기 때문이다.

그러다 보니 건교부의 주택보급률은 실제보다 낮게 나오고 있다. 한 예로 지난 2000년의 경우 건교부가 발표한 서울의 주택수는 1백97만채이나, 국토연구원의 윤주현 박사가 거주를 기준으로 산정한 주택수는 이보다 무려 1백만채 이상 많은 3백만채로 집계됐다. "건교부가 '주택보급률이 낮아 아파트값이 오를 수밖에 없다'는 건설족의 투기논리를 합리화하기 위해 의도적으로 주택보급률을 낮춰 발표하는 게 아니냐"는 의혹을 사고 있는 것도 당연하다.

건교부의 통계조작 의혹은 그후에도 계속됐다. 2005년 건교부는 "공시지가를 기준으로 한국 땅값이 2천1백76조원이며 이는 시가의 91%를 반영하고 있다"고 주장했다. 그러나 경실련이 강남권 주요 아파트단지의 시가대비 공시지가를 비교한 결과 공시지가는 시가의 30~40%밖에 안되는 것으로 조사됐다. 또한 국세청 역시 기준시가가 시가의 80~90% 수준이라고 하나 경실련 조사결과는 시가의 50~60%에 불과했다. 이런 가격조작은 부동산 갑부들의 조세 부담을 최소화하기 위한 게 아니냐는 의혹을 낳고 있다.

통계 조작은 건교부 전유물만이 아니었다. 김진표 부총리는 한 라디오와의 인터뷰에서는 "지난해에는 서울 아파트값이 23%나 올라 문제였으나 올해는 아직까지 5%밖에 안 올랐다"는 현실과 다른 숫자를 내밀며 아파트투기를 걱정할 필요 없다는 주장을 펴, 경제팀이 과연 아파트거품에 대한 위기감이나 제대로 갖고 있는지 의심케 했다.

일각에서는 경제각료들의 이런 발언이 투기의 심각성을 모르기 때문이라기보다는 일본처럼 아파트값이 떨어져서는 안된다는 '공포감'이 내재해 있기 때문이 아니냐는 해석을 하기도 했다. 이런 관측을 뒷받침해주는 한 증거가 조윤제 대통령 경제보좌관(현 주영대사)이 10월초 〈경향신문〉과의 인터뷰에서 한 "아파트값이 갑자기 떨어져도 문제"라는 발언이었다. 즉 아파트값이 갑자기 떨어질 경우 일본처럼 장기복합불황에 빠져들지도 모른다는 관료들의 두려움이 근원적으로 아파트 거품 제거를 기피하게 만들고 있는 게 아니냐는 해석을 낳고 있는 것이다.

정부의 이런 모습을 지켜보면서 시장에서는 "정부가 일본처럼 되는 것을 몹시 두려워하고 있는 만큼 아파트 거품이 저절로 터지면 몰라도, 정부가 앞

장서 아파트값을 떨어트리는 일은 결코 없을 것"이라는 '부동산 불패신화'
가 광범위하게 확산됐다.

마침내 봇물 터진 "분양원가 공개하라"

단군이래의 최대 아파트값 폭등으로 민심이 흉흉해지면서, 국민들 사이에
서 매우 강력한 한 가지 요구가 터져 나왔다. "아파트 분양원가를 공개하라"
는 것이었다.

아파트값 폭등의 핵심원인중 하나는 건설업체들의 턱없는 분양가 인상이
었다. 당시 건설업계에서는 "수백가구의 아파트만 신축해도 3백억~5백억
원은 거뜬히 번다"는 얘기가 공공연히 나돌 정도였고, 모 건설업자가 몇 개
의 시행사를 운영하면서 몇 년 새 수천억원을 거뜬히 벌었다는 얘기가 업계
에 신화처럼 나돌기도 했다. 그러나 분양가 폭등을 통해 건설업계가 막대한
폭리를 챙겼음에도 불구하고, 어찌된 일인지 이들이 내는 세금은 종전과 거
의 다름없었다. 당연히 대규모 탈세 의혹이 제기됐고, 그 검은돈이 정치권-
관계 등의 건설족에게 흘러들어간 게 아니냐는 의구심을 확대시켰다. 겁 없
이 치솟는 분양가에 분노한 다수 국민이 "분양원가를 공개하라"고 나선 것
은 '생존권 차원'의 당연한 요구였다.

각종 여론조사에서도 예외없이 국민의 80% 이상이 분양원가 공개에 찬성하
고 있는 것으로 나타났다. 이 '80%'라는 숫자가 의미하는 바는 중차대하다.

전국의 주택보급률이 100%를 넘어섰음에도 불구하고, 우리나라에서 자기
소유의 집을 갖고 있는 사람은 절반에 불과하다. 이들 무주택 국민은 분양원
가가 공개돼 아파트 거품이 급속히 빠지면서, 정상적으로 일하는 이들의 제

집 장만이 가능해지기를 열망하고 있다.

그러면 분양원가 공개에 찬성하는 나머지 '30%'는 어떤 사람들인가. 이들은 이미 제집을 보유하고 있는 이들이다. 분양원가가 공개되면 아파트 거품이 꺼지면서 이들이 보유하고 있는 집의 가격도 하락할 게 분명하다. 하지만 이들은 대부분 비강남권의 '1가구 1주택' 보유자들로, 이들 역시 아파트값 폭등의 희생자들이다. 이들은 아파트값 폭등으로 비강남에서 강남으로의 이동은 원천봉쇄됐음은 두 말할 필요도 없고, 현재 살고 있는 지역에서 좀 더 넓은 평수로 이사 가는 것도 대단히 힘들어졌다. 서울 등의 아파트를 팔고 시골로 낙향한다면 차액을 건질 수 있겠으나, 생활터전이 서울 등인 대다수에게는 '희망사항'일 뿐이다. 특히 젊은층의 자력적 집 장만이 사실상 불가능해진 현 상황을 타파하지 않고선, 자녀의 앞날도 암담하다는 판단이 이들 자가보유자 30%의 분양원가 공개 여론을 만들어낸 것이다.

일부이기는 하나 강남의 양식 있는 인사들도 '체제 안정적 차원'에서 아파트 거품 청산에 동의했다. 강남 도곡동의 고가 아파트에 살고 있는 한 의사는 분양원가 공개 요구가 터져 나오던 시점, 필자에게 다음과 같은 편지글을 보내왔다.

"개인적으로 강남에 아파트를 가지고 있지만 저 역시 황당하기는 마찬가지입니다. 일년을 열심히 일한 저의 노력에 대한 대가보다 눈치 빠른 안사람의 투자로 벌어들인 잠재적 소득이 더 많다는 것에 대해 저 역시 수긍할 수 없습니다.

이런 식으로 부동산 가격에 거품이 지속되고 서민들의 감정이 악화된다면 대한민국의 국가로서 존립기반이 사라질 수도 있습니다. 우리 국민 중에 박

찬호 선수의 고액 연봉이나, 유명 연예인들의 고소득에 대해 시비하는 사람이 얼마나 되겠습니까? 하지만 이런 부동산투기에 의한 불로소득은 '돈 놓고 돈 먹기 식' 게임입니다. 원천적으로 기본 판돈이 없는 사람들에게는 참가조차 봉쇄된 '저들만의 게임'입니다. 이런 '기회 균등의 원칙'이 없는 게임에는 누구도 쉽게 그 결과에 수긍하지 않습니다. 부동산투기의 가장 큰 문제점은 여기에 있다고 생각합니다.

어떤 희생을 치르더라도 부동산투기 문제는 해결되어야 합니다. 이것은 대한민국의 국체를 지키는 데 필수적이기 때문입니다. 돈 많은 기득권 세력도 이 점을 인식하지 못하면 계층의 위화감 정도가 아니라, 국론의 분열과 이로 인해 망국의 서러움을 겪을 수 있다는 점을 깊이 인식할 필요가 있습니다. 가까운 과거를 보면 아르헨티나가 그러했고, 지난 역사를 보면 외부의 침입보다 내부의 단합이 깨어져 가벼운 외부 자극에도 쉽게 허물어져 나라가 망한 경우가 더 많다는 것을 인식할 필요가 있습니다.

대한민국의 단합에 가장 부정적으로 영향을 미치는 것은 '빈부의 격차'가 아니라 수긍할 수 없는 요인으로 인한 '빈부 차이'라는 점을 인식한다면, 부동산 대책은 단순한 경제문제가 아니라 국가의 존립과도 직접적으로 연관된 중차대한 문제라는 점을 정부 당국자는 인식해야 할 것입니다."

비상 걸린 청와대 "이제는 아파트문제가 정치문제 됐다"

분양원가 공개 요구가 봇물 터지는 등 민심이 심상치 않게 돌아가자, 청와대와 집권여당 일각에서도 분양원가 공개를 검토하기 시작했다.

2003년 10월초 청와대 민정수석실이 '정권 안보' 차원에서 직접 나서 시민단체, 경제전문가, 언론계 관계자들을 만나 투기대책을 수렴하는 등 부산한 모습을 보였다. 이때 필자를 찾아온 민정수석실 관계자는 "그동안 아파트값 문제는 경제문제로 인식, 경제파트에게 전권을 주었었다"며 "그러나 이제는 아파트값 문제가 더이상 방치할 수 없는 심각한 사회-정치문제가 됐다고 판단, 나서게 된 것"이라고 민정수석실이 나선 배경을 밝혔다. 그는 "경제팀은 툭 하면 아파트 공급이 부족해 폭등하고 있다고 말하곤 한다. 주택보급률이 2012년에 1백17%가 돼야 근원적으로 아파트 투기를 막을 수 있다는 식이다. 하지만 이는 비경제전문가인 내가 보기에도 설득력이 없는 주장이다"라며 "요즘처럼 아파트값이 폭등하면서 부가 한쪽으로 쏠리면 아무리 아파트를 많이 지어 공급해봤자, 돈 없는 서민들이 어떻게 제집 장만할 수 있겠나. 아파트값에 긴 거품을 크게 거둬내야만 서민들도 집 장만을 할 수 있지 않겠나"고 김진표 경제팀에 대한 강한 불신을 드러내기도 했다.

그는 "주상복합아파트처럼 고가의 내장재 등을 특별히 사용하지 않는 한 서울이나 수도권의 아파트 분양원가는 평당 6백~7백만원 선으로 파악되고 있다"며 "요즘 평당 1천만원을 넘어선 분양가는 거품이 긴 게 사실"이라고 거품의 존재를 시인했다.

그는 또 현재 자가용 세금보다도 적은 아파트 보유세의 문제점을 지적하며 "미국의 보유세율을 조사해 보니 연 1%를 넘었다"며 "여러 채의 아파트를 보유하고 있는 이들에게 현재 자동차세보다 낮은 0.1%의 세율을 2주택 이상 보유자에게 미국수준으로 10배 이상 확 올리면 아파트 투기를 막을 수 있지 않겠냐"고 말하기도 했다. 그는 "현재 재경부 등에서는 조세저항 등을 우려해 올려도 3배만 올려야 한다고 주장하나 반드시 이를 관철시킬 생각"

이라고 굳은 결의를 보이기도 했다.

그는 이어 최대 쟁점이던 '분양원가 공개' 여부와 관련, "아파트 분양원가 공개 여부를 놓고 각계로부터 광범위하게 의견을 수렴중"이라며 "필요할 경우 민간업체가 안하면 공기업인 주택공사만이라도 공개하는 방안을 검토중"이라고 밝혔다. 그는 또 "주택공사 임원을 만나 공개가 가능하냐고 물었더니 '청와대가 공개하라면 하겠다' 는 입장"이라고 전하면서도, "하지만 민간건설업체들의 반발이 워낙 거세 과연 어떤 결론이 나올지는 아직 미지수"라고 말끝을 흐렸다.

같은 시기, 국회 건설교통위원회 소속인 집권 민주당의 이희규 의원도 아파트 분양가 원가내역의 공개를 주내용으로 하는 주택법 개정안을 마련해 동료의원 33명의 서명을 받았다. 이 의원이 마련한 주택법 개정안은 도급순위 3백위내 업체들이 3백가구(투기지역은 1백가구) 이상 분양할 경우 택지비와 재료비·인건비 등 원가내역을 항목별로 공개하도록 의무화하고 있었다. 이 의원측은 "현재 건설업체와 건설교통부 등이 기업비밀 등의 이유로 주택법 개정안에 반대하고 있으나 기업회계기준 및 건설업 회계처리준칙에 따라 분양가 원가내역을 공개하는 만큼 문제될 게 없다"면서 "분양가 원가내역 공개는 공시제도의 정신과도 일치한다"고 주장했다.

이런 움직임에 대한 건설업계와 건교부의 저항은 격렬했다.

한국주택협회는 주택법 개정과 관련, "정부의 과도한 주택시장 개입은 시장원리에 의한 자율적 조정기능을 저하시켜 결국 주택가격 왜곡의 악순환을 반복시킬 뿐"이라며 "차별화가 기본전제인 현재의 분양가 자율화 제도하에서 분양가 원가내역을 공개하라는 것은 분양가를 직접 규제하겠다는 것과 같다"고 반발했다. 주택협회는 분양가 원가내역 공개 입법추진 철회를 요구하는 건의문을 건교부와 국회 건교위 등에 제출했으며, 건교부도 이에 적극 동조했다.

세간의 관심은 노무현 대통령이 과연 어떤 '선택'을 할 것인지로 쏠렸다.

대통령 '부동산투기와의 전쟁' 선언에 관료들의 '투기막기 시늉'

앞의 청와대 민정수석실 관계자 말을 통해서도 알 수 있듯, 아파트값 폭등이 경제문제를 넘어서 정치문제, 체제문제로 발전하고 있다는 위기감이 확산되면서 2003년 10월 청와대에도 비상이 걸렸다. 특히 다음해 4월 국회의원 총선을 앞두고 있었던 시점이었던 만큼 청와대가 느낀 정치적 위기감은 컸다.

노무현 대통령은 10월13일 직접 나서 "주택가격 안정은 서민생활 그 자체이다. 주택가격의 폭등은 임금 인상을 불러오고, 임금 인상은 우리의 경쟁력을 떨어트린다. 부동산 가격 상승은 기업의 생산원가에 엄청난 부담을 준다. 서민생활을 위해서도, 우리 경제를 위해서도 부동산투기는 절대 용납하지 않겠다"고 '부동산투기와의 전쟁'을 선포했다. 노대통령은 이어 10월말께 발표할 예정인 구체적 대책의 방향과 관련, "지금 정부는 종합적인 부동산 대책을 준비하고 있다. 그리고 그것으로도 부족할 때에는 강력한 '토지공개념 제도'의 도입도 검토하겠다"며 "토지는 국민생활과 기업경영의 필수적인 요소인 데 반해 확대재생산이 불가능하다. 일반상품과 달리 취급해야 한다"고 주장하기도 했다.

노 대통령이 투기와의 전쟁을 선언하자, 건교부 등도 재빨리 말을 바꿔 아파트투기의 심각성을 시인하며 뒷북을 치고 나섰다.

최종찬 건교부장관은 다음날인 14일 즉각 기자간담회를 갖고 "주택을 사면 무조건 돈을 번다는 투기수요를 최대한 차단하는 것이 필요하다"며 "현재 강남지역 집값이 일본 상류층 거주지 집값보다 내용적으로 5~6배나 높다"는 사실도 최초로 공개했다. 그는 "강남지역과 비슷한 일본의 집값이 강남 아파트의 50~70% 수준인 데 비해, 우리의 1인당 국민소득은 일본의 3분의 1에 불과하다. 절대가격 면에서 강남 집값은 결코 정상이 아니다"라며, 또한 "강남의 주택 전세가격이 매매가격의 50%수준 아래로 떨어진 것은 집값 상승이 실수요 때문이 아니라 가수요에 의한 것임을 보여주고 있다"고 주장하기도 했다.

며칠 전까지만 해도 판교에 '학원 특구'를 건설해 강남 집값을 안정시켜야 한다고 주장했던 건교부의 수장인 그는 또 "강남 거주자들은 자녀교육이 끝나고 나서도 계속 남아있기 때문에 강남 집값이 교육문제 때문이라고 보지 않는다"고 즉각 말을 바꾸기도 했다.

최 장관은 또 "부동산대책은(공급 확대보다는) 투기심리를 잡는 수요쪽에서 접근해야 하며, 과도하게 주택을 보유하고 있으면 부담이 크다는 것을 보여주기 위해 세금중과나 대출제한 등으로 리스크(위험)를 줘야 한다"고 말해, 향후 정책방향이 1가구 다주택 보유자에 대한 중과세에 맞춰질 것임을 시사하기도 했다.

하지만 말만 바꾸었지 경제팀의 '본질'은 그대로였다. 10월말 발표할 부동산투기 대책을 마련하는 과정에 내부적으로 논란이 된 것은 앞의 '분양원가 공개' 여부외에 '1가구 2주택자' 부터 중과세를 할 것인가, '1가구 3주택자'부터 중과세를 할 것인가였다. 이와 관련, 경제부처의 한 간부는 당시 필자에게 "요즘처럼 아파트값이 많이 오른 상황에서는 자녀들을 위해 현재 살고 있는 집외에 집 한 채를 더 사두는 경우는 용인해 줘야 하는 게 아니냐는 의견이 정부내에 많다"고 전했다. 관료들의 '의식 수준'을 읽을 수 있는 전언이었다.

공무원은 언필칭 '공직자'다. '사익'보다 '공익'을 중시하라고, 국민들이 세금을 내 월급을 주고 정년까지 보장해주는 자리다. 따라서 이들은 '자기 자녀에게 물려줄 또 한 채의 아파트'를 걱정하기보다는 아파트값 폭등으로 제집 장만이 힘들어진 자녀 또래의 젊은이와 서민들을 위해 고민해야 마땅하나, 유감스럽게도 이런 공인 의식은 찾아보기 힘들었다.

또한 이들 관료는 "1가구 2주택이상 보유자의 통계를 공개하라"는 상식적 요구에 대해서도 "그런 통계는 정부내에 존재하지 않는다"는 상식밖 답변으로 일관했다. 이미 행정자치부 전산망이 구축돼 있는 마당에 전혀 설득력 없는 답변이었다. 정부가 그대신 내놓은 통계는 '1인당 다주택 보유자' 숫자. 국세청이 내놓은 2채 이상의 집 보유자 숫자는 14만7천여명로 이들은 48만8천여채를 보유, 1인당 평균 3채 이상을 보유하고 있는 것으로 드러났다. 하지만 투기 실태를 정확히 파악하고 이들의 투기수익에 대한 중과세 등 대책을 마련하기 위해선 '세대별 다주택' 보유 현황을 파악해야 하나 정부는 온갖 핑계를 대며 차일피일 공개를 기피했고, 정부가 마지못해 그 실태를 공개한 것은 그로부터 2년이 흘러 또다시 아파트투기가 심각한 체제문제로 부각된 2005년 8월의 일이다. 이주성 국세청장은 8월17일 국회 재정경제위원회 전체회의에 출석해 "1가구 2주택 이상이 1백58만 가구에 달한다"고 최초로 실태를 공개했다. 그런데 이 숫자는 어이없게도 2002년 6월 집계한 통계수치였다. 정부는 '세대별 다주택' 통계를 이미 오래 전 갖고 있었으면서도 그동안 이를 숨겨온 것이다. 의식 상태가 이러하니, 이들에게서 투기를 뿌리뽑을 수 있는 대책을 기대하기란 애당초 불가능한 일이었다.

차 떼고 포 뗀 10.29대책, 김진표의 '사회주의' 발언

2003년 10월29일, 마침내 정부는 세간의 큰 관심을 모았던 '주택시장안정종합대책'을 발표했다. 이른바 '10.29대책'이다.

10.29 대책의 골자는 "세금으로 아파트투기를 잡겠다"는 것으로, 특히 1가구 다주택자가 집을 팔 때 내는 양도소득세를 대폭 강화하겠다는 게 골자였다.

양도소득세 기존 세율은 기준시가 기준으로 9~36%이었다. 정부는 이를 전국 53개 투기지역내 1가구 2주택 보유자에게 양도세 탄력세율을 적용, 최고 51%까지 중과키로 했고, 1가구 3주택 이상 보유자에 대해서는 양도세율을 75%까지 끌어올리기로 했다. 단 1년간의 유예기간을 두어, 다주택 보유자의 매각을 자진 유도하기로 했다. 정부는 또 중장기적으로 1가구 1주택 중고가 주택들도 비과세 대상(3년 이상 거주시)에서 제외해 양도세를 부과하는 방안을 도입키로 했다. 또한 종합토지세 과표를 종전의 30%에서 50%로 높이는 시기를 종전에 발표했던 2006년에서 2005년으로 1년 앞당기고 5만~10만명선의 부동산 과다보유자에 대한 부동산종합세 도입 시기도 1년을 앞당기기로 했다.

정부는 그러나 세간의 비상한 관심을 모았던 다주택 보유자에 대해 재산세(보유세) 실효세율은 현행 시가의 0.1%선에서 0.3%로 단계적으로 높여 나가고, 오는 2017년까지 1%까지 높여 나갈 계획이라고 밝히는 데 그쳤다. 보유세율을 반드시 미국 수준인 1% 수준까지 대폭 올리겠다던 청와대 민정수석실의 호언은 식언이 된 셈이다.

우리나라 부동산 보유세는 세계적으로 낮기로 유명하다. 미국의 대표적 상류층 거주지 베버리힐즈와 비교하면 그 정도를 가늠할 수 있다. 베버리힐즈는 전지역 주택의 3분의 1 이상이 시가 3백만달러(약 30억원)로, 이 정도 집이면 대지 8백~9백평에 침실만 4개 이상 갖추고 있다. 그러나 1인당 국민소득이 4만달러에 육박하는 미국의 많은 부자들은 베버리힐즈에 사는 것을 두려워한다. 무거운 보유세 때문이다. 베버리힐즈에서는 '소규모 주택'으로 분류되는 시가 70만 달러(7억원)인 주택만 해도 집주인은 매년 7천9백80달러(8백만원)를 부동산 보유세로 내야 한다. 여기에 각종 부과금 등을 포함하면 통상 시가의 2%인 1만6천달러(1천6백70만원)를 매년 주택 소유에 대한 세금으로 물어야 한다. 반면 서울 강남에서 시가 8억5천만원(미화 85만달러) 아파트를 보유하고 있는 경우 내는 보유세는 베비리힐즈의 5% 수준에 달하는 연간 54만원에 그쳤다. 이는 우리나라의 2000cc 중형승용차가 내는 연간 재산세 52만원에 비슷한 수치였다.

따라서 "정부가 정말 아파트 투기를 잡으려 한다면 미국 등 선진국 수준으로 보유세를 대폭 높이고 그 대신 양도세는 낮춰, 연간 1천만원대 세금을 낼 수 있는 사람만 10억대 고가주택에서 살고 투기목적으로 사들인 아파트를 팔게 하는 방식으로 거품을 빼야 한다"는 게 전문가들의 지배적 조언이었다. 하지만 정부는 '강남의 조세저항'을 이유로 보유세는 계속 낮은 수준을 유지하고 양도세만 높이는 정반대 선택을 한 것이다. 10.29대책의 실패를 애당초 예고하는 대목이었다.

정부는 이상의 대책을 발표하며 "10.29대책 발표에도 불구하고 아파트투기가 계속될 경우 분양권 전매금지 전국 실시, 재건축 아파트에 대한 개발이익 환수도 검토하고, 투기지역에 국한해 일정 면적 이상의 아파트에 대한 한시적 주택거래허가세를 도입하는 방안도 검토하겠다"고 경고했다.

외형상으론 10.29대책은 참여정부 출범 이래 10여 차례나 발표됐던 대책보다는 강도 높은 대책처럼 비쳤다. 하지만 한 꺼풀 들여다보면, 실상은 그렇지 않았다. 우선 국민 다수가 가장 확실한 아파트투기 대책이라고 생각하는 '아파트 분양원가 공개'가 빠졌다. 또한 '1가구 2주택 보유자'를 사실상 보호했다. 양도세율을 높였다고는 하나, 투기차익 가운데 절반을 세금으로 내더라도 나머지만 갖고서도 수천만, 수억원을 벌 수 있는 아파트투기를 그만 둘 리가 만무했다. 실제로 양도세 중과 정책은 그후 시장에서 집 주인이 양도세를 집 사는 사람에게 떠넘기는 방식으로 변질돼, 아파트값 폭등을 한층 부채질하는 결과를 초래했다.

또한 여러 채의 아파트를 보유하고 있던 투기세력이 이를 되팔게 만들어 아파트 거품을 빼는 데 즉효가 있는 보유세 대폭 인상도 '강남의 조세 저항'을 이유로 형식적 인상에 그침으로써 10.29대책의 실패를 자초했다.

10.29대책 발표후 다수 국민은 '분양원가 공개', '보유세 중과세' 등의 요구가 묵살된 데 대해 정부를 강력 성토했다. 그러자 김진표 경제부총리는 10.29대책 다음날인 30일 기자들과 만난 자리에서 "젊은 네티즌을 중심으로 좀더 강력한 조치를 취해야 한다는 여론이 있는 것 같은데, 정부 입장에서는

더 강력한 것은 사회주의적인 것밖에 되지 않는다"면서 "정부가 할 수 있는 것은 다 했다고 본다"는 '사회주의 발언'으로 맞서, "그러면 원가공개를 요구하는 전체 90% 가까운 국민이 모두 빨갱이란 말이냐"는 네티즌의 거센 반발을 자초하기도 했다.

김 부총리는 파문이 일자 10월31일 필자와의 인터뷰에서 자신의 본뜻이 잘못 전달됐다고 해명하면서도 "아파트 분양원가 공개에 반대하는 것은 내가 아닌 건교부로, 건교부에 따르면 3년 전부터 자율화한 분양가를 분양원가 등을 다시 공개해 규제할 경우 분양원가와 실거래가간의 프리미엄을 모두 투기세력들이 독식할 것이라며 반대하고 있다"고 책임을 건교부로 떠넘긴 뒤, "때문에 정부는 분양원가를 공개하는 대신 건설사들이 얻게 되는 이윤을 법인세로 흡수한다는 방침"이라고 주장했다.

그는 이렇듯 자신 발언이 와전됐다고 해명하면서도, 청와대가 한때 검토했다가 주무부처 반대로 좌절된 주택공사 등의 '분양원가 공개'와 관련해선 "새로 짓는 신도시의 90%가 주택공사나 토지공사가 매입한 땅위에 짓는 것으로 이를 공개하면 사실상 분양원가를 공개하는 것이 된다"고 말해, 분양원가를 절대로 공개할 수 없다는 속내를 분명히 하기도 했다.

참여정부 1년 '최악의 경제성적표' 1―뱀파이어 경제의 절정

참여정부가 갈팡질팡하며 한 해를 보낸 사이에 참여정부 출범 첫해의 '경제성적표'가 속속 나왔다. 그 결과는 너무나 참담한 것이었다.

부동산포탈 〈내집마련정보사〉에 따르면, 98년 12월 분양가 자율화 이후 1999년 9%, 2000년 7.9%, 2001년 10.5%, 2002년 15.2%으로 수직상승하던 서울 동시분양 아파트의 분양가 상승률(전년대비)이 2003년 30.3%나 폭등하면서 사상 최대치를 기록했다. 구체적으로 2003년 평당 분양가는 1천2백45만원으로 5년 전인 98년 6백37만원의 배가 됐다. 아파트값 총액도 2003년 한 해 사이에 1백50조원이나 급증했다.

반면에 참여정부 출범 첫해의 경제성장률은 정부의 "5% 성장 확실" 호언 및 집중적 건설 경기부양책에도 불구하고 3.1%에 그쳤다. 국민 평균 소득은 간신히 3% 성장하는 데 그친 반면, 아파트값은 그보다 10배나 폭등한 것이다.

아파트값 폭등의 수혜자가 일부 상위계층이었음을 보여주는 한 통계가 나왔다. "2003년 3.1%의 밑바닥 성장에도 불구하고 한국의 부자 숫자는 중국보다도 증가율이 높았다"는 국제비교 조사결과가 그것이다.

미국 투자은행 메릴린치가 컨설팅업체 캡제미니와 공동으로 실시해 2004년 6월 발표한 〈세계 재산 보고서〉에 따르면, 2003년 전세계에서 금융자산이 1백만달러 이상인 다액 순자산보유 개인(HNWI)' 은 7백70만명으로 전년에 비해 7.5% 증가했다.

HNWI 증가율 랭킹은 홍콩이 4만5천명(30% 증가)으로 1위, 인도가 6만1천명(22%)으로 2위였고, 그 뒤를 이어 한국과 스페인이 각각 6만5천명과 12만9천명으로 18% 증가율을 기록해 3위를 차지했다. 한국의 부자 증가율 18%는 세계 최고속 경제성장국인 중국의 12%보다도 크게 높은 수치였다.

이 보고서는 우리나라의 경제성장률이 3.1%로 형편없었음에도 불구하고, 전국을 강타한 아파트 및 부동산투기 열풍으로 중산층-서민의 자산이 상류층 지갑으로 이전되는 이른바 '뱀파이어 경제 법칙 '이 작동했음을 보여주는 명백한 증거였다.

국세청 통계도 같은 진실을 말하고 있다. 2003년 저금리에도 불구하고 이자소득과 배당소득을 합한 금융소득이 연간 4천만원을 넘는 금융부자가 전년도보다 26% 이상 급증했기 때문이다.

국세청이 발간한 〈국세통계연보〉에 따르면, 2004년 5월 종합소득세 신고 결과 2003년 금융소득이 4천만원을 넘었다고 신고한 금융소득종합과세 대상자는 1만9천3백57명으로 전년도의 1만5천2백86명보다 1년새 26.6%(4천71명)나 급증했다. 이들이 2003년 1년간 벌어들인 금융소득은 모두 3조9천3백56억7천2백만원으로, 1인당 평균 금융소득이 2억3백32만원에 달했다. 특히 연간 금융소득이 1억2천만원을 넘는 상위 5천2백50명의 경우 1인당 평균 금융소득은 5억6천3백75만원에 달해, 이들이 한국 금융시장을 쥐락펴락하는 최대 큰 손임을 보여주었다.

2003년 은행 이자나 채권유통수익률, 배당소득이 평균 연리 4%안팎이라는 점을 감안해 환산하면, 이들이 연간 5억6천여만원의 금융소득을 올리기 위해선 1인당 평균 1백40여억원의 돈을 은행에 예치하거나 주식에 투자하고 있다는 의미다. 또한 "달걀은 한 바구니에 담지 않는다"는 포트폴리오 법칙에 따라 일반적으로 상류층이 금융자산외에 아파트나 건물, 토지 등 부동산에도 금융자산 보유액 이상의 투자를 하고 있다는 점을 고려하면, 이들이 부동산투기의 주역임을 감지케 했다.

국세청은 이들 금융소득 4천만원 이상 보유자 1만9천여명이 보유하고 있는 금융자산은 95조원대으로 추정됐다. 당시 시중의 부동자금 4백조원 가운데 4분의 1이 이들 상위층 소유라는 애기로, 나머지 대다수 부동자금 보유자가 기업이라는 점을 고려하면 이들 최상위 부유층이 막강한 현금동원력을 바탕으로 증시나 부동산시장을 쥐락펴락하고 있다는 얘기였다.

결과적으로 참여정부 첫해인 2003년은 건설족과 투기족, 그리고 고가주택 보유자에게만 '더없이 만족스런 한 해'였던 셈이다. 이는 특히 서민-중산층 정부를 자처한 참여정부에게는 더없이 '참담한 경제성적표'였다.

성적표 2 - 아파트투기로 떼돈 번 상류층, 집 빼앗기는 서민들

참여정부의 또다른 '참담한 경제성적표'는 경기를 살리겠다고 아파트투기 부양책을 편 결과, 참여정부 첫해인 2003년 마침내 주택보급률이 100%를 돌파했으나 자가점유율은 오히려 50% 아래로 곤두박질친 사실이었다.

2004년 10월5일 국회 건교위 이낙연 민주당 의원의 국감자료에 따르면, 전국의 주택보급률은 1990년 72.4%, 1995년 86%, 2000년 96.2%를 거쳐 2003년 마침내 101.2%를 기록했다.

반면에 자기 집에서 사는 비율인 자가점유율은 90년 49.9%, 95년 53.3%, 2000년 54.2% 등으로 높아지다가 아파트투기 부양책이 시작된 2001년부터 낮아지기 시작하더니, 2003년 49.7%로 다시 50% 아래로 곤두박질쳤다. 과거로의 후퇴다.

이 의원은 이와 관련, "지난 70년대 71. 7%에 달했던 주택보급률이 100%를 넘은 지금, 자가점유율이 50%에도 못 미치도록 오히려 줄어든 것은 여러 채의 집을 가진 사람이 많다는 것을 의미한다"며 "주택 소유가 이처럼 편중된 것은 주택이 투기의 도구로 사용되고 있다는 증거이자, 정부의 주택정책이 총체적 실패'였음을 의미한다"고 질타했다. 그는 이어 "정부는 2012년

주택보급률 목표를 116.7%로 잡고 있지만 선진국의 경우 인구 1천명당 주택수, 자가점유율 등을 정책지표로 사용한다"며 "자가주택보유율을 높이는 방향으로 정책목표를 바꾸라"고 촉구했다.

아파트투기가 본격화되기 전인 2000년 54.2%에 달했던 자가점유율이 아파트투기 광풍이 전국을 강타한 2001년부터 낮아지기 시작하더니 참여정부 첫해인 2003년 50% 아래로 곤두박질쳤다는 것은 충격적 사실이 아닐 수 없다. 이는 아파트값 폭등으로 내집 마련이 어려워진 데다가, IMF사태 직후를 능가하는 2001년부터의 서민경제 장기불황으로 '있던 집'까지 팔거나 담보대출을 갚지 못해 '있던 집'을 빼앗기는 서민들이 급증하고 있음을 의미하기 때문이었다.

법원행정처가 발간한 〈2004년도 사법연감〉에 따르면, 2003년 한해 동안 법원에 접수된 민사사건 가운데 서민생계와 밀접한 연관이 있는 '독촉사건'은 사상 최고치를 기록했고 가압류와 경매 신청 건수도 전년보다 대폭 증가했다. '독촉사건'이란 채권자가 채무자와 법정 공방을 벌일 필요없이 서면만으로 법원에서 지급명령서를 받아내는 금전 청구방식으로, 지급명령이 내려진 후 채무자가 2주 내에 이의를 제기하지 않으면 채권자는 경매 등 강제집행에 들어간다. 독촉사건이 많아졌다는 것은 빚을 제때 갚지 못해 집을 빼앗기는 사람들이 늘어났다는 애기다.

연감에 따르면 2003년 전국법원에 접수된 민사 독촉사건 수는 모두 1백38만8천2백50건으로 법원이 독촉사건 집계를 시작한 이래 최고치를 기록했다. 이는 IMF사태 직후 98년의 59만4건, 99년 61만7천4백41건보다 높은 것은 물론 종전 최고치였던 2002년의 65만3천6백34건보다도 배가 넘는 수치였다.

가압류도 급증해, 2003년 법원에 접수된 가압류 사건은 모두 1백13만8천7백99건으로 전년 80만5천1백31건보다 41.4%나 급증했다. 가압류 대상 물건으로는 부동산이 전년보다 48.2% 급증한 52만6천8백88건으로 1위를 차지, 주택 가압류가 극성을 부리고 있음을 입증했다. 집을 가압류 당한 서민들 가운데는 길거리에 나앉게 된 참담한 현실에 절망, 자살하는 이들도 속출했다. 이렇게 서민들은 처참하게 붕괴해갔다.

김영삼 정부 후반부 경제수석을 지낸 '경제기획원의 마지막 투사' 이석채 씨는 연전에 펴낸 〈자유-번영 그리고 통일을 향한 한국경제의 선택〉(대한발전전략연구원 간)이라는 연구보고서에서 아파트투기가 초래한 심각한 빈부격차와 관련, "평등의식이 유난히 강하고 단일민족으로 구성되어 있는 한국사회의 특성을 고려할 때 언제든지 사회불안 요소를 배태할 수 있는 가능성을 키우고 있다"고 경고했다. 그는 또 "건설투자의 높은 증가율 지속은 단기적 경기 유지에는 도움이 될 수 있으나 장기적인 경쟁력 측면이나 소득분배와 사회통합 측면에서 바람직하지 못하다"며 "특히 IMF사태이후 우리 경제는 이미 소득분배의 상당한 악화를 경험하고 있기 때문에 더욱 그러하다"고 우려했다.

성적표 3-25평 아파트 장만 기간 18년으로 늘어

아파트값 폭등의 또다른 희생자는 서민 외에 집을 장만해야 하는 대다수 '젊은 세대'였다. 실제로 아파트값 폭등 결과 IMF사태 발발직후보다 내집 장만에 걸리는 시간이 배 가까이 늘어난 것으로 조사됐다.

부동산포탈 〈부동산뱅크〉 리서치센터는 2004년 1월13일 통계청의 '도시근로자 가계수지 동향'을 분석한 결과, "2003년 3.4분기에 도시근로자가 가계소득에서 가계지출을 뺀 금액 즉 가계 흑자액(매달 70만7천원)을 은행에 매달 저축했을 경우(3년 만기 회사채 유통수익률 기준 이자 포함) 서울에서 25평형대의 내 집을 마련하는 데 18년이 걸리는 것으로 조사됐다"고 밝혔다. 그러나 지난 1998년에는 이 기간이 11년 3개월으로, 불과 5년 사이에 내 집 장만 기간이 6년 9개월이나 늘어난 셈이다.

또한 32평형대를 구입하는 데는 이보다 5년이 더 필요해 23년 3개월이 걸리는 것으로 조사됐다. 지난 98년의 경우에는 14년 9개월이었다.

이와 함께 도시근로자가 한달 동안 버는 가계소득을 한 푼도 안 쓰고 모두 저축한다고 해도 서울에서 25평형대를 구입하는 데는 5년 5개월, 32평형대는 7년 4개월이 걸리는 것으로 조사됐다.

이같은 분석은 서울의 25평형대 평균 매매가는 2억2천2백14만원, 32평형대의 평균 가격은 3억1천2백36만원을 기준으로 하고 있어, 강북 주변부의 아파트 시세를 기준으로 하고 있는 것이었다. 이미 당시 서울의 분양가는 강-남북을 통틀어 평균 분양가가 평당 1천만원을 돌파한 상황이었기 때문이다. 요컨대 이는 18년간 개미처럼 부지런히 일하고 알뜰히 저축해도, 강남 아파트는 꿈도 꿀 수 없고 강북 주변부의 아파트를 구매할 수 있을 뿐이라는 얘기였다. 이 조사결과는 2001년 하반기부터 전국을 휩쓸었던 아파트투기가 젊은 세대나 서민들에게 얼마나 커다란 희생과 좌절을 가져다주었는가를 실증적으로 보여주는 증거였다.

물론 한 가구가 자기 집을 마련하는 데 실제로 걸리는 시간은 이보다는 짧다. 가장 혼자 벌어서는 제집 장만이 너무 힘든 까닭에 부부가 함께 돈을 버는 맞벌이가 일반화된 까닭이다. 하지만 맞벌이를 통한 너무나도 힘든 집 장만은 각종 심각한 부작용을 낳고 있다. 상류층의 전업주부가 자녀 교육에 대다수 시간을 집중하나 맞벌이 주부는 그럴 수 없는 데 따른 자녀간 학력격차 심화와, 너무도 힘든 내집 장만-사교육비 부담에 지친 젊은 세대의 급속한 '자녀 안갖기'에 따른 잠재성장력 급락이 그런 대표적 예다.

그러나 무엇보다 심각한 부작용은 국민 다수를 생존권 차원에서 부동산 투기꾼로 만들고 있다는 사실이었다. 정상적으로는 제집 장만이 불가능하다는 판단에 따라 '로또 아파트' 당첨을 위해 가정주부들을 장사진 서게 만들고, 재수 좋게 높은 경쟁률을 뚫고 아파트에 당첨되면 즉각 분양권을 전매해 차익을 거둬 제집 장만의 종자돈으로 쓰게 하는 '투기의 국민화'를 초래한 근원도 다름 아닌 아파트값 폭등이었다. 3천만원으로 3억원짜리 아파트를 만들자는 투기 광풍은 이렇게 시작됐고, 국민의 건전한 노동의욕은 나날이 병들어갔다.

일각에서는 집값 폭등으로 젊은 세대의 제집 장만이 힘들어지는 상황을 '세대간 착취'로 규정하기도 한다. 통계에 따르면, 5, 60대가 우리 사회의 부를 절반 이상 차지하고 있으며 이들이 차지하는 부의 비중은 급속히 높아지고 있다. 이들이 보유하고 있는 부동산값이 폭등한 결과다. 이들 장년층의 부가 급증할수록 젊은 세대의 내집 장만 기간은 늘어나고, 이들이 집을 장만할 때 내는 돈은 장년층으로 이전된다. '세대간 착취' 메커니즘의 작동이다. 일부 사회학자들은 요 몇 년 사이에 전례 없이 악화된 '세대간 갈등'의 한 원인을 아파트값 폭등에 따른 '세대간 착취'에서 찾고 있기도 하다.

'세대간 착취' 심화는 궁극적으로 모든 세대의 '공황적 궤멸'을 예고하고 있기도 하다. 유병규 현대경제연구원 본부장 같은 경우는 "아파트 거품이 언제 터질지는 알 수 없으나, 단 한가지 분명한 사실은 그냥 놔둬도 앞으로 10년 뒤에는 아파트값이 폭락할 게 분명하다는 점"이라고 예견했다. 이유인 즉 "아파트 외에는 변변한 재산이 없는 장년층이 앞으로 10년 뒤에는 먹고 살고 위해서라도 보유하고 있던 아파트 등 부동산을 일제히 시장에 내놓아야 하고, 그러면 아파트값 폭락은 불을 보듯 훤하다"는 것이다. 이럴 경우 공황적 사태가 발발하면서 장년층의 물론, 젊은 세대까지도 거품 파열의 유탄에 맞아 오랜 기간 고통을 받아야 할 게 분명하다.

역대 어느 정권보다 기대가 컸던 참여정부 첫해, 아파트값 폭등으로 한쪽에서 박장대소하고 있는 사이에 다른 한쪽에선 절반 이상의 집없는 국민과 젊은 세대가 좌절감과 배신감으로 치를 떠는 어처구니없는 상황이 전개됐다. 세간에는 "이제 한국에는 두 가지 계층만이 존재하게 됐다. '집 있는 계층'과 '집 없는 계층'이 그것이다"라는 적개감 어린 얘기가 나돌기까지 했다.

성적표 4 – '절망의 끝', IMF사태 때보다 늘어난 자살

"모두가 라면을 먹는다면 견딜 수 있다. 그러나 한쪽에선 라면도 먹기 힘들고 다른 쪽에선 주지육림에서 흥청거린다면 얘기는 달라진다."

투기에 의한 빈부 양극화 확대가 얼마나 심각한 체제적 위기를 낳을 수 있는가를 보여주는 금언이다. IMF사태가 발발하자 우리 국민들은 장롱을 뒤져 결혼반지, 자녀 백일반지 등 금붙이를 들고 나라를 살리기 위해 은행 앞에 장사진을 이뤄 세계를 감동시켰다. 하지만 만에 하나 또다시 그런 위기가 발발한다면 과연 같은 모습을 볼 수 있을까. 답은 "그렇지 않다"이다. IMF사태 후 발생한 사상 최악의 양극화가 초래한 인과응보다.

고승덕 변호사는 얼마 전 한 신문에 쓸 칼럼에서 "평등은 대한민국을 발전시키는 원동력이다. 사회계층간 이동이 막힘이 없어야 국민들은 열심히 창의와 노력을 다하게 되고, 사회 경제가 발전하게 된다. 대한민국이 이 만큼 발전한 것도 평등 풍토에 기인한 바가 컸다고 할 수 있다"(2005.7.6 경향신문)고 했다. 하지만 양극화 심화는 이 '성장 원동력'의 엔진을 껐고, 그 결과는 좌절과 절망, 그리고 비극적 자살 급증으로 이어졌다.

통계청이 발표한 2003년 사망원인 통계 결과'에 따르면, 2003년 1만1천명의 국민이 자살을 했다. 자살로 인한 사망자는 인구 10만명당 24명으로 전년보다 4.9명이나 늘어나면서 지난 1983년부터 시작된 통계청의 사망원인 통계 조사이래 역대 최고치를 기록했다.

자살로 인한 사망률은 IMF사태 발발전인 1996년만 해도 인구 10만명당 14.1명 수준이었으나 IMF사태가 발발한 1998년 19.9명까지 치솟아 사상최고치를 기록했다. 그후 경기가 회복되면서 1999년 16.1명, 2000년 14.6명 등으로 내려가다가, 경기침체와 양극화가 본격화된 2001년 15.5명, 2002년 19.1명으로 증가세로 반전되더니 2003년 24명으로 IMF사태 당시의 기록마저 깨고 사상최고를 기록하기에 이른 것이다.

특히 자살이 20~30대의 사망원인 1위를 차지하고, 40대에서도 3위를 차지해 경기침체에 따른 청년실업 심화와, 양극화 심화에 따른 절망감 확산이 자살의 핵심원인임을 감지케 했다. 이런 자살률은 세계 최고 수준이기도 하다. 경제협력개발기구(OECD)가 각국의 연령구조 변수를 고려해 발표한

'2002년 연령표준화 사망률' 통계를 보면 우리나라의 인구 10만명당 자살 사망률은 18.7명으로 OECD 회원국 중 헝가리(23.2명), 일본(19.1명), 핀란드(18.8명)에 이어 4번째를 차지했다. 그러나 2003년 우리나라 자살률이 24명으로 급증함으로써 우리나라 자살률은 사실상 세계 1위가 됐다.

2003년 자살률이 IMF사태보다 높아졌다는 사실은, "경제는 결코 위기가 아니다"라는 정부의 강변에도 불구하고 지금 국민 다수가 피부로 느끼는 경제난이 IMF사태 때보다 극심하며 특히 자살을 결심할 정도로 절망감이 한계상황에 도달했음을 보여주는 위기신호다. 외환보유고, 기업 수익률 등 여러 경제지표는 IMF사태 직후와 비교할 수 없을 정도로 좋아졌음에도, IMF사태 후 정부의 묵인아래 자행된 세차례 '투기국면' 즉 IMF사태 직후인 1998년의 살인적 고금리, 1999~2000년의 주식투기 광풍, 2001~2003년의 아파트투기 광풍으로 인해 '양극화'가 극단적으로 진행된 결과인 것이다. 요컨대 경기부양을 명분으로 자행된 정부의 '투기 부양책'이 체제파괴적 위기를 초래한 것이다.

사회학자들은 경제난에 의한 자살을 '사회적 타살'로 정의 내린다. 한국은 '자살공화국', 아니 '사회적 타살공화국'이 된 것이다. 투기를 그 어떤 범죄보다도 극악한 사회적 범죄로 규정지어여 하는 이유도 여기에 있다.

뱀파이어 경제의 종착역, 내수경제 붕괴―장기불황 돌입

요즘 경제관료들을 만나보면 자주 들을 수 있는 푸념이 "백약이 무효다. 어떤 부양책을 써도 내수가 살아날 조짐을 보이지 않고 있다. 이런 일은 처음이다"라는 하소연이다. 과거와는 달리 그 어떤 강력한 경기부양책을 써도 먹혀들지 않고 있다는 정책실패 토로이다. 정부는 그 책임을 부정적 보도로 일관하는 보수언론 탓으로 돌리고 보수언론은 이에 반발해 시장을 불안하게 만드는 좌파 성향의 정부 탓으로 돌리고 있으나, 모두가 장님 코끼리 만지기 식의 공방이다. 근원은 양극화가 초래한 '내수경제의 붕괴'이기 때문이다.

이탈리아의 경제학자 파레토는 '2080법칙'을 통해 "전체 결과의 80%는 전체 원인 중 20%에서 비롯됐다"고 주장한다. 즉 국민 20%가 전체 부의 80%를 차지하며, 이들 상위 20%의 소비자가 전체 매출의 80%를 결정하며, 직장에서 20%의 근로자가 80%의 일을 한다는 주장으로, 이는 "상위 20%만 잡으면 전체의 80%를 잡는 효과를 나타낼 수 있다"는 의미로 해석돼 백화점 등의 '귀족마케팅'의 근본이 되고 있다.

파레토의 법칙을 절대 신봉하는 우리나라 경제관료나 언론계 인사들은 노골적으로 '가진 사람'이 돈을 쓰게 만드는 정책을 펴야 한다고 주장한다. 모 메이저신문의 주필 같은 경우는 "내가 살기 어렵다고 해서 부자를 적대시해선 안된다"며 "부자가 돈을 쓰게 만들어야 경제가 살아난다"는 칼럼을 쓰기까지 했을 정도이다.

하지만 '파레토의 법칙'은 글로벌 경제현상을 설명하는 데는 유효한 도구일지 모르나, 한 나라 경제를 해명하는 데는 결코 적합한 도구가 아니다. 특히 한국경제를 설명하는 데 있어서 그러하다.

경제학적 측면에서 볼 때 부동산 경기부양책이 초래한 양극화의 최대 후유증은 "한국 내수경제를 구조적으로 붕괴시킨 결과, 설령 경기가 좋아진다 할지라도 내수경제 회복 가능성을 거의 기대하기 힘들게 만들었다"는 점이다. 이는 내수경제의 소비주체인 국민 다수의 구매력을 상위 계층이 수탈해

간 결과다. 극단적 양극화 사회에서 전체 부의 80%를 틀어쥔 상위 20%의 국내 구매력은 한계가 있게 마련이다. 이건희 삼성회장이 아무리 돈을 번다 해도 불황에 시달리는 음식점을 돕겠다고 하루 1만끼를 먹을 수는 없는 일이기 때문이다. 자동차 등 다른 고가 소비품들의 경우도 마찬가지다. "국산 제품 가운데서는 팔아주고 싶어도 더 이상 살 게 없다"는 상류층의 푸념이 이를 반증한다. 당연히 이들의 관심은 더 이상 국산제품이 아닌 세계명품으로 향하게 되고, 자녀교육도 관광도 의료도 모두 해외로 향하고 있다. 이들의 소비가 주로 해외에서 발생하면서 총 소비지출은 늘어도 국내에서의 소비는 줄어드는 결과를 낳는 것도 이런 이유에서다.

반면에 양극화의 결과, 국내 소비 주체인 다수 중산층과 서민들에게는 쓰고 싶어도 쓸 돈이 없는 상황이 전개됐다. 특히 아파트투기에 따른 집값 폭등은 결정적으로 다수 국민의 구매력을 고갈시켰다. 직장을 구한 뒤 과거 11년간 저축하면 장만할 수 있었던 25평대 규모의 강북 아파트가 지난 몇년간의 아파트값 폭등으로 이제는 18년간 뼈 빠지게 일해야만 간신히 장만할 수 있게 된 상황에서 내수경제 회복을 기대한다는 것은 애당초 어불설성이다.

경제관료들이 그동안 틈만 나면 해 온 말이 "우리나라 내수시장이 너무 작아 문제"라는 '내수시장 타령'이다. "일본처럼 최소한 국민 숫자가 1억명은 넘어야 수출시장에 불황이 오더라도 내수가 버텨 줄 수 있는데, 우리나라는 인구가 4천8백만명밖에 안돼 수출에 비상이 걸리면 곧바로 경제 전체가 불황에 빠져 든다"는 주장이다. 이처럼 평소 내수시장 규모가 작다고 한탄해 오던 이들이 지난 4년간 자신의 자리 보전 욕심에서 눈앞의 '성장률 숫자'에만 연연해 부동산 경기부양책을 펼친 결과, 가뜩이나 작았던 기존의 내수시장을 반토막 내는 망국적 결과를 초래하며 만성적 내수불황을 자초했다.

IMF사태 발발 전해인 1996년 이탈리아를 방문했다가 당시 로마에 주재하고 있던 한국대사와 식사를 같이 한 적이 있다. 그해는 김영삼 정부의 인위적 원화강세 정책으로 1995년 우리나라의 1인당 GDP가 1만달러를 돌파하며 서방선진국클럽인 OECD에 가입한 다음해였다. 이런저런 얘기가 오가다가 화제가 1인당 GDP 문제로 옮아갔다. 대사에게 이탈리아의 1인당 GDP가 얼마냐고 물었다. "1만2천달러 정도 된다"고 답했다.

"그러면 곧 우리나라 국민도 이탈리아 국민들처럼 휴가때는 한달간 유럽여행을 떠나고, 밤 늦게까지 파티와 오페라를 즐기는 여유 있는 소비생활이 가능하지 않겠냐"는 물음에 대사는 정색을 하고 "결코 그렇지 않을 것"이라고 단언했다.

"1인당 GDP만 보면 그런 비교가 가능해 보이나, 실상은 전혀 그렇지 않다. 가장 큰 원인은 집값이다. 이탈리아는 집값이 대단히 싸다. 그러다보니 이탈리아 국민은 매달 여유소득중 10%만 집을 장만하는 데 쓰면 되나, 집값이 비싼 한국은 여유소득의 90%를 집 장만에 쏟아 부어야 한다. 요컨대 같은 소득이라 할지라도 소비력에서는 하늘과 땅만큼의 차이가 있는 것이다. 한국의 1인당 GDP가 지금보다 몇배 높아지면 모를까, 1만달러 갖고서 이탈리아인들처럼 여유 있는 생활을 기대하기란 어불성설이다."

1996년 당시의 한국 집값은 지금과 비교하면 현저히 낮은 수준이었다. 그러나 그 정도 수준의 집값 갖고도 한국 국민의 소비력은 이탈리아 등 선진국에 비해 크게 발목 잡혀 있는 상황이었던 것이다. 사정이 그러하니, 지금 상황이 어떨지는 두 말할 필요도 없다.

요컨대 IMF사태후 한때 카드거품때 잠시 반짝했다가 여지껏 계속되고 있
는 만성적 내수불황은 다름 아닌 아파트투기 등을 통해 수탈이 자행된 '뱀
파이어 경제'의 필연적 귀결인 것이다. 건설족이 지배하는 '뱀파이어 경제'
가 존속하는 한 한국의 미래는 없는 것이다. 안타까운 사실은 그토록 큰 기
대 아래 출범했던 참여정부가 '관료의 덫'에 걸려 건설족이라 불리는 뱀파
이어와 손을 잡았다는 사실이다.

2장
국민과 건설족의 전면전
'분양원가 공개 전쟁'

"10배 남는 장사도 있다"는 노무현 대통령의 매몰찬 한마디에
분양원가 공개를 갈망하던 국민들 억장은 무너져 내렸고
기다렸다는 듯 아파트값은 폭등을 거듭했다.

"한번 오르면 그것으로 끝", 거품 뺄 생각 없는 참여정부

10.29대책 발표후 한 동안 아파트값 폭등세가 멈칫하는 것처럼 비쳤다. 투기세력이 일단 관망세로 돌아선 탓이다. 하지만 한번 오른 아파트값은 도통 내릴 기미를 보이지 않았다. '아파트 분양원가 공개'가 빠진 10.29 대책이란 게 애당초 세금 압박으로 당분간 아파트 거래를 중단시켰을 뿐이었지, 기존 형성된 아파트 거품을 빼는 것과는 거리가 먼 대책이었기 때문이다. '성난 민심'은 계속 부글거렸다.

실제로 노무현 정부에게는 '애당초' 아파트 거품을 뺄 생각이 없었다.

한 예로 10.29대책 발표 다음날인 10월30일 김광림 당시 재경부차관은 MBC 라디오와의 인터뷰 과정에 "연구기관에 따르면 강남 아파트값에 40% 정도의 거품이 끼어있다"고 아파트 거품의 심각성을 시인하면서도, 전국적 분양권 전매금지, 재건축아파트 개발이익 환수 등 이른바 '2단계 조치' 실시 시기와 관련해서는 "정부 부동산 대책반이 매주 가격 동향을 파악한 결과 여전히 오름세를 보이는 것으로 판단될 경우에만 2단계 조치들을 도입하겠다"고 말해 논란을 자초했다. 이는 "한번 오르면 그것으로 끝"이라는 식으로 정부에게 기존에 형성된 아파트값 거품을 뺄 생각이 도통 없음을 드러낸 것이었기 때문이다. 그는 아파트 분양원가 공개 요구에 대해서도 "분양가 규제는 단기적으로는 집값 안정 효과를 내겠지만 중·장기적으로는 투기수요가 몰려 오히려 집값을 올리는 데다 주택 품질을 떨어뜨리는 부작용이 있어 대책에서 제외했다"고 건설족의 주장을 되풀이했다.

김 차관 발언은 네티즌들의 거센 반발을 초래했고, 이에 놀란 김 차관은 그로부터 4시간여 뒤 KBS방송과의 인터뷰에서는 "집값이 내리지 않으면 2단계 대책을 시행할 수도 있다"고 말을 바꾸었으나, 그의 말을 믿는 국민은 없었다.

실제로 10.29대책후 잠시 관망세를 보이던 아파트값이 내리기는커녕 다음해인 2004년부터 재폭등했으나, 재경부는 10.29대책때 약속했던 2단계 조치인 전국적 분양권 전매금지, 재건축아파트 개발이익 환수 등을 실시하기는커녕 '건설경기 운운' 하며 강한 거부반응을 보이고 있다. 애당초 10.29대책때 예고했던 2단계 조치란 시쳇말로 '뻥'이었던 것이다.

거품 뺄 생각이 없기란 후임 경제팀들의 경우도 마찬가지였다. 2005년 상반기 이헌재 부총리 뒤를 이어 경제수장이 된 한덕수 경제부총리도 그해 6월15일 국회 답변에서 "아파트 분양원가를 공개하면 그 다음에 분양가가 높으니까 내리라는 압력이 제기될 게 분명한 만큼, 분양원가 공개를 할 수 없다"는 입장을 밝혀 파문을 불러일으켰다.

한 부총리 발언은 한마디로 "참여정부에게는 한번 올라간 아파트값을 내릴 생각이 전혀 없으니, 일단 아파트값을 끌어올리기만 하면 만사형통"이라는 부동산계의 통설을 재차 입증해 준 것이었다.

경제관료들의 인식은 노무현 대통령에게도 주입된 듯, 노 대통령은 아파트값이 폭등하는 외중에 아파트값 폭등의 문제점을 지적하면서 무의식중에 "집값은 경제성장률만큼만 올라야 한다고 생각한다"고 발언, 노 대통령에게도 아파트거품을 뺄 생각이 없는 게 아니냐는 논란을 빚기도 했다. 그러나 이런 생각은 주입의 결과라기보다는 노 대통령의 일관된 생각이기도 했다. 노 대통령은 취임직후인 2003년 3월27일 건설교통부 업무보고를 받는 자리에서 부동산 폭등을 막으라고 지시하면서도 "부동산 가격, 안정되는 게 좋다. 올라도 탈이고 내려도 탈"이라고 말해, 아파트값이 떨어지는 상황에 대한 부담감을 드러낸 적이 있기 때문이다.

요컨대 이렇듯 아파트 거품 파열시 '일본형 공황'이 도래할 것을 두려워해 '거품빼기'를 외면한 참여정부의 '일관성'이 결국 일관된 아파트값 폭등을 초래한 것이다. 10.29대책 발표에도 불구하고 민심이 계속 부글거린 것도 당연했다.

이명박 서울시장의 '분양원가 공개 쇼크'

10.29대책에서 분양원가 공개를 뺀 데 대해 희희낙락하고 있던 건설족을 경악케 한, 전혀 예기치 못한 '사건'이 2003년말 발생했다. 보수계층의 대변자라고 '믿었던' 이명박 서울시장이 2003년 12월3일 "고분양가 논란이 일고 있는 서울 상암지구 7단지의 아파트 분양원가를 공개하겠다"고 선언하고 나선 것이다.

이 시장은 이날 한 언론과의 인터뷰에서 "분양원가가 얼마인데 시세가 얼마고 차익이 얼마인지 또 어떤 목적에 차익을 쓸 것인지 밝히겠다"고 구체적인 공개 방향까지 언급한 뒤, "분양차익은 임대아파트 건설과 어려운 학생들의 장학금 지원에 쓰겠다"고 밝혔다. 이 시장의 분양원가 공개 약속은 서울 상암지구 7단지 아파트는 분양가가 평당 1천2백만원으로, 시공사측인 서울도시개발공사가 분양가를 턱없이 부풀렸다는 의혹을 사온 데 따른 것이었다.

이명박 시장은 국내의 간판건설사인 현대건설의 회장까지 지낸 건설통. 따라서 이 시장은 작금의 아파트 분양가에 얼마나 많은 거품이 끼어있는가를 누구보다 잘 알고 있었다. 이런 이 시장이 서울시 산하 공기업인 서울도시개발공사가 지은 아파트의 분양원가를 공개하겠다고 나선 것은 아파트값 폭등에 대한 범국민적 분노가 들끓고 있는 상황 하에서 차기 대통령선거를 겨냥한 '정치적 포석' 의미가 짙은 것으로 해석됐다. 이는 1992년 대통령선거에 출마한 고 정주영 현대그룹 명예회장이 "내가 집권하면 아파트를 반값에 공급하겠다"고 발표, 한때 폭발적 인기를 모았던 것과 맥을 같이 하는 것이었다. 건설 시행사들의 폭리, 정경유착 비용 등을 제거하면 '반값 공급'이 가능하다는 게 이들 건설통의 동일한 판단이었던 것이다.

이 시장의 정치적 복선이 무엇이었든 간에 다수 국민은 이 시장의 결단에 환영의 뜻을 표했고, 반대로 건설족에게는 초비상이 걸렸다.

이 시장 지시를 받은 도시개발공사는 사흘뒤인 12월6일 분양원가 보고서를 이 시장에게 보고한 데 이어, 10일에는 건설교통부, 11일에는 주택협회 등 민간 건설업체들을 방문해 원가공개에 대한 의견을 듣는 등 신속한 행보를 보였다. 당연히 건교부와 주택협회 등은 서울시의 분양원가 공개 움직임에 극력 반대했고, 국무총리실은 서울시에 대해 보고서 공개에 앞서 정부와 '사전협의'를 해 줄 것을 요구했다. 이들의 반발을 무력화하기 위한 목적에서였는지, 도개공의 보고서는 정식 발표에 앞서 일부 언론에 흘러 나왔다.

문제의 보고서에 따르면, 상암지구 40평형의 평당 건설원가(분양원가)는 땅값과 건축비, 이자, 지원부서 인건비, 판매관리비 등 직간접비용을 모두 포함해도 7백5만원에 불과했다. 도개공이 일반인에게 분양한 40평형 상암 아파트의 평당 분양가는 1천2백11만원. 분양차익이 무려 분양가의 41.7%에 달했다.

지난 2~3년간 건설업계에는 "1천억짜리 아파트공사를 맡으면 3백억~4백억원은 가볍게 번다"는 얘기가 공공연히 떠돌아왔다. 도개공 보고서는 세간의 속설이 사실임을 입증해 준 셈이다. 분양차익이 41.7%나 된다는 것은 분양가 1천억짜리 아파트 단지를 분양했을 때, 4백17억원의 분양차익을 거뜬히 거두었다는 의미였기 때문이다.

건설업계와 건교부 등의 거센 반발에도 불구하고, 서울시 산하 도시개발공사는 다음해인 2004년 2월4일 서울 상암 7단지 40평형의 분양원가 공개를 강행했다. 그 결과는 앞서 보고서보다 약간 숫자가 낮아지긴 했으나 '40% 폭리'였다. 40평 아파트 분양원가는 평당 7백36만원으로, 실제 분양가 1천2백10만원보다 4백74만원 정도 적었다. 분양원가가 분양가의 60.8%로, 도개공은 분양을 통해 39.2%의 폭리를 취했다는 얘기였다. 이명박 시장은 분양폭리 3백10억 가운데 2백억원은 임대아파트 건립에, 1백억원은 고교생 장학금으로 지원하겠다고 밝혔다.

도개공 발표에 대해 경실련은 "정부와의 협의 과정에 건축비 등 분양원가가 부풀려졌다"며 "실제 취한 폭리 규모는 더 크다"는 의혹을 제기하기도 했으나, 도개공 발표는 건설업계가 '최소한 40%대 폭리'를 취해왔음이 최초로 확인됐다는 점에서 일파만파의 파문을 불러일으켰다.

김진표의 궤변, "분양원가 공개하면 아파트값 폭등"

서울시의 '분양원가 폭리' 공개를 계기로, 분양원가 공개 요구가 다시 거세게 봇물 터졌다.

경실련을 필두로 흥사단, 시민의 모임 등 주요 시민단체들이 일제히 모든 공공-민간 아파트의 분양원가 전면공개를 촉구하고 나섰고, 인천참여자치연대는 인천시 도시개발공사에 대해 분양원가 공개를 촉구하고 나섰으며, 민주노동당 역시 "정부는 즉각적으로 분양원가를 공개한 뒤 분양가를 분양원가에 연동시키는 '원가연동분양가제'를 실시하라"고 촉구했다.

수도권 신도시 일각에서는 도개공의 분양원가 산출 방식에 기초해, 토지공사 등의 폭리를 산출하며 분양가 인하를 요구하기까지 했다. 한 예로 고양시 풍동주공그린빌 계약자대표회의'는 2월16일 서울시 도시개발공사의 분양원가 산출내역 방법을 준용해 풍동주공그린빌의 토지매입비와 건축비, 개발분담금, 도시기반시설 설치비 등 세부내역을 파악해 분양원가를 산출한 결과, 3단지 33평형의 분양원가가 평당 약 3백29만원으로 나왔다고 주장했다.

문제가 된 단지의 33평형 평당 분양가는 6백36만원. 주택공사가 분양가의 48%인 평당 3백7만원의 폭리를 취했다는 주장으로, 이를 근거로 계약자대표회의는 "주택공사는 당초 분양가 대비 30% 정도는 인하해야 한다"고 주장했다. 이에 대해 주공측은 "계약자 대표회의의 건축비 산정은 엉터리"라고 반박했으나, 국민 다수 여론은 건설업계의 폭리를 사실로 받아들이며 건설족에게 분양원가 즉각 공개를 압박했다.

분양원가 공개압력이 거세지자, 2월20일 서울에 이어 부산시도 부산시 도개공이 건립하는 아파트의 분양 원가를 공개하기로 결정했다. 부산시는 "최근 시민단체 등을 중심으로 일고 있는 주택분양가 공개 요구를 수용하는 차원에서 분양원가 공개를 결정했다"며 "공정한 원가산정을 할 수 있도록 전문기관의 검증을 거쳐 가급적 3월중에 공개토록 할 방침"이라고 밝혔다. 지방자치단체의 잇따른 결정으로 참여정부는 점점 고립무원 상태가 됐다.

당시 참여정부는 4월 국회의원 총선을 앞두고 있었다. 당연히 참여정부는 흉흉한 민심에 크게 '당황'했고, 갈팡질팡하는 과정에 '실언(失言)'이 잇따랐다. 그런 대표적 예가 김진표 경제부총리의 실언이었다.

김 부총리는 서울시의 원가 공개 이틀뒤인 2월6일 CBS 라디오와의 인터뷰에서 "건설회사들이 아파트 분양으로 폭리를 취하는 것은 제한할 필요가 있지만 분양가를 규제할 경우 주택 공급이 위축될 우려가 있어 신중하게 종합적으로 검토해야 한다"며 "지난해 10.29 부동산대책 발표 당시에도 분양가 규제 문제를 검토했지만 원가 공개로 인해 오히려 수급이 불안정해지고 가격이 오를 가능성이 있어 결론을 내리지 못했다"는 '상식밖 궤변'을 펼쳐 국민들을 경악케 했다.

김 부총리 주장은 건설족의 상투적인 원가공개 반대 논리 중 하나였다. 건설족 주장의 요지인즉, "아파트 분양원가가 공개되면서 분양가를 낮추라는 여론이 빗발치면 우리 건설업체들은 아파트 건설을 포기할 것이고, 그렇게 되면 얼마 뒤 공급이 딸릴 것이라는 인식이 확산되면서 아파트값이 지금보다 몇 배나 대폭등할 것"이라는 것이다. 한마디로 말해 아파트 분양원가를 공개하면 아파트공사를 '보이콧'하겠다는 대국민 협박에 다름 아니었다. 실제로 몇몇 건설업자들은 취재과정에 필자에게 "우리 최근 몇 년간 돈 많이 벌어놓았다. 당장 아파트 공사를 중단해도 아무런 지장이 없다. 해외에 나가

1,2년 골프 치고 놀다 들어오면 그만이다. 그렇게 되면 골탕 먹는 것은 소비자들일 뿐이다"라고 노골적 협박을 하기도 했다.

하지만 건설족의 협박은 정부가 '한 가지 조치'만 취하면 즉각 무력화시킬 수 있는 허장성세이다. 건설시장의 즉각적 '해외개방'이 그것이다. 1993년 세계무역기구(WTO) 협정과 1997년 IMF사태를 거치면서 우리나라는 모든 시장을 예외없이 개방했다. 농민의 생존권이 달린 쌀시장도, 그토록 개방을 늦추려던 금융시장도 완전개방하면서도 단 한 분야, 건설시장만은 예외였다. 이유는 단 하나다. 건설족의 기득권 보호 때문이다.

건설업 종사자들에게 미안한 얘기지만, 우리나라 건설업계의 생산성은 선진국 건설업계의 절반 수준이다. 외국계 진입이 원천봉쇄된 국내 독점시장에서 안주해왔기 때문이다. "한국 건설시장이 개방돼 외국계 건설사들이 본격 진입해 국내 건설사들이 짓는 아파트보다 깔끔한 아파트를 적정 이윤만 취하고 값싸게 공급한다면, 국내 건설사들이 설 땅은 순식간에 사라지게 될 것"이라는 게 일부 양식 있는 건설업계 관계자들도 시인하는 객관적 진실이다.

그럼에도 불구하고 김진표 부총리는 앵무새처럼 건설업계의 '대국민 협박'을 거침없이 되풀이해 국민을 격노케한 것이다.

김 부총리는 그러나 국민적 분노에도 불구하고 노무현 대통령으로부터 4월 총선 공천을 받아 금뱃지를 다는 데 성공했고, 2005년에는 각계의 거센 반발에도 불구하고 노 대통령으로부터 '국가 백년대계'를 책임질 교육부총리에 발탁되기까지 했다. "내가 아는 가장 유능한 관료"에 대한 노 대통령의 애정은 이처럼 깊고 깊었다.

잇따라 실체 드러낸 단군이래 최대 '건설족 폭리'

한 번 터진 봇물은 막기 힘든 법이다. 서울시의 양심선언을 계기로 건설족의 폭리를 폭로하는 발표가 잇따랐다.

'아파프값 거품빼기운동'을 일관되게 펼쳐온 시민단체 경실련은 2004년 3월3일 기자회견을 통해 "한국토지공사가 택지를 조성한 용인 죽전, 용인 동백, 파주 교하, 남양주 호평 등 4개 택지개발지구를 대상으로 토지공사에 정보공개 청구를 통해 알아낸 정보를 통해 조사한 결과, 토지공사와 주택공사, 민간 건설업체들이 야합해 지구당 8천억원, 도합 3조3천7백여억원의 천문학적 개발 폭리를 챙긴 것으로 추정된다"고 주장했다.

경실련 조사에 따르면, 4개 택지개발지구의 평당 수용가는 54만원이고 이를 택지로 조성한 조성원가는 2백44만원이었다. 그러나 토지공사는 이를 건설업체에 평당 3백14만원에 공급하면서 평당 70만원의 차익을 남겼다. 택지를 공급받은 건설업체는 또 택지에 아파트를 지어 평당 7백2만원에 분양하면서 평당 2백47만원의 개발이득을 얻었다.

이에 따라 4개 택지개발지구에서 발생한 총 개발이익은 3조3천7백14억원이며 그중에서 토지공사는 5천2백17억원, 주공 및 민간건설업체가 택지를 구입해 챙긴 개발이익은 2조8천4백97억원에 달한다는 게 경실련 주장이었다.

이로부터 닷새 뒤인 3월8일에는 인천경실련이 "인천시가 송도갯벌 매립을 통한 토지조성과정에서 7백37억원을, 민간건설업체가 택지를 구입해 아파트를 분양하는 과정에서 7천1백78억원의 개발이익을 챙긴 것으로 추정된다"고 발표했다. 인천경실련은 당시 이미 분양이 완료된 2공구 민간부분에 대하여 택지개발, 택지공급, 아파트건설, 아파트공급 과정에서의 개발이익 추정한 결과, 인천시는 평당 1백2만원으로 택지를 조성하고 1백52만원에 민간주택건설업체에 공급해 평당 51만원의 차익을 남겼고, 1백52만원으로 택지를 공급받은 주택건설업체는 소비자들에게 평당 6백56만원으로 판매해 평당 5백4만원이나 되는 폭리를 취한 것으로 나타났다고 밝혔다.

수도권의 폭리 실태를 폭로한 경실련은 천문학적 폭리를 가능케 한 핵심 요인중 하나로, 토지공사의 '로또식 택지공급' 체계를 꼽았다. 토지공사는 조성한 토지를 '경쟁입찰'이 아닌 '추첨방식'으로 공급하고 있다. 건설업자들은 운좋게 택지만 공급받을 수 있으면 아파트를 짓지 않고도 개발이득을 붙여 즉각 되팔 수 있다. 그러다 보니 민간건설업체들은 당첨 확률을 높이기 위해 많을 경우에는 12개의 시행사까지 차려놓고 추첨에 참가하고 있다.

경실련은 '로또식 택지공급'의 폐단에도 불구하고 정부가 이 체제를 고집해 민간건설업체에게 천문학적 개발 폭리를 허용하는 것은 "개발 폭리의 상당부분이 비자금으로 조성돼 정치권과 관료사회에 흘러들어가기 때문으로 의심된다"고 주장했다. 경실련은 이어 "택지공급체계를 개선하지 않은 채 건교부 50개, 경기도 20개, 서울시 25개의 택지개발사업과 신도시를 추진하겠다는 것은 국민주거안정에 기여하기는커녕 개발이익을 챙기려는 주택업자와 공기업의 배만 불려주려는 결과로 이어져 결국 전 국토가 투기장화할 것"이라고 경고했다.

경실련 기자회견이 있던 같은 날, 노무현 정부 출범 첫해인 2003년 "민간건설업체에게 폭리를 안겨주는 현행 로또식 택지공급 방식을 경쟁입찰 방식으로 전환하라"는 감사원 지시를 정부가 묵살했음을 보여주는 회의록이 공개돼 파문을 한층 증폭시켰다.

<내일신문>이 입수해 보도한 2003년도 차관회의 회의록에 따르면, 아파트 투기가 극성을 부리던 2003년 5월31일 열린 차관회의는 "공공택지 공급에 경쟁입찰 방식을 도입해 개발이익을 환수하라"는 감사원 지적에 따라 경쟁 채권입찰제를 도입하려던 건교부의 '택지개발촉진법 시행령 개정안'을 유 보하기로 의결했다. 회의록은 유보 이유를 "공동주택용지를 경쟁입찰 방식 으로 공급하도록 하는 규정은 부동산 안정대책 기조를 유지하기 위해 당분 간 개정을 유보하는 것이 좋겠다는 관계부처의 의견을 수용해 이를 유보한 다"고 기록하고 있다. 당시 건설족의 폭리 기득권에 정면 배치되는 '경쟁입 찰'을 도입하려던 개정안에 제동을 건 '관계부처'는 재경부로 알려졌고, 당 시 재경부장관은 김진표 씨였다.

부도난 건설사에선 목도장만 두 가마니

다수 국민이 "과거는 묻지 말자"는 식인 원가연동제 대신 "과거 폭리-탈 세 문제도 분명히 짚고 나가자"는 의미의 분양원가 공개를 적극 지지한 이 유 중 하나는, '단군 이래 최대 호황'이라는 최근 몇 년의 건설호황에도 불 구하고 건설사들이 낸 세금은 쥐꼬리에 불과해, 대규모 탈세가 이뤄지고 이 돈의 상당 부분이 정-관계 등으로 뿌려진 게 아니냐는 '탈세-부패' 의혹을 밝혀야 한다는 것이었다. 실제로 참여정부 출범후 터져나온 2002년 대선 불 법정치자금의 대부분이 재벌들의 건설 계열사에서 마련된 사실이 드러나면 서, 정경유착의 뿌리를 구조적으로 완전히 뽑기 위해선 분양원가 공개를 통 해 부패자금의 진원지를 아예 없애야 한다는 여론이 지배적이었다.

건설사의 공사비 부풀리기 등을 통한 비자금 조성 및 탈세는 악명 높다.

숱한 건설사들이 연쇄 도산했던 IMF사태 직후의 일이다. 이들에게 빌려줬던 돈을 한 푼이라도 건질 수 있을까 싶어 공사현장을 찾았던 한 은행 관계자의 전언이다.

"현장 사무소를 뒤졌더니 부도났다는 소식을 듣고 인부 등이 철근 등 돈 될 것은 싹 쓸어가 아무것도 없고, 황당하게 텅 빈 현장 사무실에서 목도장만 두 가마니 분량이 나오더라."

여기서 말한 목도장이란 대다수가 일용직인 건설노동자들이 그날그날 일한 돈을 받아갈 때 찍는 도장을 일컫는다. 이런 목도장이 현장 사무실에서 '두 가마니' 나 나왔다는 것은 건설사들이 평소 얼마나 '탈세' 를 일삼아 왔는가를 보여주는 증거로, 업자들이 건설노동자들이 '일용직' 이라는 점을 악용해 가짜도장으로 임금을 준 것처럼 장부를 꾸며 탈세를 자행하고 있다는 얘기다. 국세청 관계자도 필자에게 "우리도 이런 탈법 행위를 잘 알고 있으나, 대부분 하루하루 일거리를 찾아 철새 생활을 하는 일용직 노동자들에 대한 소득 추적이 불가능하고 국세청 조사인력도 한계가 있는 만큼 뻔히 알면서도 당하고 있다"고 토로했다. 정부당국이 작심하고 수사력을 동원해 파헤치기 전에는 통상적으로 장부만 봐서는 추적이 힘들다는 얘기다.

얼마 전 '유령 임금' 지급을 빙자한 대규모 비자금 조성 및 탈세의 한 단면이 드러났다. 서울경찰청은 지난 2005년 6월22일 전달 1일부터 특별단속을 벌여 77건 3백2명을 적발, 46명을 구속하고 2백56명을 입건했다. 아파트 투기에 대한 범국민적 비난여론이 비등하자, 당시 검찰과 수사권 독립 문제로 대립하던 경찰이 국민적 지지 획득 차원에서 작심하고 벌인 '기획 수사' 의 성과였다. 공무원 상납, 조폭과의 유착, 조합장 매수 등 통상적으로 알려진 온갖 비리가 나열된 경찰 발표 가운데 눈길을 끄는 대목은 바로 앞의 '목도장 두 가마니' 전언이 결코 과장이 아님을 보여주는 '유령 임금'이었다.

잠실 일대 재건축 철거 공사비를 부풀린 D사 조모(40)씨와 S사 박모(47)씨의 경우가 그것으로, 이들은 사망자, 군복무자, 수감자 등 수백 명의 명단을 도용해 마치 이들이 철거 공사장의 일용 노무자인양 허위로 꾸며 평당 철거비를 5만원씩 부풀리는 방식으로 각각 22억, 27억원의 막대한 비자금을 조성했다. 철거업체 두 곳에서만 적발된 '유령 임금' 탈세액만 무려 50억원에 육박했다는 사실은 공사기간만 몇 년이 걸리는 대규모 건설사업장에서 이뤄지는 '유령 임금' 탈세액과 이를 통한 건축비 부풀리기가 얼마나 엄청난가를 가늠케 하는 증거였다.

이렇듯 건설업계의 탈세가 '상식'으로 받아들여지고 있으나 정부여당의 말 바꾸기로 사실상 분양원가 공개가 좌절되면서 국민적 분노가 부글거리던 2004년 9월15일 경실련이 기자회견을 통해 "지난 2000년 이후 수도권에 공급된 공공택지 개발 사업지구에서만 주택건설업체들이 무려 7조1천여억원의 폭리를 챙겼으며 이 폭리의 대부분이 탈세됐다"는 의혹을 제기, 파문을 불러일으켰다. "주택공사와 토지공사가 2000년 이후 수도권 지역의 택지개발지구에서 공급한 공동주택 용도의 공공택지의 택지비 및 분양가 실태를 분석한 결과, 총액 기준으로는 1백11개 사업에서 4조7천3백42억원이 발생하였으며, 1백77개 전체사업으로 환산하면 주택건설업체가 챙긴 폭리가 총 7조1천2백34억원에 이른다"는 것이다.

경실련은 토지공사(2000.1~2004.3)와 주택공사(2001~2003)가 개발하고 공급한 수도권 일대의 공동주택 용도로 공급된 총28개 택지개발지구 1백

77개 사업(필지) 중 분석 가능한 23개 택지개발지구, 1백11개 사업(필지)을 대상으로 실질조사를 했다. 경실련은 이들 택지개발지구 내에서 주택건설업체가 택지를 구매하면서 토공 및 주공에 지불한 최초 구매가와, 소비자에게 아파트를 분양하기 위해 관할 구청에 '허위'로 신고한 택지비, 건축비 차액을 비교하는 방식을 통해 폭리 실태를 밝혔다.

경실련에 따르면, 우선 건설업체는 택지비를 부풀려 '허위신고'하는 방식을 통해 폭리를 취했다. 건설업체는 평균 평당 2백98만원으로 공급받은 택지를 감리자 지정시 관할구청에는 평당 4백6만원으로 부풀려 허위신고했다. 평당 1백8만원의 폭리를 챙긴 셈이다. 이를 1백11개 사업으로 합산하면 총 1조2천5백67억원이 되며, 1백77개 사업 전체면적으로 환산할 경우 무려 1조9천3백94억원이 된다.

건설업체는 이어 건축비 과다계상을 통해서도 엄청난 폭리를 취했다. 업체들은 분양 평당 건축비(광고비 등 기타 비용 포함)를 4백29만원으로 책정해, 경실련 추정치 2백80만원보다 1백49만원 폭리를 취했다. 1백11개 사업으로 합산하면 총 3조4천7백75억원, 1백77개 사업 전체면적으로 환산하면 총 5조1천8백40억원의 폭리를 취한 셈이다.

이렇게 취한 폭리의 총규모가 도합 7조1천2백34억원에 달한다는 게 경실련의 주장이다.

경실련은 천문학적 폭리 대부분이 탈세됐다는 의혹도 제기했다. 수도권 택지에서 발생한 주택건설업체의 분양수익률이 32%(분양원가 대비 47%)에 달함에도 불구하고 주택건설업체들이 공시한 매출액 경상이익률은 2.4%에 불과하며, 이를 기준으로 납부한 법인세는 1천4백25억으로 추정된다고 지적했다. 요컨대 7조원대의 폭리를 취하고도 실제 납부한 법인세는 폭리의 2%에 불과한 1천4백여억원에 그치고 있다는 것이다.

이에 따라 경실련은 정부 및 국세청에 대해 "국민주거 안정이라는 본연의 법 취지에 맞도록 현행 택지개발촉진법을 전면 개정하거나 현행법을 폐지하고 대체 입법하는 동시에, 주택건설업체들의 분양가 신고와 분양수익에 대한 탈루 여부에 대한 대대적 세무조사와 탈루 세금 적발시 반드시 추징할 것"을 요구했다.

탈세 의혹은 경실련 기자회견 전부터도 여러 차례 제기된 것이었다. 2003년 매출기준으로 도급순위 1~4위를 차지하며 3조~5조원대의 거대매출을 올린 현대건설, 삼성물산, 대우건설, LG건설의 2003년 실적(주주총회 공시자료)만 살펴보아도 이런 의혹은 턱없는 게 아니었다.

도급순위 1위인 현대건설(주)이 2월 주주총회에서 공개한 2003년도 실적을 보면, 매출액은 5조1천5백23억원에 달했으나 순이익은 7백85억원에 불과했고 워크아웃 기업이기에 법인세는 전혀 내지 않았다. 도급순위 2위인 삼성물산의 총매출액은 9조3백60억원, 이 가운데 상사 부문을 제외하고 순수건설 부문이 일으킨 매출액은 4조6천3백5억원이었다. 삼성물산이 낸 법인세는 3백52억원에 불과했고 법인세를 낸 후 순수하게 벌어들인 당기순이익은 8백19억원에 그쳤다. 앞서 2002년의 당기순이익과 법인세 납부액도 각각 7백74억원과 3백63억원에 불과했다. 도급순위 3위인 (주)대우건설은 4조2천3백11억원의 매출에 7백74억원의 법인세를 내고, 1천6백37억원의 단기 순이익을 올렸다. 도급순위 4위인 LG건설은 3조4천6백75억원의 매출에 7백87억원의 법인세와 1천6백15억원의 단기 순이익을 올렸다.

4대 간판 건설사들의 실적은 '믿기 어려운 성적표'였다. 내용적으로 볼 때 지방 중견건설사보다도 못한 실적이었기 때문이다. 한 예로 도급순위 25위인 충청도 계룡건설산업(주)의 경우, 같은 해 5천8백95억원의 매출에 5백5억원의 경상이익을 냈으며, 1백51억원의 법인세를 낸 뒤 3백54억원의 순이익을 냈다고 발표했다.

이들 재벌 건설사의 공시 자료에는 각사가 지난해 몇 채의 아파트를 지어 분양했는지를 밝히지 않고 있다. 하지만 지난해 도급순위 8위를 차지한 롯데건설은 IR(기업설명) 자료를 통해 "1조5천6백61억의 매출을 기록한 지난 2002년 18개 단지에 1만2천5백50세대를 분양했다"고 밝히고 있다. 이를 토대로 롯데건설보다 배이상의 매출을 올린 4대 건설사들이 지난해 분양한 아파트의 숫자는 아무리 적게 잡아도 롯데건설의 1만2천세대보다는 크게 많을 것이라는 추정이 가능하다.

앞서 서울시 도개공이 양심선언을 통해 밝힌 수익률은 39.2%였다. 이런 마당에 높은 브랜드 때문에 분양 때마다 폭발적 인기를 모았던 4대 건설사들이 2003년도 최소한 1만여채의 아파트를 짓고도 얻은 경상이익률(경상이익/매출액)이 2~3%라는 사실은 쉽게 믿기 힘든 수치였다.

탈세 의혹에 대해 건설사들의 답은 한결같다. "땅값이 너무 올라 아파트 건설시 매출에서 원가가 차지하는 비중, 즉 '매출원가율'이 90%대에 달하고 있고 여기에다가 광고비가 많이 들어 수익률이 낮다"는 것이다. 분양가 폭등에도 불구하고 반사이익은 모두 땅주인에게 돌아가고 있다는 주장이다. 한 예로 현대건설의 경우 2003년 매출원가율은 90.8%이라고 주장하고 있다. 이것도 지난 2001년의 99.0%, 2002년의 93.0%에 비해 분양가 상승에 의해 크게 개선된 수치라고 주장했다. 하지만 생산성을 중시하는 민간기업의 매출원가율이 공기업인 서울시 도개공보다도 몇배나 높다는 것은 믿기 힘든 주장이다.

여기에 "광고비가 많이 든다"는 업계 주장도 과장된 주장이다. LG건설의 2003년도 공시 실적 자료에 따르면, LG건설이 지난해 사용한 '광고선전비' 총액은 2백65억4천4백만원으로 LG건설의 총매출 3조2천1백66억원의 1%도 안됐다. '광고비 타령'도 설득력이 부족한 것이다.

이밖에 "지방공사의 경우는 대부분 토착건설사가 시행을 맡아 폭리를 취하고 대형건설사는 단순한 시공사에 불과하다", "아파트값 급등의 반사이익을 취하는 집단은 시행사와 아파트 입주민일 뿐"이라는 주장을 펴고 있으나, 이 또한 국민들을 납득시키지 못하고 있다.

한마디로 말해, 건설업계가 발표하는 숫자를 도통 믿을 수 없다는 것이다. 건설업계 주장대로라면 왜 분양원가 공개를 막기 위해 그렇게도 필사적이냐는 게 다수 국민의 의혹이며 이런 의혹은 지금도 변함없이 계속되고 있다.

건설사 폭리의 근원, '고무줄' 건축비

"건설사 건축비는 고무줄 건축비"라는 게 세간의 정설이다.

2004년 2월25일 부동산포탈 〈부동산 뱅크〉가 "2003년 한해 서울지역 동시분양을 통해 공급된 아파트의 건축비와 대지비를 비교 분석한 결과, 일부 강북지역에 공급된 대형 아파트의 건축비가 강남지역에 공급된 아파트보다 높았던 것으로 파악됐다"고 밝혀, 국민들을 또 한번 격노케 했다. 이는 건설사들이 상대적으로 강북의 땅값이 강남에 비해 낮자 강북의 건축비를 높게 매겨 분양가 폭리를 취했음을 보여주는 것으로, 분양가 급등의 원인을 땅값에 돌려온 건설업계 주장의 허구성을 보여주는 것이었기 때문이다.

2003년 서울지역에서 1~12차 동시분양을 통해 공급된 아파트의 건축비와 대지비를 평형대별로 분석한 결과, 서울 외곽지역인 동작·중구에 공급된 45~55평형대 아파트의 건축비는 각각 평당 9백27만원과 9백15만원이었다. 그런데 이는 강남구에 공급된 동일평형대 아파트의 건축비 평당 6백65만원과 서초구의 평당 건축비 평당 7백86만원보다 무려 평균 2백만원 이상이나 높게 책정된 폭리 건축비였다.

또한 12차 동시분양을 통해 공급된 서대문구 홍제동 K아파트 56평형의 경우 평당 건축비가 7백96만원선으로, 이는 같은 기간 강남구 역삼동 K아파트를 재건축한 D아파트 55평형 건축비인 평당 6백65만원보다 1백31만원이나 높았다. 앞서 10차 동시분양 때 중구 신당동에 공급된 J아파트 50평형도 평당 건축비가 9백15만원으로 저밀도 재건축 사업 중 하나인 강남구 역삼동 Y아파트의 평당 건축비 6백44만원보다 높았다.

상대적으로 가난한 강북사람들을 등 처먹는 건설족의 건축비 폭리에 국민들은 분노하지 않을 수 없었다.

〈부동산뱅크〉 발표와 같은 날, 건축비 뻥튀기를 통한 폭리를 입증하는 또 하나의 자료가 공개됐다. 〈내일신문〉은 이날 "수도권에 아파트를 지은 한 건설회사가 실제 공사에 투입되는 비용 계획을 세운 실행원가 내역서를 입수한 결과, 분양원가는 분양가의 70% 수준으로 나타났다"고 보도했다.

이 건설사는 2002년 1월경 한국토지공사로부터 추첨방식으로 택지를 낙찰받아 2002년 상반기 분양을 실시했다. 이 회사가 공급받은 택지는 2만8천평, 아파트 분양면적은 5만5천평으로 평균 45평형 1천2백50세대를 공급했다. 구체적으로 건축비는 평당 2백45만원으로, 경실련이 발표한 경기도 용인동백지구의 추정치 2백40만원과 유사했다. 설계비, 감리비, 광고비, 견본주택관리비 등 기타비용은 총 2백25억원으로 평당 40만원 정도로, 이 또한 경실련이 발표한 용인동백지구의 평당 40만원과 같았다.

결국 이 회사는 택지를 평당 1백95만원(토지원금 1천76억원÷5만5천평)에 공급받아 건축비와 기타비용으로 2백85만원을 쓰고, 6백80만원에 팔아 평당 약 2백만원의 차액을 남겼다. 이는 세대당 평균 9천만원 정도 남긴 것으로 총 수익금은 1천1백25억원에 달했다. "아파트 1채만 분양해도 최소한 1억원씩 떨어진다"는 부동산업계의 풍문이 사실로 드러난 것이다.

그로부터 얼마 지난 2004년 6월15일, 이번에는 경실련이 "2003년 한 해 동안에만 건설업체들이 건축비 뻥튀기를 통해 서울의 아파트 동시분양에서만 어림잡아 2조2천억원의 폭리를 취했다"는 총체적 의혹을 제기했다.

경실련에 따르면, 지난 2003년 1월부터 2004년 2월까지 서울시가 동시분양한 아파트 1백59개 사업 중 확인가능한 1백13개 사업의 2만1천5백여세대를 대상으로 건축비를 조사한 결과 대다수 사업주체가 건축비를 크게 부풀려 허위신고했다. 서울시 동시분양아파트 평균 건축비는 감리자 지정단계에서는 평당 4백26만원으로 신고된 반면, 소비자에게 분양공고되는 단계에서는 평당 6백22만원으로 껑충 뛰었다. 이는 평당 1백98만원의 차이가 나는 것으로, 이를 분양평수로 환산하면 무려 1조4천억원, 건축비에서만 가구당 6천5백만원의 차익이 발생했다.

경실련이 사업주체가 신고한 감리대상 공사비를 근거로 건축비를 추정했을 때에는 폭리 규모가 더욱 커, 가구당 8천7백만원, 총건축비로는 1조9천억원의 차액이 발생했다. 또한 건교부가 매년 발표하는 표준건축비 최고액 3백10만원(건축비 2백50만원과 기타비용 60만원)과 비교하면 평당 3백10만원 차이가 나, 가구당 1억3백만원, 총건축비는 2조2천억원이나 차이가 났다.

조사결과를 발표한 경실련은 "건축비의 허위신고는 정부 묵인하에 대대적 폭리-탈세가 진행된 게 아니냐는 의혹을 낳고 있다"며, 폭리 실태조차 파악하지 못하고 방치한 건교부 정책담당공무원의 직무유기와 인허가 기관의 관련공무원에 대한·철저한 조사 및 문책을 촉구하는 동시에, 감사원-공정거래위원회-국세청 등 관련기관은 건축비 허위신고에 대해 전면적 조사작업에 착수할 것을 요구했다.

참여정부 출범후 건설족 비리 급증

'상식밖 폭리'는 눈감아주는 세력이 있기에 가능한 법이다. 이를 뒷받침해주는 한 통계가 있다.

〈경향신문〉과 경실련은 2005년 공동으로 '건설부패실태조사'를 했다. 지난 1993년 2월 문민정부 출범 뒤 2005년 4월12일까지 사법기관의 발표를 바탕으로 언론이 보도한 뇌물사건을 분석한 것이다. 그 결과 건설부문 부패가 55%로 압도적 다수를 차지하는 것으로 조사됐다.

이 기간에 보도된 뇌물 사건 5백84건중 건설이 55.3%인 3백20건이며, 뇌물을 받은 1천47명중 64.3%인 6백73명이 건설과 관련돼 있었다. 사법처리 과정에서 혐의가 입증되거나 법원에 의해 추징된 뇌물액 1천3백83억4천만원중 건설 관련은 43.4%인 6백억6천2백만원에 달했다.

특히 참여정부 들어 건설비리가 급증하는 것으로 조사돼, 건설 경기부양 책과 건설 비리가 정비례 관계에 있음을 보여주었다. 사법처리 시기를 기준으로 건설 관련 뇌물사건은 김영삼 정부 1백87건(58.4%) · 4백18명(62.1%), 김대중 정부 58건(18.1%) · 1백26명(18.7%), 노무현 정부 75건(23.4%) · 1백29명(19.2%)으로 집계됐다. 노무현 정부 들어 2년여 만에 김대중 정부의 5년치 비리를 넘어선 것이다.

건설과 관련해 뇌물을 받은 사람 6백73명중 2백86명(42.5%)은 정부 · 지자체 · 공기업이 발주한 공공시설과 연결돼 있으며, 뇌물액도 2백11억3천7백만원으로 가장 많았다. 다음은 아파트 건설로 1백32명(19.6%)에 뇌물액은 1백58억2천2백만원에 이르렀다.

게다가 이들은 대부분 공직자로 지방자치단체 공무원이 3백41명(50.7%)으로 절반을 넘었다. 중앙정부 부처 소속은 78명(11.6%)이었다. 중앙 정부 부처에서 뇌물을 받은 사람들이 가장 많은 부서(지방청 포함)는 의외로 교육인적자원부로 사법처리된 78명중 14명이나 됐다. "건설비리는 건교부 비리일 것"이라는 국민의 통념을 뛰어넘어 건설비리가 공무원 사회에 광범위하게 확산돼 있음을 보여주는 대목이었다.

직급으로는 국회의원과 국장급 이상 공무원을 비롯해 공기업(임원급 이상), 군(영관급 이상), 경찰(총경급 이상)의 고위공직자가 1백57명(23.3%)이나 됐다. 이중에는 지방자치단체장 38명, 공기업 사장 11명도 포함돼 있었다. 청탁 내용에서는 가장 많은 1백56명(23.1%)이 '공사수주 · 낙찰(입찰편의) · 수의계약'과 관련해 뇌물(1백97억8천6백만원)을 받은 것으로 조사됐다.

조사를 실시한 경실련 추정에 따르면, 연간 건설시장 2백조원중 25%인 50조원이 거품 · 혈세낭비 비용이며 15조원 정도가 비자금으로 조성된다. 이 비자금 15조원은 기업 및 기업주에 의해 사적 용도로 유용되는 동시에 뇌물 · 접대비로 사용된다.

경실련은 이와 관련, "이번 조사는 부정부패의 온상이 건설이라는 우리 사회의 통념이 구체적 수치로 확인된 것"이라며 "건설업계와 관료, 정치인의 유착과 비리를 구조적으로 끊을 수 있는 분양원가 공개가 필요하다"고 주장했다.

분양원가 공개란 이렇듯 한국의 만성적 부패 고리를 끊기 위한 준엄한 '시대정신'이기도 했다. 정권이 바뀔 때마다 '부패 척결'을 캐치프레이즈로 내걸고 퇴임기에는 예외없이 부패로 국민에게 배신감을 심어준 역대 위정자들이 자초한 시대적 요구였던 것이다.

1조6천억 '담합 폭리'에 공정위 과징금은 고작 2백53억

분양가 폭리에 대한 비난여론이 들끓자, 여론에 떠밀린 공정거래위원회가 마침내 조사에 나섰다. 건설업체들이 '담합'을 통해 분양가 폭리를 취하고 있다는 잇따른 의혹 제기에 따른 것이었다.

조사를 벌인 공정위는 2004년 6월10일 "경기도 용인 동백, 죽전 택지개발지구에 아파트를 분양한 14개 건설업체에 대해 시정 및 신문 공표 명령과 과징금 2백53억원을 부과키로 결정했다"고 밝혔다. 정부가 아파트 분양가 담합 행위와 관련, 공정거래법을 적용해 제재조치를 내린 것은 초유의 일이었다.

공정위에 따르면, 동백지구에서 아파트를 분양한 한라건설, 서해종합건설, 계룡건설산업 등 10개 건설사들이 '용인동백지구협의체'를 구성, 수십 차례 회의를 갖고 평당 약 7백만원의 분양가와 중도금 이자후불제 방식의 분양에 합의했다. 신영, 극동건설, 한라건설 등 죽전지구 6개 건설사도 비슷한 협의체를 통해 분양가를 평당 약 6백50만원으로 적용키로 담합했다.

이런 담합 분양가는 동백지구 인근 아파트의 평균시세인 평당 6백70만원 대(34평형 기준)와 죽전지구 평당 5백50만원대(50평형 기준)에 비해 훨씬 높은 가격으로, 담합을 통해 폭리를 취한 이들 건설업체가 아파트값 폭등의 주범임을 분명히 보여주었다. 이들 업체가 분양한 아파트는 동백지구 8천5 백54세대, 죽전지구 2천6백35세대 등 1만1천여세대에 달해, 이들이 분양가 담합을 통해 조 단위의 천문학적 폭리를 취했음을 추정케 했다.

하지만 공정위가 최초로 분양가 담합 사실을 밝혀냈음에도 불구하고, 국민들 사이에서는 "이들 업체에 부과한 과징금 2백53억원은 이들의 취한 조 단위의 폭리에 비해 너무 적은 게 아니냐"는 비판이 제기됐다. 공정위는 이에 대해 "대부분이 초범이고 중소업체가 많기 때문"이라고 해명했으나, 정부가 '솜방망이 처벌'을 통해 도리어 담합행위를 조장하는 게 아니냐는 비판을 자초할 뿐이었다.

국민의 비판이 설득력을 갖는 것은 건설업자들이 동백, 죽전에서 천문학적 폭리를 취하고 있다는 의혹이 공정위 조사 착수 전부터 광범위하게 제기돼 왔기 때문이다.

한 예로 경실련은 앞서 지난 3월3일 기자회견을 통해 한국토지공사를 상대로 한 '조성원가에 대한 정보공개청구'를 통해 확보한 자료를 기초로, 토지공사가 택지를 조성한 용인 죽전, 용인 동백, 파주 교하, 남양주 호평 등 4

개 택지개발지구를 대상으로 개발이익을 조사한 결과 "지구당 8천억원 정도의 개발이익이 발생했다"고 주장, 용인 동백-죽전 지구에서만 최소한 1조6천원대 폭리가 발생했다는 의혹을 제기했었다. 이들 지역에 공급된 아파트가 1만1천여 세대에 달하니, 아파트 한 채당 1억4천여만원의 폭리를 취했다는 주장이었다. 그러나 이처럼 엄청난 폭리에 대해 정부가 부과한 과징금은 2백53억원에 불과했으니, 지갑이 빵빵한 업자들은 미소를 지을 뿐이었다.

'독점'은 경제에 독약이다. 소비자의 선택을 불가능하게 하는 독점은 각종 비효율성을 야기, 경제구조를 왜곡시키기 때문이다. 같은 맥락에서 '담합'은 '떼강도들의 사전 작전회의'에 비유될 정도로 더욱 중차대한 범죄행위이다. 하지만 공정위의 처벌은 솜방망이였고, 국세청은 어인 일인지 공정위가 담합을 통한 폭리 사실을 밝혀냈음에도 불구하고 이들에 대한 탈세 조사를 하지 않았다. 국세청 조사대상은 '떴다방'이나 '복부인' 등 투기족으로 국한될 뿐이었다. 아파트 폭리의 원흉인 건설족은 애시당초 열외였다.

건설족의 엄청난 폭리-탈세 의혹 및 정부의 직무유기를 뒷받침해주는 또 하나의 증거는 '돈 세탁' 급증현상이다. 금융당국에 따르면, 지난 2001년 11월 시작된 돈 세탁 혐의거래 신고는 2002년에는 2백62건에 불과했으나, 2003년 1천7백44건에 이어 2004년에는 4천6백80건으로 폭증했으며 이런 추세는 시간이 흐를수록 더욱 가속화하고 있다.

일반적으로 '돈 세탁'은 불로소득이나 불법자금 등을 은폐하기 위해 이뤄지는 현상으로, 금융계에서는 부동산값 폭등 등의 여파로 불로소득이 급증하는 동시에 개발사업 등을 둘러싼 부패가 확산되면서 돈 세탁이 급증하고 있는 게 아니냐는 분석을 낳았다. 금융계의 한 관계자는 "돈 세탁 혐의거래가 급증하고 있다는 것은 우리 경제에 세금을 내지 않은 검은 돈이 급증하고, 이에 비례해 사회 부패가 심화되고 있다는 증거"라며 "아무래도 가장 큰 요인은 시중 부동자금이 몰리면서 막대한 불로소득을 발생시키고 있는 부동산 투기 때문이 아닌가 싶다"고 말했다.

'투기공화국'은 필연적으로 '부패공화국'이 될 수밖에 없음을 보여주는 웅변적 증거였다.

법원의 "분양원가 공개하라" 묵살하는 건설족

건설족의 폭리가 연일 사회문제가 되고 있음에도 불구하고 건설업계와 정부의 '분양원가 공개 불가' 방침은 강고했다. 하지만 이들의 분양원가 공개 거부 자체가 애당초 '위법'이다. 현행 정보공개법에 따르면 공기업인 주택공사에게는 원가공개의 의무가 있고, 이같은 의무는 이미 여러 차례 법정소송을 통해 확인됐기 때문이다.

한 예로 2001년 포항시 환호 재건축아파트의 일부 주민들은 시공사인 주택공사에 대해 분양원가 공개를 요구하는 소송을 제기한 결과, 1·2심 재판 모두에서 주택공사를 이겼다. 주택공사는 또한 같은 해 서울 신림동 재개발 아파트의 일부 조합원이 제기한 분양원가 공개 소송에서도 1·2심 모두 패소했고 주택공사는 이에 대법원 상고를 포기했다.

주택공사는 그러나 법원의 판결에도 불구하고 교묘한 방식을 통해 사실상 분양원가 공개를 거부했다. 원가 내역 대신 수천 쪽에 달하는 원가 자료를 공개하는 편법을 사용함으로써, 건설 전문가가 아닌 일반시민들이 이를 활용할 수 없도록 했다.

서울시 도시개발공사의 분양원가 공개 이후 분양가 폭리에 항의하는 주민들의 소송이 재차 봇물 터졌다.

인천삼산지구 주공 2단지 예비입주자협의회는 2004년 3월말 인천참여자치연대와 공동으로 인천지방법원에 삼산주공 2단지 정보공개 거부 취소처분 소송을 냈다. 삼산주공 예비입주자들은 소장에서 "주공의 정보공개는 다른 법률에 의해 비공개 사항으로 규정된 정보나 영업상의 비밀로서 정당한 이익을 해할 우려가 있는 정보 등에 해당되지 않는다"고 소송이유를 밝혔다. 이들은 앞서 지난달 "아파트 분양가격이 1년전 같은 택지지구내에서 분양된 다른 단지보다 4천만원 높게 책정된 이유를 납득할 수 없다"며 주택공사에 분양원가 정보공개를 청구했으나 주택공사측이 거부하자 소송을 내기에 이른 것이다.

이어 4월에는 앞서 서울시 도개공의 분양원가 산출내역 방식을 준용해 주택공사가 분양가의 48%에 달하는 막대한 폭리를 취하고 있다고 폭로했던 고양시의 풍동주공그린빌 계약자대표회의도 분양원가 공개소송을 제기했다.

이런 소송에 대해 법원은 1년여의 심리 끝에 예외 없이 주민들의 손을 들어주었다.

우선 수원지법 행정1부(재판장 이종석 부장판사)가 2005년 5월8일 인천삼산지구 주공 2단지 예비입주자협의회가 낸 '아파트 분양원가 공개' 요구 소송에서 원고 승소 판결을 내렸다. 재판부는 판결문에서 "개정 전 정보공개법은 국민의 알 권리 보장을 위해 공공기관이 보유하는 정보를 원칙적으로 공개하도록 하고 있다"며 "공개를 거부할 때는 비공개 사유를 구체적으로 적시해야 한다"고 밝혔다. 재판부는 이어 "그러나 피고(주택공사)는 '분양원가에 대한 구체적 검증 수단과 주택사업의 적정 수익률에 대한 사회적 합의가 없어 분양원가 공개는 논쟁의 대상이 될 뿐'이라는 추상적이고 개괄적인 거부이유를 들었다"며 "원고들에게 한 행정정보 공개거부 처분은 위법하다"고 판시했다.

이어 서울행정법원 행정4부(재판장 민중기 부장판사)도 2005년 7월1일 고양시 풍동주공아파트 계약자대표회의가 낸 행정정보 공개 청구소송에서 원고승소 판결을 내렸다. 재판부는 판결문에서 "분양가가 정당하게 산출됐다면 그 근거가 공개되더라도 주택공사의 이익이나 국민의 재산보호에 지장을 초래할 우려가 없다"며 "분양가 산출근거가 비공개 대상 정보에 해당한다고 볼 수 없다"고 밝혔다. 재판부는 또 "분양가 산출근거 공개는 공공기관이 내부적으로 빠지기 쉬운 행정편의주의와 형식주의, 권한남용으로 인한 폐해를 방지하는 데 유효한 수단일 뿐만 아니라 공공기관의 주택정책과 행정절차에 대한 투명성을 확보할 수 있다"고 덧붙였다.

이처럼 한결같은 법원 판결은 분양원가 공개 거부가 명백한 위법 행위임을 입증해주고 있다. 하지만 일개 공기업에 불과한 주택공사는 법원의 판결조차 묵살하는 배짱으로 일관하고 있다. 사법부 판결을 존중해야 할 행정부 자체도 마찬가지다. 건설족에게 '3권 분립'이란 법전 위에 쓰여진 네 글자에 불과한 것처럼 보였다.

오만한 열린우리당의 분양원가 공약 파기

2004년 3월12일, 한나라당 등 야3당이 손을 잡고 노무현 대통령을 탄핵하는 헌정사상 초유의 사태가 발생했다. 당시 밑바닥까지 곤두박질친 노 대통령의 지지율에 고무돼 노무현 정권 자체를 바꿔버릴 수 있다고 '착각' 한 야당들의 '결정적 패착' 이었다. 다수 국민이 노무현 정권의 실정 이상으로 구태의연하고도 네거티브한 공세로 일관해온 한나라당 등 구정치세력에 대한 혐오감이 컸음을 읽지 못한 데 따른 최악의 오판이었다. 탄핵은 미증유의 '탄핵 역풍' 을 불러일으켰고, 야당들은 대통령 탄핵에 실패함은 물론 눈앞에 다가온 4월17대 총선에서 궤멸될 절체절명의 위기에 몰렸다.

탄핵 역풍으로 승세를 잡은 열린우리당은 총선 전인 그해 3월29일 '총선공약' 을 발표하며 "공공택지가격을 공개해 민간업체의 분양가 인하를 유도하고 공공주택의 분양원가 공개를 검토하는 한편, 주택후분양제를 금년부터 공공부문을 중심으로 시범시행하고, 단계적으로 확대키로 했다"며 사실상의 '분양원가 공개' 를 공약으로 내걸었다.

열린우리당의 정세균 정책위의장은 이에 덧붙여 "공공택지의 분양원가 공개 및 주택공사, 도시개발공사 등 공공기관이 공급하는 주택분양원가 공개를 촉구한 데 대해 건교부가 이를 적극 검토해 조속히 결론내리기로 했다"며 "분양원가 공개는 공기업을 우선해서 시범적으로 운용하고, 민간의 경우에는 시간을 두고 검토하는 방안을 추진하겠다"고 덧붙여, 최소한 공공부문에 한해선 분양원가를 공개하겠다는 입장을 재차 분명히 했다.

열린우리당의 공약은 이에 앞서 한나라당이 "민간부문을 제외한 정부와 공기업이 공급하는 공공아파트와 공공택지에 한해 분양원가 공개를 의무화하겠다"는 공약을 내건 데 대한 대응인 동시에, 민의를 수용해 4월 총선에서의 승리를 확실히 굳히기 위한 전술 중 하나였다.

예상대로 4.15 총선에서 열린우리당은 한국 현대정치사상 16년 만에 여당이 과반수 이상 의석을 얻는 압승을 거두었다. 야당의 딴죽에 구애받지 않고 '소신껏' 일할 수 있는 여건이 만들어진 것이다.

총선 직후 열린우리당은 공약을 지키는 듯싶었다. 정세균 정책위의장은 총선 엿새 뒤인 4월21일 "공약대로 민간업체 분양가 인하를 유도하고, 주택 가격 안정을 위해 공공부문부터 분양원가를 공개해야 한다"며 "공공부문 아파트 분양원가를 7월부터 공개토록 정부와 협의해 추진하겠다"고 밝혔다. 정 의장은 "아파트 분양가 중 택지 가격 비중이 수도권은 60~70%, 지방대도시의 경우 30~40%에 달해 토공이 공급하는 택지원가를 공개하면 민간업체 아파트의 분양가가 상당 부분 노출되는 효과가 나타날 것"이라고 원가 공개에 강한 의지를 보이기도 했다.

그로부터 일주일 뒤인 4월28일, 열린우리당이 국회의원 당선자들을 대상으로 개최한 워크숍 기간중 실시한 정책설문 결과도 압도적 다수인 87%가 아파트 분양원가 공개에 찬성이었다. 응답자의 48%는 "총선 공약대로 주공 등이 분양하는 공공주택의 분양원가를 공개해야 한다"고 답했고, 39%는 한 걸음 더 나아가 "공공주택은 물론 민간주택까지 분양원가를 공개해야 한다"고 주장했다. "토지공사가 공급하는 택지의 원가만 공개해야 한다"는 소극적 공개는 10%, "분양원가를 공개할 필요가 없다"는 2%에 불과했다.

하지만 며칠 안지나 '기류'가 급변했다. 건교부를 필두로 재경부 등이 '공개 불가'를 강력주장하며 대반격에 나섰기 때문이다. 건교부 산하 주택공급 제도 검토위원회(위원장 김정호 한국개발연구원 교수)는 분양원가 공개 대신에 전용면적 25.7평 이하 주택용지에 대해선 정부가 표준건축비를 정해주는 원가연동제, 그 이상 주택용지에 대해선 채권입찰제 도입을 골자로 하는 안을 잠정확정했고, 6월1일 열린우리당과의 당정협의에서 사실상 이를 확정지었다. 열린우리당 공약 파기의 주역은 총선후 새로 정책위의장을 맡은 홍재형 의원이었다.

홍재형 의장은 이날 당정협의후 "원가연동제를 도입하면 공공택지와 표준건축비가 공개되는 셈이기 때문에 분양원가 공개가 필요없다는 데 의견을 모았다"고 밝혔다. 안병엽 제3정조위원장은 한걸음 더 나아가 "분양원가 공개의 목적은 주택가격의 안정인데 원가연동제가 도입된다면 건설업계에 실익이 없다"며 "원가연동제 아래에선 분양가가 30%까지 인하될 것으로 보인다"는 누구도 믿지 않는 주장을 펴기도 했다.

배반당한 민심, "벌써부터 배 부른 게냐"

열린우리당의 공약 파기는 당연히 국민들에게 큰 충격과 배신감을 안겨주며 범국민적 반발을 초래했다. 다수 국민은 분양원가 공개를 강력히 요구하고 있었기 때문이다. 한 예로 총선 직후인 4월20일 KBS 1라디오가 미디어리서치에 의뢰해 전국 성인남녀 20세 이상 1천명을 대상으로 행한 여론조사 결과, 응답자의 대다수인 86.9%가 분양원가 공개에 찬성한다고 답했고 반대는 10.8%에 불과했다.

더욱이 당시는 '10.29 대책'의 약발이 다하면서 아파트값이 다시 급등하기 시작, 정부정책에 대한 국민적 불신이 고조되던 민감한 시점이다. 투기지역의 아파트값을 금리 인상 같은 거시정책이나 분양권 전매제한 같은 근원적 조치를 병행하지 않고, 양도세 중과세로만 잡겠다는 방식 자체가 처음부터 먹히질 않았다. 한 예로 서울에서 주택투기지역으로 지정된 13개구의 경우

2004년 1~2월 아파트값 상승률은 용산(3.03%), 강동(3.02%), 송파(2.48%), 강남(2.22%), 광진(1.62%), 양천(1.23%) 등을 기록한 반면, 서울 비투기지역의 경우 인상률이 1%를 넘어선 곳이 단 한곳도 없었다.

10.29 대책 발표 반년 뒤인 2004년 4월28일 부동산포탈 〈스피드뱅크〉의 조사를 보아도, 10.29대책 발표후 잠시 멈칫하던 서울지역의 아파트값이 상승세로 반전돼 10.29대책 발표 이전보다 높아졌다. 구체적으로 평당 1천1백45만원이던 서울지역의 아파트 값은 평당 1천5백55만원으로 올랐고 투기지역에서 제외된 지방의 아파트값 상승폭은 더욱 가파랐다.

그럼에도 불구하고 10.29대책 발표때 "아파트값이 계속 오르면 분양권 전매를 전국적으로 금지하고 재건축 아파트의 개발이익을 환수하며 주택거래 허가제를 실시하겠다"고 큰 소리쳤던 정부는 '우리가 언제 그런 말을 했냐'는 식으로 딴청만 부렸다. 재경부 등은 도리어 "여론에 밀려 지나치게 센 10.29대책을 내놓는 바람에 건설경기가 크게 위축돼 경기회복에 어려움을 겪고 있다"고 푸념하며, "건설경기를 회복시킬 수 있는 규제 완화 정책을 펴야 한다"고 주장했다. 당시 이헌재 경제부총리가 앞장서 주장한 '건설경기 연착륙론' 이 그런 대표적 예였다.

김영삼 정부때 초대 경제부총리 및 재정경제원 장관을 지냈던 홍재형 열린우리당 정책위의장이 분양원가 공약 파기를 선언한 것도 후배 재경부관리들의 주장에 영향 받은바 컸다.

열린우리당의 분양원가 공약 파기 소식이 알려지자마자 국민들은 분노했다. 열린우리당 홈페이지 게시판에는 네티즌과 당원들의 비판글이 빗발쳤다. 네티즌들은 "벌써부터 배가 부른 게냐" "민심이 두렵지 않냐" "이제 선거 끝났으니 업계 돈이나 챙기겠다는 거냐"고 강력 성토했고, 일부 당원은 공약 백지화를 결정한 홍재형 정책위의장 등 당 지도부를 성토하며 "우리당 일반의원들은 무엇을 하고 있냐"고 비판하며, 직접 당원들과 홍 의장 등 지도부간 토론회를 열자고 제안하기도 했다. 일부 당원은 "당 지도부가 분양원가 공개 백지화 방침을 철회하지 않을 경우 당비 납부를 거부하자"고 주장하기도 하고, 일부는 아예 "탈당을 하자"는 주장까지 폈다.

경실련 등 시민단체들도 즉각 열린우리당을 규탄하는 '사이버 시위'에 나섰고, 한나라당도 열린우리당의 공약 파기를 "서민들의 내집 마련의 꿈을 배반한 행위"라고 비판하며 "우리는 공약대로 정부와 공기업이 공급하는 공공아파트와 공공택지 등 공공부문에 한해 분양원가 공개를 추진하겠다"고 공세를 펴고 나섰다.

비난이 쇄도하자, 안병엽 열린우리당 제3정조위원장은 다음날인 2일 "우리당의 총선 공약을 보면 공공주택의 원가공개는 주택시장에 대한 영향, 소형주택 공급확대 여부 등을 다각적으로 검토해 추진하겠다는 것이었다"며 "결코 분양원가 공개를 공약으로 못 박은 적이 없다"고 강변했으나, 도리어 성난 민심에 기름을 부을 뿐이었다.

열린우리당 공약 파기의 '4대 허구'

대외적으로는 "원가공개 대신 원가연동제만 실시해도 분양가가 30% 떨어질 것"이라고 주장했으나, 열린우리당이 공약을 파기한 실제 속내는 다른 데 있었다. 공약 파기 다음날인 2일 〈서울신문〉은 '공개포기 속사정'이란 기사를 통해 열린우리당 지도부의 속내를 다음과 같이 전했다.

"열린우리당은 당초 주공아파트를 중심으로 분양원가를 공개하려 했다. 그러나 공개시 '분양금 반환소송 제기에다 주택공급 포기 사태 등이 우려된다'는 지적을 정부와 건설업계로부터 줄기차게 들어왔다. 건설업체들은 또 수도권에서 이윤을 남겨 부산-광주 등 지방 분양시장에서 보는 적자를 보전하는 실정이다. 특히 지방은 미분양 물량이 많아 건설업체마다 적자가 심각한 실정이라는 것이다."

"열린우리당 노영민의원도 '원가공개가 이뤄지면 경영혁신으로 분양원가를 최대한 낮춘 업체가 오히려 소비자들로부터 폭리를 취한다는 오해를 받을 수 있다'고 지적했다. 예컨대 경영혁신 등으로 평당 분양원가를 낮춘 A업체와, 아무런 경영혁신 노력없이 분양가와 비슷한 수준에서 분양원가를 공개한 B업체가 있다고 가정할 경우, 분양원가 공개로 A업체보다 오히려 B회사가 시장에서 살아남는 부작용을 초래한다는 것이다."

하지만 이런 열린우리당 주장은 허구투성이였다.

첫번째, "분양원가 공개시 분양금 반환소송이 우려된다"는 주장부터 살펴보자. 열린우리당 관계자는 〈서울신문〉과의 인터뷰에서 "서울도시개발공사에서 지은 상암동 주공아파트의 경우 40평형 아파트의 평당 분양가를 1천만원으로 책정했는데 나중에 평당 6백만원인 것으로 나오자 입주민들이 개발이익을 돌려달라는 소송을 하려 한 것으로 알고 있다"며 "반환소송에 따른 '사회적 혼란'이 우려돼 분양원가 공개를 안하기로 했다"고 주장했다. 그런데 '폭리'에 대한 소비자의 소송 제기 등 권리찾기는 당연한 것이다. 그것도 한두푼이 아니고 집 한채당 최소한 1억~2억씩의 억울한 손해를 입은 가난한 소비자의 입장에서 보면 말이다.

더욱이 '폭리'를 취한 건설사들이 세금을 제대로 냈냐 하면 그것도 아니다. 아파트투기가 전국을 강타한 2002년과 2003년 재벌그룹사 소속 도급순위 1~5위권의 대형건설사들이 신고한 연간 수익은 한 회사당 많아야 2천억원 전후였고, 낸 세금은 몇백억에 불과했다. 이처럼 단군이래 최대 아파트 호황으로 천문학적 폭리를 챙기면서도 쥐꼬리만큼 수익을 신고했을 때도 국세청은 세무조사에 나서지 않았다. 이렇듯 정부가 건설사들의 폭리를 눈감아주고 있는 한, 소비자들의 자발적 '반환소송'은 정당한 권리 되찾기였다.

두번째, 열린우리당은 "건설업체들은 수도권에서 이윤을 남겨 부산-광주 등 지방 분양시장에서 보는 적자를 보전하는 실정"이라며, "따라서 분양원가를 공개해 마진이 줄어들면 건설사들이 지방에 아파트를 짓지 않을 것"이라고 주장했다.

실제로 그 무렵 일부 지방에서 과잉공급된 일부 아파트의 경우 미분양물량이 출현하기 시작했다. 하지만 미분양 출현은 최근의 일이었고 일부 지역에 국한된 현상이었다. 지난 2년여간 서울 등 수도권뿐 아니라, 부산-광주-대구-대전에서도 분양가가 2~3배 뛸 정도로 아파트투기 광풍은 대단했고 건설사들은 이 과정에 예외없이 지방 분양사업에서도 거대한 수익을 올렸다는 사실은, 경실련 등 여러 시민단체의 조사결과 이미 밝혀진 사실이다.

또한 그 무렵 나타난 미분양 사태의 근원도 다름아닌 '살인적 분양가' 때문이었다. 따라서 미분양 사태를 해소하기 위해선 '폭리 분양가'에서 거품만 빼면, 즉각 실수요자들이 구매에 나서 미분양 물량은 순식간에 해소될 수 있었다.

세번째, 열린우리당은 "원가공개가 이뤄지면 경영혁신으로 분양원가를 최대한 낮춘 업체가 오히려 소비자들로부터 폭리를 취한다는 오해를 받을 수 있다"고 주장했다. 이는 한마디로 국민을 더없이 우습게 보는 발상이 짙게 깔린 궤변이었다. 당시 국민들은 만성적 불황속에서 한 푼이라도 아껴 어려운 경제난국에서 살아남으려 애쓰고 있었다. 자동차보험료만 해도 온라인으로 검색해 한 푼이라도 싼 보험사를 찾은 뒤 가입, 연간 수십만원씩을 아끼는 판이다. 이런 마당에 분양원가 공개시 경영혁신으로 분양원가를 낮춰 동일한 품질의 아파트를 수천만원씩 낮은 값에 공급하는 우량업체를 '폭리집단' 이라고 규탄해 망하게 할 넋 나간 소비자는 존재할 리 만무했다.

앞의 세 가지 이유는 열린우리당이 대외적으로 말하는 '분양원가 공개 포기' 이유였다. 그러나 필자가 그 무렵 열린우리당 의원들을 만나보면 이들이 말 못한 속내중 하나는 '일본형 공황 도래' 에 대한 두려움이었다. 요지인즉 "가뜩이나 내수경기 침체로 경제가 위태로운 판에 분양원가를 공개해 아파트값이 뚝 떨어지면 아파트 담보대출을 해준 금융기관이 부실화되면서 제2의 IMF사태가 닥치고, 그러면 90년대초 부동산거품이 파열하면서 10여년간 장기불황에 빠졌던 일본 짝이 날 것이다"라는 주장이 그것이었다. 이런 주장은 재경부, 건교부 등 정부부처가 일관되게 펴온 주장이기도 했다.

사실 그렇다. 지금 3년간 김대중 정부와 노무현 정부가 택한 '부동산거품' 을 통한 경기부양 정책의 폐단은 제2의 IMF사태 도래를 우려할 정도로 부동산거품을 '말기암' 상태로까지 증폭시켰고, 자칫 이를 잘못 다루면 심각한 상황이 우려되는 게 분명한 사실이었다. 그러나 터질 거품은 아무리 막아도 터지게 마련이다. 문제는 무방비상태로 있다가 거품파열을 맞아 일본 같은 전철을 밟느냐, 아니면 단기적인 어려움을 감수하면서라도 계획적으로 거품을 거둬내면서 '건실한 경제체질'로 전환할 것인가였다. 더욱이 한층 거품을 부풀려 거품의 파열을 막겠다는 식의 접근법은 국가적 자살행위에 다름 아니었다.

'분양원가 공개를 통한 거품 제거'란 다름 아니라 원가공개를 요구하고 있는 거품 피해자인 87%의 국민을 '경제주체'로 복원시키는 지름길이었다. 이들 대다수 국민이 평생 쓰지 않고 모아도 제집 한 칸 마련하기 힘들게 만드는 '구매력 멸종 경제'가 아닌, 거품 제거를 통해 이들이 제집 마련을 위해 소득의 일부만 저축하고 나머지는 여유롭게 소비할 수 있는 '구매력 충족 경제'로 경제체질을 바꿔야만 비로소 한국경제의 탈출구도 보인다는 게 대다수 국민의 일치된 뜻이었다.

열린우리당은 바로 이런 국민의 뜻을 배신하고 나선 것이다.

건설 광고에 목매인 '건설족 언론'

분양원가 공약 파기후 범국민적으로 비판 여론이 일자, 열린우리당 지도부는 크게 당황해했다. 열린우리당 신기남 의장과 천정배 원내대표는 비난 여론이 확산되자 6월3일 "분양원가 공개는 총선공약으로 백지화한 일이 없다"고 불끄기에 나섰다. 지도부는 특히 분양원가 백지화와 원가연동제 도입을 기정사실화한 정책위원회의 잠정결정에 대해 "정식 당정협의 기구가 아니다"라며 홍재형 정책위의장 등의 '개인플레이'를 질타, 홍재형 의장에게 책임을 떠넘기는 모양새를 보이기도 했다. 건설족에게 일대 위기 상황의 출현이었다.

이때 건설족을 돕는 '흑기사들'이 출현했다. 메이저 신문들이 그들이었다.

　메이저 신문을 필두로 한 대다수 신문은 6월1일 열린우리당의 '분양원가 공개' 공약 백지화 자체를 보도할 때부터 미온적이었다. 이른바 '조중동'은 만약 다른 공약을 백지화했다면 신랄하게 비판했을 것임에도 분양원가 백지화만은 업계 목소리를 대변하거나 아예 뉴스를 축소보도했으며, 심지어는 〈한겨레신문〉조차 분양원가 공개가 열린우리당 공약이었음은 알리지 않고 "원가연동제를 도입하면 공공택지에 짓는 국민주택 규모 이하 아파트의 분양값을 10~30%정도 낮추는 효과를 낼 것으로 전문가들은 내다보고 있다"고 건설족 주장만을 앵무새처럼 보도했다. 보수, 진보를 떠나 대다수 언론사가 건설족 영향권 아래 있음을 보여주는 방증이다.

　단 한곳 〈경향신문〉만이 "이는 아파트 건설비 등 분양원가를 공개함으로써 건설-분양회사의 폭리를 막고 분양가를 낮추겠다는 열린우리당의 17대 총선 공약을 포기한 것이어서 개혁후퇴 논란과 함께 무주택 서민과 시민단체의 반발이 예상된다"고 보도했다. 이 신문은 이어 1면 하단의 김용민 화백의 '그림마당'을 통해 총선후 분양원가 공개 총선공약을 쓰레기통에 버린 뒤 희희낙락하고 있는 열린우리당 의원들을 그려, 우리당의 공약 백지화를 매섭게 비꼬기도 했다.

　이렇듯 소극적 보도로 일관하던 신문들은 성난 여론으로 열린우리당 지도부가 코너에 몰리자, 특히 메이저 신문을 중심으로 극히 이례적인 '분양원가 백지화 관철'을 위해 적극 나섰다.

　우선 〈중앙일보〉는 4일 '아파트 원가 공개, 정치논리 안된다'는 제목의 사설을 통해 비난여론에 밀려 분양원가 공개 약속을 지키겠다고 한 열린우리당 지도부를 맹성토했다.

사설은 "여당이 총선 공약인 분양 원가 공개를 포기했다는 비판이 시민단체 등에서 제기되자 열린우리당은 이 문제를 다시 검토하겠다고 나서고 있다"며 "총선 공약이므로 또는 시민단체와 야당이 비판하므로 분양 원가를 공개하도록 한다는 식으로 대응해서는 곤란하다"고 주장했다. 사설은 이어 "분양 원가 공개의 득(得)보다 실(失)이 더 클 것이라는 지적을 간과해선 안 된다"며 "분양 원가 공개는 사실상 분양가 규제를 의미한다. 이는 중장기적으로 민간부문의 주택 공급을 위축시키고 결과적으로 더욱 큰 가격 상승을 불러올 수 있다. 분양 원가를 공사 현장별로 투명하게 공개하기 어렵다는 현실적인 문제도 무시할 수 없다. 또 원가 공개로 분양가가 낮아져도 이로 인한 이득이 건설업체에서 초기 입주자에게 옮겨갈 뿐 아파트 가격 하락으로 연결되지 않을 가능성이 크다"며 건설족 주장을 녹음기처럼 되풀이했다.

사설은 "이런 점을 고려할 때 분양가 공개 문제를 정치적 이슈로 삼아 여론몰이 식으로 밀어붙이는 것은 위험하다"며 "아파트값 안정을 위해 분양가 규제가 옳은지, 원가 공개가 타당한지를 장기적인 수급 안정과 국가경제 측면에서 종합적으로 따져본 후 입장을 정리해야 한다. 특히 공공기관이 분양하는 주택도 아닌, 민간업자가 짓는 주택의 분양가까지 공개하라는 것은 시장 원칙에 어긋나는 것이다"라는 결론으로 글을 끝맺었다.

〈조선일보〉도 같은 날 '무조건 뒤집는 게 개혁은 아니다' 라는 제목의 사설을 통해 분양원가 공개 공약을 파기한 홍재형 정책위의장과 강동석 건교부 장관 등을 적극 두둔하며 열린우리당 수뇌부를 공격했다. 사설은 "집권당이 총선 공약인 아파트 분양원가 공개 문제를 놓고 오락가락하고 있다"며 "열린우리당은 얼마 전 건설교통부와 당정협의 발표 이후 '선거가 끝나니 변했다'는 지지층의 비난이 쏟아지자, 당 지도부는 불과 이틀 만에 그런 결정을 한 적 없다고 부인하고 나섰다"고 비판했다. 사설은 이를 "선거에 도움이 된다 싶어 제대로 따져보지도 않은 채 공약했다가 뒤늦게 수습하느라 절절 매는 꼴"이라고 비아냥댔다.

사설은 "이런 소동 이후에도 건교부장관은 원가 연동제가 유효한 정책이란 입장을 굽히지 않았다. 당초 당정협의 때 정부 안에 고개를 끄덕인 여당 인사들 역시 정부에서 일해본 경제 전문가들"이라고 강동석 건교장관과 홍재형 정책위의장을 격찬한 뒤 "현실도 잘 모르면서 이런 충고를 하는 당내 동료마저 '반개혁'으로 몰아세우는 것이야말로 전형적인 포퓰리즘 행태"라고 천정배-신기남 등 공약 준수를 주장한 열린우리당 수뇌부를 맹성토했다. 사설은 "개혁도 알아야 하는 것이다. 무조건 뒤집고 엎어버리기만 한다고 되는 게 아니다"라는 냉소로 글을 끝맺었다.

메이저 신문들의 이런 건설족적 입장 표명은 "건설족 대변지를 자임하고 나선 것이냐"는 여론의 반발을 낳았으나, 인터넷신문-무가지 등 새로운 미디어매체의 출현에 따른 부수 격감과 장기 내수불황에 따른 광고 격감에 따라 유일하게 절대호황을 구가하고 있던 건설업계에 대한 이들 신문사의 광고 의존도가 절대적이던 만큼 그후에도 논조의 변화는 없었다.

실제로 신문사들의 건설 광고 의존도는 가히 절대적이다.

민주언론운동시민연합이 2003년 9월25일부터 10월25일까지 한달간 조중동 3개 신문의 광고를 모니터링한 결과, 이들 3개 신문사의 전체 지면대비 평균 광고비율은 절반에 육박하는 48.23%였고, 전체지면 대비 건설업체의 광고비율은 23.68%나 됐다. 전체 광고의 절반 가까이가 건설 광고라는 얘기였다. 구체적으로 전체 지면대비 건설업체 관련 광고비율은 조선 26.35%, 동아 23.52%, 중앙 21.17% 순이었다. 이 상황은 그후에도 계속되고 있다.

한 메이저신문사의 광고 관계자는 이와 관련, "단순히 지면만 비교하면 전체광고의 절반 가까이를 건설업계가 공급하고 있으나, 책 광고 등의 광고료가 대단히 낮다는 점을 고려할 때 금액 기준으로는 건설사 광고가 차지하는 비중은 그 이상"이라고 토로하기도 했다. 그는 "이처럼 건설광고 의존도가 절대적인 마당에 분양원가 공개 등으로 부동산거품이 터지면서 건설 불황이 온다면 신문사의 광고수입이 절반으로 격감하면서 신문의 생존 자체가 위태로워질 것"이라고 건설업계와 운명을 같이 할 수밖에 없는 신문들의 입장을 해명하기도 했다.

폭리를 통해 돈줄을 거머쥔 건설족의 대언론 파워는 이처럼 절대적이었다.

"10배 남는 장사도 있는 법", 노 대통령의 '6.9발언' 쇼크

분양원가 공개 공약 논란이 한창 치열하던 와중에, 듣는 이의 귀를 의심케 하는 노무현 대통령의 '문제 발언'이 터져 나왔다. 이른바 '6.9발언' 파문이다.

노 대통령은 6월9일 청와대에서 4월 총선에서 약진한 민주노동당 김혜경 대표와 민노당 당선 의원들을 초청해 축하만찬을 하던 자리에서 당시 열린우리당의 분양원가 공개 논란에 대한 입장을 묻자 "아파트 분양원가 공개는 개혁이 아니라고 생각한다"며 "시장을 인정한다면 원가 공개는 인정할 수 없다"고 발언, 큰 파문을 불러일으켰다. 노 대통령은 "이것은 경제계나 건설업계의 압력이 있어서가 아니라 대통령의 소신"이라고 단언하기도 했다.

노 대통령은 이날 "장사하는 것인데 10배 남는 장사도 있고 10배 밑지는 장사도 있고, 결국 벌고 못 벌고 하는 것이 균형을 맞추는 것이지 시장을 인정한다면 원가 공개는 인정할 수 없는 것"이라는 '시장방임론'을 폈다. 그는 또 "열린우리당은 내 생각을 모르고, 또 내가 정책에 참여하지 않으니까 원가공개를 공약했는데 다시 상의하자"고 열린우리당의 공약을 비판한 뒤, "이는 결론이 어디로 나더라도 개혁의 후퇴가 아니라 대통령의 소신"이라고 덧붙였다.

노 대통령 발언은 혹시 전달되는 과정에 과장-왜곡된 게 아니냐는 의혹을 낳을 정도로 쉽게 믿기지 않는 발언이었다. 하지만 며칠 뒤 만난 심상정 민노당 의원에게 물어보니, 그는 "실제 발언 내용은 더욱 강경했다"며 "노 대통령은 아주 확신에 가득 차 있는 것처럼 보였다"고 전했다.

노 대통령의 발언은 불과 몇 달 전 자신의 발언을 180도 뒤엎는 것이기도 했다. 노 대통령은 아파트값 폭등으로 민심이 흉흉해지자 전 해인 2003년 10월13일 유사시 '토지공개념' 도입 방침까지 밝히면서 "토지는 국민생활과 기업경영의 필수적인 요소인 데 반해 확대재생산이 불가능하다. 일반상품과 달리 취급해야 한다"고 주장했었다. 토지는 '공공재'라던 노 대통령이 하루아침에 이를 10배 남는 폭리를 취해도 되는 '일개 상품'이라고 말을 바꾼 것이다. 지지율 50%의 '힘 있는 대통령'으로 복귀한 데 따른 '오만'의 산물로 받아들이기에 딱 좋은 '말 바꿈'이었다.

노 대통령이 한 마디 하자, 언제 분란이 있었느냐는 식으로 즉각 열린우리당 수뇌부와 이해찬 총리 등이 노 대통령 발언을 적극 지지하고 나섰다. 노 대통령 비서실장 출신인 문희상 열린우리당 의원은 즉각 "고전적 자유경제주의로 돌아가자는 게 노 대통령의 생각"이라고 맞장구를 쳤다. 총선후 총리로 지명된 이해찬 총리지명자도 10일 "아파트가격은 특히 공공아파트의 경우는 시장원리에 기본적으로 맞아야 하는데 시장원리를 침해하는 식으로 하다보면 걷잡을 수 없는 사태가 생길 수 있다"고 동조했다.

노무현 대통령은 여기서 그치지 않고 이틀 뒤인 6월11일에는 청와대에서 언론사 경제부장단과 만찬을 함께 하는 자리에서 공공부문의 분양원가 공개를 주장한 한나라당에 대해 "경기가 나쁘다고 탄핵을 추진한 한나라당이 경기를 죽일 수 있는 이런 규제를 만들자는 것이냐"며 "본질적인 문제를 가지고 제발 이랬다 저랬다 하지 말아줬으면 좋겠다"고 맹비난하기도 했다. 그는 또 "부동산 가격은 급격한 변화를 주지 않는 게 좋다. (사람들은) 투기하는 것도 싫어하지만 자신의 자산이 깎이는 것도 싫어한다. 또 금융부분과 많이 맞물려 있다"고 말해, 아파트 거품을 빼낼 생각이 추호도 없음을 분명히 하기도 했다.

임종석−유시민 의원의 '6.9발언' 옹호

노 대통령 발언은 절대 다수가 '분양원가 공개' 공약을 지켜야 한다고 생각하던 열린우리당 의원들의 말문을 일순간에 막았다. 다수가 졸지에 '꿀 먹은 벙어리'가 된 순간, 친노 의원들이 대통령 발언을 적극 두둔하고 나섰다.

386의원의 상징격인 임종석 열린우리당 대변인은 13일 MBC TV의 시사프로그램에 출연, "민주노동당이 분양원가 공개를 찬성하는 것은 1백% 이해가 되지만 시장원리를 강조하는 한나라당에서 이를 전적으로 반대하는 것은 사실 이해하기 어려운 면이 없지 않다"고 엉뚱하게 한나라당의 '정체성'을 문제 삼으며 물타기를 시도했다. 그는 또 열린우리당이 분양원가 공개를 총 선공약으로 내세우게 된 배경과 관련, "지난 2월 이명박 서울시장이 서울시 산하에 있는 도시개발공사가 분양하는 아파트 분양원가를 공개하면서 총선 전에 뜨거운 감자가 됐다"며 "그래서 여야가 앞다퉈 세밀한 검토 없이 극약 처방 같은 분양원가 공개를 약속하게 됐다"고 주장하기도 했다. 그는 "분양 원가공개와 원가연동제가 방향이 다르다면 큰 문제가 되겠지만 오십보나 칠 십보"라며 "원가연동제로도 20~30% 정도 아파트값이 내려갈 것이라는 게 전문가들의 공통된 전망"이라고 건설족 주장을 되풀이하기도 했다.

유시민 의원도 15일 인터넷신문 〈프레시안〉과의 인터뷰에서 "원가공개는 개혁이고, 원가연동제는 반개혁이라는 식의 논란은 집값 안정에 아무런 도 움이 안된다"고 주장하고 나섰다. 그는 "원가에는 건축비뿐만 아니라 홍보 비용이나 마케팅 비용 등도 포함되기 때문에 파악이 어렵다"고 건설족 주장 을 되풀이하며, "분양원가를 공개할 경우 원가를 얼마로 산정할 것인지, 업 체가 공개한 원가를 그대로 인정할 수 있는 것인지 등을 놓고 또다른 논란에 휘말리는 부작용이 크다"고 주장했다. 그는 또 총선 공약 파기 논란와 관련, "우리당의 총선 공약에는 분명히 '분양원가 공개를 신중하게 검토한다' 고 돼 있고, 신중히 검토해서 부작용이 우려되면 다른 대책을 찾는 것은 당연한 일"이라며 공약 파기가 아니라고 강변했다.

그는 이어 "열린우리당 의원들을 비롯해서 한나라당과 민주노동당 의원들 조차도 분양원가 공개와 원가연동제의 정책적 차이에 대해서 잘 모르면서 한쪽 입장을 주장하는 경향이 있다"고 분양원가 공개를 요구하는 야당을 싸 잡아 비난하기도 했다. 그는 임종석 대변인과 마찬가지로 "도저히 분양가 공개를 찬성할 수 없는 한나라당이 분양원가 공개하자고 주장하는 것은 정치적 논리에 따른 것으로 보인다"고 정체성 공세를 편 뒤, "민주노동당도 분양원가 공개에 따른 기술적 난점에 대한 해법을 검증해 보여줘야 하는데 그런 모습은 전혀 보이지 않고 있다"고 주장했다.

그러나 임종석, 유시민 의원 등의 '한나라당 정체성' 공세는 누워 침뱉기였다. 이들의 주장에 대해 대다수 네티즌은 "한나라당이 기득권층을 대변한다면, 그러면 열린우리당 당신들의 정체성은 뭐냐. 그래, 서민대중을 대변하느라 국민 다수가 원하는 분양원가 공개에 반대하고 있는 거냐. 당신들이야말로 기득권층을 대변하고 있는 게 아니냐"라고 냉소했다.

노 대통령 발언에 대해 국회 과반수 이상의 의석을 갖고 있던 열린우리당에서 유일하게 비판하고 나선 의원은 김근태 의원이었다. 김 의원은 14일 개인 명의의 보도자료를 내고 "분양가 자율화 조치 이후 아파트 분양가가 두 배 이상 뛰었고, 도시개발공사와 주택공사의 일부 분양원가 공개 당시 공기업인 이들조차 30~40% 이상의 이익을 남겼다는 주장은 분양원가 공개요구에 대한 정당성을 확인하는 것"이라며 "공공주택 공급은 서민을 위한 공공재적 성격이 강한 만큼 공공주택의 분양원가를 공개하는 것을 전향적으로 검토하는 것이 마땅하다"고 주장했다.

그는 특히 "선거 당시 내건 공약, 특히 서민들의 삶과 직결된 민생 문제는 함부로 바꿀 수 없다"면서 "국민들이 받아들이지 않으면 어떤 형태로든 그 약속을 파기한 것에 대해 책임져야 한다"고 주장했다. 그는 재차 "이것이 무너지기 시작하면 '공약(公約)은 공약(空約)일 뿐이다'라는 비아냥과 상실감을 어떻게 대처할 수 있는 것이냐"며 "국민과의 약속은 지켜야 한다"고 강조했다.

그는 "(분양원가 백지화에 대한) 대통령의 언급에 대해 일각에서는 개혁의 후퇴라며 우리당과 대통령을 강하게 성토하고 있고, 일부에서는 시장원리에 충실한 당연한 결정이라며 환영하고 있지만, 대다수 집없는 서민들의 경우 대단한 실망과 허탈감에 휩싸여 있다는 점을 부인할 수 없다"며 "공공주택 분양가 문제와 같은 중요한 문제들은 계급장 떼고 치열하게 논쟁하자"고 사실상 노 대통령에 대한 논쟁을 제안하기까지 했다. 하지만 '거수기' 성격이 강한 열린우리당에서 그의 주장은 공허한 메아리에 불과할 뿐이었고, "계급장을 떼고 논쟁하자"던 김 의원 자신도 오래 가지 않아 침묵해 그 한계를 드러냈다.

그럼에도 불구하고 비난여론이 증폭되자 궁지에 몰린 열린우리당은 결국 다음달인 7월15일 주공 등 공공기관이 공급하거나 민간회사가 분양하는 전용면적 25.7평 이하의 소형아파트에 대해 원가연동제를 골간으로 하되, 택지비와 공사비, 설계감리비, 부대비용 등 4~5개만의 분양원가를 공개하기로 했다. 공약 파기에 대한 비난여론을 의식한 '무늬뿐인 원가공개' 약속이었다.

이 공약 파기를 계기로 민심은 열린우리당에게서 결정적으로 등을 돌렸다.

조중동의 이례적인 '노무현 격찬'

노 대통령의 '6.9발언'에 대해 일관되게 분양원가 공개에 반대해온 3대 메이저신문, 세칭 '조중동'은 한 목소리로 노대통령을 격찬하고 나섰다. 참여정부 출범이래 노무현 대통령의 이라크 파병 결정 때의 '격찬'에 이은 두 번째 '격찬'이었다.

우선 〈조선일보〉는 11일 '아파트 원가공개 여부, 대통령 말이 옳다'는 제목의 사설을 통해 노 대통령의 입장을 전폭 지지한다는 입장을 밝히며 "아파트 분양원가 공개를 요구하는 측의 궁극적인 목적은 분양가를 인위적으로 낮추려는 것이다. 그래야 서민들의 내집 마련 부담이 줄어든다는 것이다. 그러나 이는 하나만 알고 둘은 모르는 소리다"라고 분양원가 공개를 원하는 다수 국민을 무식쟁이로 매도했다.

사설은 구체적으로 "가격이 낮아지면 공급은 줄고 수요는 늘어난다는 것은 경제학 교과서의 첫머리에 나오는 기본 원리"라며 "신규 주택 공급이 줄어들면 전체 주택가격이 오르게 되고, 초과 수요가 발생하면 투기가 일어나게 된다"고 주장했다. 사설은 이어 "그렇게 되면 서민들의 내집 마련은 훨씬 더 어려워지게 되는 것이다. 서민을 위한다는 정책 때문에 오히려 서민들이 고통받고 피해를 보게 되는 셈이다"라며 "원가공개 반대에 대해 '당혹스럽다'고 말한 민노당 의원에게 대통령이 '원가공개가 왜 개혁적이냐'고 반박한 뜻도 여기에 있을 것"이라고 노대통령에 대한 전폭적 지지 입장을 밝혔다.

〈중앙일보〉도 이날 '노 대통령 정책현안 정리 잘했다'는 제목의 사설을 통해 "노 대통령이 엊그제 민주노동당 의원들과의 만찬 석상에서 몇 가지 국가 현안에 대해 명쾌하게 입장을 설명했다"며 "열린우리당과 정부의 말이 달라 국민을 혼란스럽게 하고 있거나 국민 사이에 치열한 논란이 벌어지고 있는 문제들에 대해 대통령의 속내를 밝히고 교통정리를 했다는 점에서 긍정적이다. 노 대통령의 경제정책 방향도 시장친화적 현실인식을 바탕에 깔고 있는 것으로 보여 다행스럽다"고 격찬했다.

<동아일보>도 이날 '대통령도 개혁 아니라는 원가공개'라는 제목의 사설을 통해 노 대통령 입장을 전폭 지지한다고 밝히며, "주공아파트 분양원가를 공개하면 수도권 및 대도시 아파트의 분양가가 낮아지는 효과는 있으나 임대주택 건립과 지방사업에서 발생하는 손실을 수도권사업으로 메우는 주공의 사업구조에 제동이 걸리고 결국 피해는 서민층에 돌아갈 우려가 크다"고 <조선일보>와 같은 주장을 폈다. 사설은 이어 "노 대통령은 앞으로도 이에 대해 흔들림 없는 소신을 보여줘야 한다. 말로만 그치지 말고 구체적인 정책으로 실현해야 함은 물론이다"라며 "여야도 마찬가지다. 특히 여당은 분양원가 공개를 둘러싼 혼선을 빨리 정리해야 한다. 대통령이 타당한 논리로 반대한 이상 머뭇거려서는 안 된다"고 열린우리당을 압박했다.

"사기 당했다", 노 대통령 지지율 '통치 불능'으로 급락

조중동의 격찬과는 반대로 노 대통령의 '6.9발언'은 당연히 다수 국민을 격노케 했다. 특히 다수 국민의 생존권이 걸린 주택문제를 "10배 남는 장사도 있다"는 논리로 합리화한 데 대한 국민의 분노는 결정적이었다.

청와대 홈페이지에는 "사기 당했다. 총선을 다시 하자", "서민들은 대통령을 믿고 탄핵에서 구해줬더니 대통령은 서민을 배신했다"는 등의 비난 글이 쇄도하면서 홈페이지가 마비될 지경에 이르렀고, 각종 여론조사에서는 국민의 85% 전후가 노 대통령 발언을 비판하는 것으로 나타났다.

당연히 탄핵역풍으로 50%대까지 회복됐던 노대통령과 열린우리당의 지지율은 급락했다. 한 순간에 민심이 떠내려간 것이다.

한국사회여론연구소(KSOI)가 TNS에 의뢰해 10일 발표한 정기여론조사

결과에 따르면, 노무현 대통령의 국정운영 지지도는 39.0%로 2주전(5월25일) 조사 지지율 50.1%에서 2주새 11.1%포인트나 급락했다.

열린우리당의 지지율 역시 2주전 조사에 비해 12.2%포인트나 폭락한 32.0%로 나타났다. 반면에 한나라당은 6.4%포인트가 높아진 29.7%로 나타나 열린우리당과의 지지율 차이를 2.3%포인트로 급속히 좁혔다. 특히 서울에서 우리당 지지율은 24.1%에 그쳐, 31.6%의 한나라당과 26.9%의 민주노동당에 이어 3위로 밀려났다.

한국사회여론연구소는 지지율 급락의 원인을 "거대여당으로서 열린우리당에 걸었던 기대감이 '아파트값 원가공개' 공약 철회, 국회 원구성 난항 등을 보면서 실망감으로 돌아섰기 때문"이라며 "특히 지난 1일 아파트 분양원가 백지화가 지지율 하락의 결정적인 영향을 미쳤다"고 분석했다. 연구소는 특히 아파트값 폭등의 최대 희생자로 내집 장만이 한층 힘들어진 30대의 지지율이 가장 큰 폭으로 줄어든 대목을 이와 연관 지어 설명했다. 종전까지만 해도 30대는 20대와 더불어 노 대통령의 가장 굳건한 지지세력이었다.

노 대통령 발언이 알려진 뒤인 6월25일 MBC〈시사매거진2580〉 제작진이 코리아리서치에 의뢰해 실시한 여론조사에서는 노무현 대통령의 지지율은 더욱 떨어져, 취임 1년 4개월여 만에 최저치인 20%대로 곤두박질쳤다. 노 대통령 발언이 알려지기 전인 9일 조사에서 41.5%였던 노 대통령 지지율은 25일 조사에서는 28.2%로 무려 13.3%포인트나 폭락했다. 여기에는 당시 김선일씨 피살 사건의 영향도 맞물렸으나, 분양원가 발언이 가장 결정적이었다.

20% 지지율이란 정치학계에서 "통치 불능" 단계로 분류하는 지지율이다. 국민은 이제 콩으로 메주를 쑨다고 해도 대통령의 말을 믿지 않는 절대 불신

상태로 빠져든 것이다.

국민의 분노는 "노 대통령이 국민이 아닌 건설족의 이해를 대변하고 있다"는 판단에 따른 것이었다. 그도 그럴 것이, 건설업계가 "분양이 안돼 죽겠다. 10.29조치를 즉각 백지화하라"고 아우성치고 있는 당시 2004년 들어서도, 분양가만은 수직상승하고 아파트값 상승을 견인하고 있었다. 부동산 포탈 〈닥터아파트〉에 따르면, 2004년 서울 동시분양에 나온 아파트의 연간 평균 평당 분양가는 평균 1천2백84만원으로 같은 해 서울지역의 평당 매매가인 1천1백43만원을 앞질렀다. 이는 2004년 한해에 분양가는 18.79%나 오른 반면 매매가는 1.4% 상승에 그쳤기 때문이다.

특히 2004년 서울의 마지막 동시분양인 11차 분양에서는 평당 분양가는 1천4백97만원을 기록, 사실상 평당 1천5백만원 시대를 열었다. 이는 김대중 정부가 출범한 1998년 평당 5백21만원이던 서울 동시분양아파트 평당 분양가가 노무현 정부가 출범한 2003년 1천82만원으로 1천만원을 돌파한 데 이어, 노무현 정부 2년차에 1천4백97만원으로 6년새 무려 3배 가까이 수직상승했음을 보여주는 수치였다.

또한 2000년 이래 서울 동시분양 분양가는 93.67%(평당 6백21만원) 상승한 반면, 매매가 상승률은 그보다 낮은 75.85%(평당 4백93만원)로 집계돼, 아파트값 폭등이 주로 폭리를 노린 건설사들의 분양가 상승에 의한 것임을 드러냈다. 말 그대로 한국은 절대 다수 국민의 분노는 헛소리에 불과한 명실상부한 '건설족의 나라'인 것이다.

노 대통령에 대한 다수 국민의 신뢰는 '분양원가 발언'을 계기로 결정적으로 붕괴됐고, 그후 노 대통령 지지율은 2005년 들어 일본의 망동으로 반일감정이 극대화됐을 때 잠시 반짝 회복세를 보인 것을 제외하고는 계속 '통치 불능' 상태의 지지율로 일컬어지는 20%대 지지율을 벗어나지 못하고 있다.

문제의 '6.9발언'이 있은 지 1년이 흐른 2005년 6월24일, 노 대통령은 입장을 180도 바꾸었다.

노대통령은 이날 여당·정부·청와대 고위인사들의 이른바 '11인 모임'에 느닷없이 참석해 정가에 뜬금없이 파란을 불러일으킨 '대연정 필요성' 등을 주장하는 과정에 1년전 자신의 분양원가 공개 반대 발언과 관련, "(지난해 그렇게 말했지만) 지나고 보니 꼭 그런 것만도 아니더라"며 "아파트 분양원가 공개를 못할 것도 없다"고 말했다.

1년 전 표현을 빌면 "대통령의 소신"을 노 대통령 스스로 바꾼 것이다.

하지만 노 대통령의 변신은 아직 국민적 신뢰를 얻지 못하고 있는 분위기다. 혹여 '대연정' 구상에 대한 국민적 지지를 얻기 위해 다수 국민이 강력 요구하고 있는 '분양원가 공개'를 수용할 수도 있다는 정략적 접근을 하는 게 아니냐는 의심을 품고 있기 때문이다.

상인 세계의 금언 중 하나가 "신뢰를 쌓는 데는 5년도 부족하나, 신뢰를 잃는 데는 5분이면 충분하다"는 것이다. 이렇듯 일반인들 경우도 그러하나, 특히 대통령의 말은 무거워야 '영(令)'이 서는 법이다. 그런 면에서 불과 1년 만에 180도 바뀐 노 대통령의 분양원가 발언은 너무나 깃털처럼 가벼웠다.

건설사 출신 의원의 양심선언, "호텔도 평당 3백50만원이면 충분"

2004년을 뜨겁게 달구었던 분양원가 공개 논란 과정에 마지막 한 가지 반드시 기록하고 넘어가야 할 대목이 있다.

치열했던 아파트 분양가 폭리 논란 과정에 "폭리는 없다"고 강변하던 건설족을 결정적으로 할 말 없게 만든 의미 있는 한 사건이 일어났다. 본인이 20년 가까이 경남 지역에서 직접 건설사를 운영해온 까닭에 누구보다 건설업에 밝은 김양수 한나라당 의원(46)의 "엄청난 폭리가 있다"는 양심선언이 그것이었다.

김 의원은 열린우리당과 노무현 대통령의 분양원가 공약 파기로 국민적 분노가 들끓던 2004년 6월15일 개인 명의의 보도자료를 통해 "주택공사, 도시개발공사 등 공공아파트는 물론 민간 아파트까지 원가를 공개함으로써 분양가 거품 제거를 통한 과도한 주거비 부담을 완화시켜야 한다"며, 전면적인 분양원가 공개를 명시한 '주택법중개정법률안'을 발의하겠다고 밝혔다.

그는 "국민생활 안정을 위해서 주택가격의 안정이 무엇보다도 필수적인 요건임에도 최근 들어 공동 주택의 분양가를 비롯한 거래가격의 급격한 폭등현상은 심각한 사회문제로 대두되고 있는 실정"이라며 "공사 원가공개 의무화를 통해 분양원가 산정의 적정성과 투명성을 확보함과 아울러 장기적으로 주택시장의 안정화를 도모하려고 한다"고 개정법률안 발의 이유를 밝혔다. 개정발의안의 요지는 투기과열지구와 수도권정비 지역에 1백세대 이상을 공급하거나 그 밖의 지역에 3백세대 이상을 공급하는 경우 사업지구별로 공사원가 공개를 의무화하는 것이었다.

김 의원은 이어 정부여당이 분양원가 공개의 대안으로 제시한 원가연동제의 허구성을 조목조목 비판하며 "원가연동제를 실시할 경우 획일화된 표준건축비 적용은 다양한 주택수요층을 만족시키지 못해 결국 주택경기활성화를 저해함으로써 오히려 경기침체의 주요 요인이 될 것"이라고 반박했다.

그는 또 "원가연동제는 건축의 부실화를 유발시켜 만성적인 민원의 요인이될 것"이라며 "과거에도 9%이내의 옵션공사를 시행했으나 효과를 보지 못했으며, 이는 건축업계의 발목을 잡는 근거가 되었다"고 비판했다.

김 의원은 다음날 〈프레시안〉과의 인터뷰에서 "작년, 재작년 건설회사는엄청난 폭리를 취했다"며 "며칠 전에 TV를 보니 평당 6백만원이라는 건축비가 나왔다. 호텔을 지어도 평당 3백50만원이면 되는데, 평당 6백만원 아파트는 상식적으로 있을 수가 없다"고 주장했다. 대리석으로 도배를 하고 금으로 도장한 최고급 내장재를 써도 평당 3백50만원이면 남는다는 건설업계의공공연한 비밀을 공개한 것이다.

그는 자신의 분양원가 공개 주장과 관련, "앞으로 손해를 보고 지으라는것이 아니다. 정상적인 가격으로 짓자는 것이다. 그래야 소비자들의 신뢰를회복할 수 있다. 또 다양한 정보를 소비자에게 알려주어 소비자들이 선택을할 수 있게 만들어야 한다. 그래야 장기적으로 수요가 다양해지고 시장이 커질 수 있다"고 양식있는 건설업체의 동참을 호소하기도 했다.

김 의원은 '원가공개를 하면 건설경기가 위축될 것' 이라는 주장에 대해서도 "말도 안 되는 논리"라고 일축하며 "기업에게는 계속성의 원칙이라는 것이 있다. 기업이라는 곳이 이익이 작다고 절대로 포기하지 않는다. 분양가상한제나 원가연동제를 할 때에도 집을 월등하게 많이 지었다. 과거 노태우전대통령이 주택 2백만호를 공급했을 때 자재 품귀 현상이 날 정도로 엄청나게 지었다. 그 당시 분양가 상한선제도 때문에 건설사들에 남는 것도 별로없었는데 많이 지었다"고 반박했다.

그는 원가공개에 반대하는 다수 언론들에 대해서도 "최근 시장주의로 주택시장을 바라보는 신문 사설들을 보니 갑갑하더라. 사설을 쓰는 사람들이 주택이라는 시장을 잘 모르는 사람들 같았다"며 "아파트를 보통 유리컵처럼 생각하면 안 된다. 예를 들어 컵은 원가공개가 안돼 있지만 알 필요가 없다. 이게 비싸다고 하면 중국 등 싼 상품이 수입해서 들어온다. 주택은 그렇지 않다. 당장 물건이 품귀현상을 빚어도 수입해 올 수 없는 것 아닌가. 땅 위에 짓는 부동산의 속성이 있는 것 아니냐"라고 반박하기도 했다.

그는 원가연동제에 대해서는 "분양가를 하나 잡기 위해 독약을 뿌리는 것"이라고 비유하며 "원가연동제라는 획일적인 틀 안에 건축비를 묶어 버리면 다양한 수요층을 만족시키지 못한다. 그렇게 되면 시장이 자꾸 줄어들어 건설업체의 발목을 잡게 될 것"이라고 반박했다.

그는 또 정부여당뿐 아니라 한나라당 내에도 분양원가에 반대하는 세력이 다수를 형성하고 있음을 고백하기도 했다. 그는 "총선 직후 한나라당 당선자 연찬회 때 민간과 공공부문의 원가공개를 주장했다. 시장은 하나인데, 두개의 잣대로 놓고 판단하는 것 자체가 시장논리에 맞지 않아서였다. 그런데 의외로 반대가 엄청 많이 쏟아져 나왔다. 그래서 순간적으로 놀랐고 고민을 많이 했다. 내가 유일하게 목소리를 낼 분야가 이 분야인데…"라고 밝혔다.

김 의원의 우려대로 이 개정안은 한나라당 19명 명의로 발의됐으나 대다수 여야 의원들의 외면속에 사장됐다. 이렇게 2004년을 뜨겁게 달구었던 분양원가 공개 논란은 흐지부지 막을 내렸고, 건설족의 발호는 그후 더욱 맹렬한 형태로 전개됐다.

3장
이헌재의 '골프 경기부양론'

전국에 골프장 수백 개를 만들어 경기를 살리겠다는
이헌재 발상은 아파트에 국한됐던 부동산투기를
전국의 땅으로 확산시키는 결정적 계기를 제공했다.

돌아온 이헌재, "건설경기 연착륙시켜야"

2004년 2월, 4.15총선 출마를 위해 경제부총리를 물러난 김진표씨의 뒤를 이어 이헌재씨가 경제부총리로 임명됐다. 이씨는 IMF사태 직후 김대중 정부 시절 초대 금융감독위원장으로서 구조조정을 주도했으며 재경부장관까지 역임했던 거물급 명망가.

전임 김진표 부총리 교체를 강력 요구해온 국민들이었기에 이헌재 부총리의 출현에 거는 기대는 내심 적지 않았다. 그러나 일각에서는 이헌재 부총리가 김대중 정부 시절 재정경제부장관으로 재직하면서 2000년 4월 총선을 의식해 청와대 요구대로 각종 경기부양책을 펼쳤던 전력 등을 예로 들어 "별로 기대할 게 없을 것"이라는 냉담한 반응을 보이기도 했다. 불행하게도 후자의 관측이 들어맞았다.

이헌재 부총리는 재임 기간중 경기부양, 특히 '골프 경기부양론'으로 일컬어지는 부동산 경기부양책에 '올인'함으로써 전임 김진표 부총리가 불붙인 '아파트투기'를 전국 규모의 '땅투기'로 확대발전시키는 데 결정적 역할을 했다.

이 부총리는 취임 직후부터 아파트 분양원가 공개 여론에 강한 거부반응을 보이는 등, 전임 김진표 부총리와 동일한 건설족적 입장을 고수, '부동산 투기의 전국화'를 예고했다.

이 부총리는 취임직후인 2월19일 분양원가 공개에 대한 소신을 묻는 국회 대정부질문에 대해 '사견'임을 전제로 "시장에서 결정되는 가격은 시장의 수급에 따라 정해지는 가격으로 거래되어야 한다"며 "그것이 원가를 바탕으로 해서 거래가격이 인위적으로 정해진다면 또다시 상당한 부작용을 일으키고 잘못하면 그 자체가 투기세력을 불러올 가능성이 있다"고 반대 입장을 분명히 했다. 그는 또 "기본적으로 수요와 공급의 불균형 때문에 가격편차가 생긴다"며 작금의 아파트값 폭등을 공급 부족에서 찾으며 "인위적으로 정부가 시장가격 이하로 통제하려고 한다면 더군다나 투기세력을 불러일으킬 가능성이 있다"고 거듭 분양원가 공개 불가 방침을 밝혔다.

이 부총리는 이어 가진 취임 기자회견에서도 "주택도 시장에서 거래되는 교역재"라며 "교역재인 상품의 원가를 공개하라는 것은 시장원리에 맞지 않는다"며 분양원가 공개요구를 재차 일축했다. 그는 이어 "수요 공급의 원리에 따라 공급을 늘려 주택가격 안정을 도모하는 것이 바람직하다"면서 "이러한 노력이 실패해 비상수단을 써야만 하는 상당한 공익적 이유가 있어야 원가공개를 생각해 볼 수 있다"고 말해, 재차 공개 불가 방침을 밝혔다.

분양원가 공개 대신 이 부총리가 선호한 것은 '분양가 원가연동제'. 그는 "분양가 원가연동제는 표준가격이 경직적이지 않고 폭넓고 유동적으로 정해지고, 표준가격을 기준으로 어느 정도 범위에서 탄력성 있게 움직여 시장가격과의 차이로 인한 부작용을 최소할 수 있는 제도가 될 것"이라며 "품질과 브랜드 차별화가 가능하도록 원가연동제가 시행될 것"이라고 주장했다. 이에 대해 "원가연동제는 표준건축비 설정과정에 정부 입김이 깊게 작용하면서 업계의 맹렬한 대정부 로비가 펼쳐지며, 그 결과 실제 건축비보다 부풀려진 표준건축비가 설정될 가능성이 높아, 고양이에게 생선가게를 맡기는 꼴이 될 것"이라는 비판이 전문가들 사이에서 제기됐으나 이 부총리는 요지부동이었다.

이 부총리의 건설경기 부양책은 취임직후 '5% 성장'을 호언장담했음에도 불구하고 경기침체가 계속되면서 야당 등의 비난이 잇따르자, 그해 중반부터 노골적으로 추진되기 시작했다. 이때 이 부총리가 내세운 논리가 이른바 '건설경기 연착륙론'. "10.29대책으로 움추려든 건설업계에 활기를 되찾아주어야만 5% 성장이 가능하다"는 논리였다.

이 부총리는 6월9일 삼성물산, 현대건설, 대림 등 건설업체 사장단과 긴급회동을 갖고, 이들이 요구한 재건축 개발이익 환수시기 유보 및 소형평형 의무비율 인하 등 재건축규제 완화를 비롯한 공공건설 투자 확대와 사회간접자본(SOC)에 대한 민간투자 활성화, 최저가 낙찰제 확대 유보 등을 적극 수용하겠다고 약속했다.

건설업자들과 만난 이 부총리는 다음날 기자들과 만난 자리에서 "어제 건설업계 사장단을 만났다. 건설경기를 예의주시할 필요가 있다"며 "민간건설투자 수요를 대폭 늘리는 정책을 마련하겠다"고 공개리에 건설경기 부양 방침을 밝혔다. 그는 "건설수주가 4대 6 정도로 공공부문보다 민간이 차지하는 부문이 크다"면서 "아파트 시장의 거품이 제거되면서 건설경기가 크게 둔화되는 느낌과 업계의 두려움이 있다"고 노골적으로 건설업계 입장을 대변했다.

이 부총리는 곧바로 자신의 말을 실천에 옮겼다. 그는 건설교통부가 특혜 비난여론을 의식해 허가를 해주지 않고 있던 삼성전자의 충남 아산 탕정지구 '기업도시'를 허용토록 하는 등 건설경기를 띄우기 위한 본격행보를 시작했다. 이헌재의 '삼성 기업도시' 허용은 재계를 크게 흥분케 해, 곧바로 전경련의 기업도시 특별법 추진으로 이어지는 결정적 계기가 됐다.

"무더기로 골프장 세워야 나라가 산다"

이헌재 부총리가 추진한 여러 건설경기 부양책 가운데 가장 압권은 단연 '골프장 경기부양론'이었다.

이 부총리는 2004년 7월20일 느닷없이 "현재 허가를 받기 위해 대기중인 2백30개의 골프장 건립 신청건을 4개월 안에 일괄 심사를 거쳐 조기 허용해 주는 방안을 추진하겠다"며, 동시에 "전라남도 목포 남쪽에 '리조트 특구'를 조성해 골프장 수십 개 코스를 만들 계획"이라고 밝혀 세상을 깜짝 놀라게 했다.

이 부총리는 이날 기자들과 만나 "현재 골프장 하나를 짓기 위해선 인·허가를 받는 데만 평균 5년이 걸린다"며 "(골프관광객 유치를 위해) 국무조정실과 함께 골프장 인·허가 기간을 대폭 줄이는 방안을 논의해 나갈 방침"이라고 말했다. 그는 특히 2008년 베이징올림픽 관광 특수에 대비해 골프장을 대거 설립중인 중국을 예로 들며 "중국 미션힐스 골프장의 경우 12개 코스 2백16홀을 짓고 있다"며 "목포 남쪽에 리조트 특구를 만들어 골프장 수십개 코스가 들어설 수 있도록 할 생각"이라고 말했다.

재경부는 이 부총리 말을 받아 "해외로 골프 여행을 떠나는 인구가 연간 10만명이 넘고 매년 해외 골프로 유출되는 외화는 1조원에 이르는 현실에서 국내에 골프장을 다수 건립하면 세수 증가와 고용 창출 효과가 상당하다"

며, 허가를 신청한 2백30개 골프장에 대해 즉각 허가를 내줄 생각임을 밝혔다. 재경부는 또한 2004년 9월 하순부터 시행될 지역특화발전특구법(일명 지역특구법)을 적극 활용해 리조트특구로 지정되는 지방자치단체의 골프장 설립과 관련된 규제도 대폭 풀어주기로 했다.

김광림 재경부차관은 한 걸음 더 나아가 "우리나라 골프장은 1백79개로 전 국토에서 차지하는 비율은 0.2%이지만 일본은 2천4백50개, 영국은 2천5백개로 각각 0.6%와 0.8%를 차지한다"고 주장하기도 했다.

이헌재의 '골프 부양론'은 당연히 큰 파문을 불러일으켰다. 전 해인 2003년 '아파트 경기부양'으로 전국을 투기장화했던 정부가 이번에는 '골프 부양론'으로 재차 투기판을 만들려 하는 게 아니냐는 의혹을 낳기에 충분했기 때문이다.

우선 환경단체들의 반발이 컸다. 환경단체들은 부안 사태, 천성산 사태 등 노무현 정권 출범후 발생한 일련의 충돌 사태로 노 정권을 "사상 최악의 반(反)환경 정권"이라고 규정하며 정부와 대립각을 세우고 있던 상황이었다.

환경운동연합은 즉각 기자회견을 통해 "대한민국을 골프 자유국가로 만들겠다는 이헌재 부총리의 망언을 규탄한다"며 "골프장이 지역 경제 활성화에 도움을 준다는 충분한 검토와 근거도 없이 과거 개발주의 시대에나 있을 법한 근시안적인 건설 경기 부양책을 내놓았다"고 질타했다. 환경연합은 이어 "우리나라 골프장은 총 2백62개(운영중 1백81개, 건설중 68개, 미착공 13개)가 운영 또는 건설중에 있다. 이 부총리 말대로 2백30개를 일괄 허용해주면 무려 4백92개의 골프장이 들어서는 '골프 공화국'이 된다"고 지적한 뒤, "현재 우리나라의 국토 면적당 골프장 면적은 0.2%로 일본의 0.04%와 비교하면 5배나 높다. 정부 계획이 추진되면 그 면적은 두 배 이상 급증된다"고 우리나라 골프장이 일본에 비해 턱없이 부족하다는 재경부 논리의 허구성을 지적하기도 했다.

아파트 거품 빼기운동을 주도해온 경실련 등 경제관련 시민단체들도 개탄했다. 경실련 상임집행위원장인 권영준 경희대 교수도 열린우리당이 마련한 경제토론회에서 "(재경부의) 머리 좋은 분들이 생각해서 한다는 것이 골프장 2백~3백개를 허가해서 경기부양한다는 것인데, 그것이 우리 경제 활성화의 가장 중요한 것인지 이해할 수 없다"고 비꼬며 "이 정책이 실시되면 다음 정권에서는 또 다른 정책 실패로 드러나게 될 것"이라고 경고했다.

반면에 당연히 재계는 이헌재의 골프 경기부양론을 쌍수 들어 환영했다.

대한상공회의소는 이헌재 발언 직후 기다렸다는 듯 내놓은 골프장 건설의 경제적 파급 효과와 정책 시사점'이라는 제목의 보고서를 통해 "작년말 현재 국내 골프장 수는 1백81개로 2010년까지 골프수요를 감안하면 약 2백50여개의 골프장이 더 필요하다"며 "현재 추진되고 있는 골프장 2백50개를 모두 지으면 1개 골프장당 5백46억원, 총 13조6천억원의 건설 투자수요가 생기며, 건설 투자수요는 조경산업, 건축 원부자재산업 등 전후방산업의 수요로 이어져 지난해 건설투자의 12%에 해당되는 총 27조2천억원의 건설경기 진작효과가 발생하면서 일자리가 5만개 이상 창출되고, 건설과정에서 국민총생산(GDP)이 11조9천억원이 늘어 성장률이 0.3%포인트 이상 높아진다"고 주장했다. 보고서는 특히 "2백50개의 골프장중에서 2백30여개가 지방에 있다는 점을 감안하면 골프장 건설이 침체된 지방경제를 활성화하는 데도 큰 힘이 될 수 있다"고 주장, 당시 행정수도 이전 등을 통한 지방 균형발전에 주력하고 있던 노무현 대통령에게 추파를 던지는 논리를 펴기도 했다.

"이헌재의 골프 부양론, 한국형 대재앙 초래할 것"

'골프장 부양론'의 허구성에 대해 가장 논리정연하게 조목조목 반박을 가한 전문가는 초록정치연대의 우석훈 정책실장(경제학박사)이었다.

우 실장은 9월14일 '골프장 건설 반대를 위한 환경운동연합 전국 협의체'와 군산, 무안, 여주, 평택, 함양 지역 대책위 주민들과 함께 가진 기자회견에서 전국 골프장 난립 현장의 문제점을 직접 조사한 결과를 발표하며 이헌재 주장의 허구성을 신랄하게 질타했다.

우 실장은 "'해외 골프 수요를 흡수하기 위해서 국내에 골프장을 지어야 한다'는 정부 논리는 현실과는 괴리가 있다"며 "현재 해외 골프 수요는 국내 골프장의 부족이나 골프 회원권이 고가라서 발생하는 문제가 아니라 계절적 요인 때문"이라고 지적했다. 그는 "최근 우리나라 해외 골프 인구를 조사해 보면 12~2월 동절기에 집중돼 있는 것을 볼 수 있다"며 "2003년 골프채 휴대 반출자의 숫자를 살펴보면 12~2월이 5만3백30명으로 3~11월 5만7천4백93명과 거의 비슷하다"고 지적했다. 그는 "따라서 국내 골프장 건설 증가가 해외 골프 인구를 흡수할 것이라는 주장은 현실적으로 타당하지 않으며, 골프장을 많이 지어 골프 인구를 증가시키면 도리어 동계 기간에 해외 골프 인구를 더 증가시켜 골프 국제 수지를 오히려 악화시킬 수도 있다"고 주장했다.

그는 일본에 비해 태부족이라는 재경부 주장에 대해서도 "흔히 3천여개가 있는 일본의 골프 현황을 얘기하며, 1백90여개가 있는 우리나라의 골프장이 일본만큼 늘어야 한다고 주장하나 일본의 골프장은 3~4홀 정도의 그야말로 퍼블릭 코스가 많으며, 우리나라 골프장처럼 18홀은 기본이며 36홀, 72홀까지 가는 매머드급 골프장이 결코 아니다"라고 반박한 뒤 "현재 상황만 보아도 우리나라는 국토의 0.2%가 골프장이나 일본은 0.04%에 불과하다. 밀도로 비교한다면, 이미 우리나라는 일본보다 5배 이상의 골프장을 가지고 있는 셈이다. 제주도의 경우는 이미 전체 면적의 2.3%가 골프장이다"라고 지적했다.

그는 "우리 농업의 대안으로 부각되고 있는 친환경농업에도 골프장 건설은 치명적"이라며 "독일에서는 이런 점들을 고려해 골프장을 새로 건설하기보다는 기존의 골프장을 친환경적으로 개선하는 데 정부 차원에서 나서고 있고, 이렇게 기존 골프장을 친환경적으로 개선하면서 발생하는 고용 효과가 신규 건설보다 3배 정도 높은 것으로 알려졌다"고 대안을 제시하기도 했다.

그는 골프장 건설이 지방경제에 도움이 될 것이라는 주장에 대해서도, 전남 무안의 36홀 골프장을 구체적으로 예로 들며 "지방세수는 연간 4억원 정도에 불과하고, 지역 고용 효과도 캐디 등을 포함해 30명 정도에 불과했다"며 "골프장 이용객이 대부분 1일 관광이고, 골프 단지 안에 클럽, 하우스 등 숙박시설 일체가 건립되고 있어서 지역 경제는 오히려 파탄 나고 있는 실정"이라고 반박했다.

우 실장은 "지금 휘두르는 칼은 생태계의 마지막 숨통을 끊으려는 무지한 야만일 뿐더러, 고용으로 국민을 불모삼아 한국형 대재앙으로 치닫는 박차"라고 경고했다.

새만금, 영암-해남의 세계최대 '골프공화국 만들기'

이헌재의 '골프장 경기부양론'은 우려대로 지방자치단체장들을 크게 자극, 전국적인 골프장 건설 신드롬을 불러 일으켰다. 지방자치제 도입이후 주민 표를 의식하지 않을 수 없는 지방자치단체장들은 실현가능성이나 수익성을 묵살한 채 앞다퉈 붕어빵 모양의 골프 레저도시 건설 계획을 쏟아냈다. 이런 계획들 가운데 가장 규모가 큰 것이 전라북도 새만금과 전라남도 영암-해남에 세우겠다는 세계최대 규모의 골프단지 구상이었다.

우선 열린우리당 소속의 강현욱 지사가 도정을 이끌고 있는 전라북도는 9월31일 "2006년 새만금 방조제가 완공되면 부안 변산 반도와 접한 동진강 수역 갯벌지역에 정규홀(18홀) 골프장 30개에 해당하는 5백40홀짜리(8백만평) 골프장을 연차적으로 건설하겠다"고 밝혀 세상을 경악케 했다.

전라북도는 "이 계획은 새만금에 복합 관광 레저 단지를 조성하는 사업의 하나로 진행될 것이며, 동진강 수역 2천만평에 골프 아카데미, 숙박시설 등 골프단지를 조성하고 외국인 전용 카지노, 요트장, 디즈니랜드, 새만금 타워 등도 함께 지을 계획"이라고 밝혔다. 전라북도는 "새만금 지역이 서해안 중심에 있어 주5일 근무제 확산으로 늘고 있는 국내 골프 인구를 유치할 수 있고, 특히 2008년 베이징 올림픽에 이어 2010년 상하이 세계박람회가 개최되는 중국과 인접해 있어 외국인 골프 관광객들도 끌어들일 수 있다"고 주장했다.

전라북도는 "2015년쯤 새만금 지역 관광객 수요가 연간 2천1백만명에 달할 것이라는 분석이 있고 특별법이 제정되면 민자나 외자유치에 어려움이 없다"면서 "최근 정부에 추진계획서를 보내 조율 중인데 사업이 추진되면 수천여명의 고용창출과 세수증대 등 지역경제 활성화에 큰 도움이 될 것"이라고 주장했다. 또 원활한 사업 추진을 위해 국책사업 지원에 관한 특별법 제정과 진입도로 조기 개설을 30일 이곳을 방문한 이해찬 국무총리에게 건의하기도 했다.

전라북도가 밝힌 5백40홀 규모의 골프장은 현재 세계에서 가장 큰 중국 광둥성 선전의 '미션힐스' 골프장(1백80홀)보다 3배나 큰 규모. 한마디로 말해 전북을 세계 최대의 '골프공화국'으로 만들겠다는 발상이었다.

새만금 프로젝트는 환경단체 반대 및 법원 판결로 새만금 간척 공사가 중단되면서 돌파책을 모색중이던 와중에 이헌재의 '골프 부양론'에서 힌트를 얻은 전라북도가 즉흥적으로 내놓은 것이었다. 이는 당초 새만금 지역 활용 방안에 대한 장기 계획에는 골프장 건설이 포함돼 있지 않았기 때문이었다. 그동안 새만금을 농지로 간척해 '식량 안보'를 주도하겠다던 전라북도가 하루아침에 '골프 입국(立國)'으로 공사 강행 목적을 바꾼 셈이다.

새만금 간척에 반대해온 환경단체들은 당연히 아연실색할 뿐이었다. 환경단체들은 애당초 쌀이 남아도는 상황에서 식량 안보를 이유로 새만금 간척을 강행하는 전라북도와 농림부에 대해 "5조원의 개발비를 노린 건설족의 음모"라고 비판해 왔었다. 환경단체들은 같은 맥락에서 전라북도의 '5백40홀 골프장' 건설 주장에 대해서도 "이로써 새만금 간척의 목적이 농지 확보가 아니라 건설족의 이권 확보임이 명명백백해졌다"고 맹성토했다.

전라남도가 야심적으로 추진중인 J프로젝트(서남해안 관광레저 도시 개발)'도 그 본질은 전라북도의 새만금과 마찬가지로 골프레저 위락단지 건설이다. J프로젝트는 전남 영암, 해남에 외자 3백억달러(우리돈 30조원)를 유치해 1,2단계에 걸쳐 50만명이 거주하는 골프장, 카지노 등으로 구성된 관광레저 도시를 오는 2013년까지 건설하겠다는 매머드 프로젝트로, 해양레저 타운(4백만평), 교육타운(3백70만평), 골프타운 등 종합위락공간(9백20만평), 실버타운(1천80만평) 등 도합 3천2백만평으로 구성될 예정이다. 또한 1단계에만 18홀짜리 골프장 10개를 비롯해 호텔, 외국인학교를 건설하고, 2단계에 추가로 골프장 등을 허가할 예정이다. 그러나 근간은 카지노와 골프장으로, 전라남도가 제출한 기업도시 시범사업 신청서를 보면 카지노 단지인 'Vegas of Asia'가 전체 건설비 8조7천3억원중 4조1천4백47억원으로 절반 가까운 47.64%를 차지하고 있으며, J프로젝트 대상 면적의 3분의 1에는 1천만평 규모의 세계 최대 규모의 골프 단지를 세우겠다고 되어 있다.

호남의 전폭적 지지로 집권할 수 있었던 노무현 대통령은 범정부 차원에서 'J프로젝트'를 지원하겠다는 입장을 천명한 바 있다. 일종의 '보은'이었다. 노 대통령은 지난 2004년 7월29일 목포에서 열린 지역혁신발전 5개년 계획 토론회에서 "관광, 레저, 스포츠 분야에 천혜의 자원을 갖고 있는 전남에 큰 판을 벌이려고 한다"며 전폭적 지원입장을 밝히기도 했다. 이에 앞서 이헌재 경제부총리도 "목포 남쪽에 수십개의 골프장 코스가 들어서는 대형 리조트 특구 건설 방안을 추진하겠다"며 J프로젝트 지원을 기정사실화했다.

참여정부가 전라북도와 전라남도의 요구를 모두 수용할 경우 호남은 세계 최대 규모의 '골프공화국'이 될 게 분명했다. 하지만 이런 '보은성 정책'이 과연 약이 될지, 독이 될지는 알 수 없는 일이다.

'미야자키의 악몽', 한국에 재연되나

지자체의 '골프공화국' 신드롬에 대해 많은 전문가들은 '예고된 실패'로 끝나면서 가뜩이나 부실한 지방재정에 '대재앙'을 몰고올 공산이 높다고 우려하고 있다.

고 이병철 삼성그룹 회장 비서실 출신으로 현재 지방자치단체, 기업 등의 컨설팅 업무 등을 하고 있는 천주욱 스텐다드텍 대표는 2005년 5월2일 자신의 홈페이지에 띄운 글에서 관광레저형 기업도시, 곧 골프도시를 신청한 지방자치단체장들을 만나본 소감을 다음과 같이 적고 있다.

"관광레저산업을 너무 쉽게 생각해서 골프장을 여기저기에 건설하고 관광지를 개발하면 그 기업도시가 발전하고 그곳 주민들의 소득수준이 향상될 것이라는 막연한 생각을 가진 지자체가 많은 것 같은데 이것은 커다란 착각이다. 예를 들면 전세계적으로 유명한 관광지나 관광레저형도시는 거의 대부분 아열대성 기후지역에 있는데 LA의 디즈니랜드나 유니버샬 스튜디오 또는 세계적인 골프장들이 다 그런 것이다. 이렇게 세계적으로 유명한 관광시설이나 레저시설들이 아열대성 기후지역에 있는 이유는 이런 아열대지역에 있는 시설들은 1년 3백65일 언제나 가동할 수 있어 다른 어떤 지역에 비해서도 가동율이 높아 수익성이 좋기 때문이다.

그러나 우리나라는 연간 비 오는 날이 80여일이 될 뿐 아니라, 추운 겨울 강풍이 부는 날 또한 80여일이나 되어 관광시설과 레저시설의 가동률이 낮아 수익성에 치명적인 악영향을 미친다는 사실이다. 쉬운 예를 들면 서울랜드처럼 옥외시설보다는 롯데월드처럼 실내시설에 국내외 관광객이 몰리는 것이며 가동률도 훨씬 더 높고 수익성도 좋다는 것이다.

그래서 기업이 제한된 범위에서 관광레저사업을 하면 몰라도 전체 도시 차원에서 대규모 관광사업과 레저사업을 추진한다는 것은 우리나라에서는 좀 문제가 있다는 것이다. 골프장 위주의 관광레저형 기업도시 개발을 잘못 추진하면 일본 미야자키처럼 엄청난 투자로 인하여 지자체 자체가 흔들리는 부실개발의 대명사가 되거나, 땅 투기꾼들의 투기장으로 전락할 수 있는 것이다."

천 대표의 지적에서 특히 주목되는 대목은 '미야자키의 실패' 사례이다. 일본 남부 규슈 지방에 위치한 미야자키현의 실패는 거품경제 정책의 종말이 얼마나 처참한가를 웅변적으로 보여주는 증거로 세계적으로 자주 인용되는 사례이다.

일본 중앙정부는 1980년대말 '도쿄의 집중화'를 막기 위한 일련의 정책을 내놓았다. 경제 고도 성장기를 거치면서 도쿄 등 수도권에 경제·인구가 집중된 반면 지방은 쇠퇴하자, 지방주민들의 불만이 폭발 일보직전의 상태가 됐기 때문이다. 이에 일각에서는 '천도론(遷都論)'까지 제기됐으나 도쿄 등 수도권의 거센 반발로 벽에 부딪히자 그 대신 일본 정부는 1987년 '지역종합보양정비법(리조트법)'을 제정, 레저산업에 대한 규제를 대폭 완화했다. "지방자치체들이 골프-레저산업을 크게 일으켜 자족도시로 거듭나라"는 이른바 '민활(民活, 민간활력 활용)' 프로젝트였다. 당연히 일본 지자체들은 앞다퉈 골프장, 테마파크 등 레저시설 건설에 뛰어들었고 정부는 리조트 개발을 인가했다. 일본의 부동산투기가 극성을 부렸던 1987년 6월부터 1991년 12월까지 무려 35개 지역, 총 5백40만 헥타르에 달하는 대규모 리조트 개발이 인가됐을 정도로 열기는 뜨거웠다. 지자체의 대규모 리조트 개발 인가는 도쿄 등 대도시에서 극성을 부리던 부동산투기를 일본 전역으로 확산시키는 결정적 작용을 했다.

이 광란의 와중에 미야자키현도 예외가 아니었다. 따뜻한 규슈지방에 위치하고 있었던 까닭에 상대적으로 입지가 좋았던 미야자키현은 "관광 미야자키의 부활"을 캐치프레이즈로 내걸고 2천억엔(우리돈 1조8천억원)이라는 막대한 재원을 퍼부어 '시가이어 테마파크'라는 화려한 테마파크를 건설했다.

하지만 의욕과 달리 그 결과는 처참했다. 시가이어는 개장 후 한번도 흑자를 내지 못했다. 끝내 1999년말에는 누적 적자가 1천1백15억엔을 넘었고 은행은 신규 대출을 중단했다. 주민들이 시가이어를 살리겠다며 돈을 모으기도 했으나 끝내 3천2백16억엔의 부채를 안고 도산하고 말았다. 결국 시가이어는 투자액의 10%도 안되는 단돈 1백62억엔에 미국 투자회사인 리플우드·홀딩사로 넘어가고 말았고, 미야자키현은 천문학적 재정적자로 사실상 파산상태에 빠졌다.

미야자키뿐 아니라, 풍차 등 네덜란드 풍경을 그대로 재현해 세계적 관심을 모았던 나가사키현의 테마파크 '하우스 텐보스', 가마쿠라의 '시네마월드'도 줄줄이 파산했다. 1980년 후반기 일본의 부동산거품 시절에 앞다퉈 건설해 2백38개에 달했던 테마파크는 2000년까지 11개의 대형 테마파크가 연쇄도산했고, 아직까지 문을 닫지 않은 70%의 테마파크가 경영에 어려움을 겪고 있으며 이중 절반은 연속 적자 상태다.

테마파크와 함께 우후죽순으로 세워진 2천4백여개의 골프장 역시 줄줄이 도산, 1996년부터 지난 2004년말까지 도산한 골프장만 4백7곳에 달하며 나머지 골프장들 신세도 오십보백보다. 파산한 일본 골프장은 요즘 해외부동산투자에 열중하고 있는 한국 등에 헐값으로 매각되고 있다.

미야자키 등 일본 지자체의 실패는 재정자립도가 14%에 불과한 전라남도 등 재정자립도가 형편없는 우리나라 대다수 지자체들에게 많은 반면교사의 교훈을 전해주고 있다. 한번 삐끗 잘못되면 지방정부 자체가 파산할 수도 있다는 얘기다.

그럼에도 불구하고 이헌재 부총리를 위시한 재정경제부는 "일본에 비해 턱없이 골프장 숫자가 부족하다"는 논리를 앞세워 '제2의 일본의 길'을 재촉하고 있는 것이다. 일본의 개혁가 오마에 겐이치는 관료를 "절대로 자기 개혁형이 될 수 없기에 외압에 의해 파괴될 때까지 자기 증식을 계속해 나가는 존재"로 규정한 바 있다. '골프 부양론'을 외치는 관료들이 보여준 모습이 바로 그러했다.

문광부의 전방위 '골프 경기부양' 지원사격

이헌재의 '골프 부양론'에 적극 나선 것은 재경부나 건교부뿐만이 아니었다. 문화관광부도 '골프 부양론'에 적극 동조하며 지원사격에 나섰다.

문광부는 9월22일 골프장 부지 면적 제한 폐지와 교통영향평가 대상 축소, 각종 구비서류 간소화, 관련 기관 협의 절차를 줄이는 것을 뼈대로 하는 대대적 골프장 건설 규제 개선 방안을 내놓았다.

문광부는 우선 골프장을 어디나 쉽게 지을 수 있도록 하겠다는 방침을 밝혔다. 문광부는 "주로 산을 깎아 골프장을 짓던 관행이 환경에 악영향을 주고 있어 앞으로는 대규모 골프장과 숙박 시설이 함께 들어서는 관광·레저형 복합 단지를 조성해 골프장의 난립을 막겠다"며 "서해안 간척지와 매립지, 그리고 골프장 건설이 불가능했던 농림지역 가운데 생산 기반이 취약한 한계농지 등에도 골프장을 짓기로 했다"고 밝혀 전남 무안-영암, 전북 새만금 등 간척지에의 무더기 골프장 허가를 사실상 기정사실화했다. 정부는 또 "어업환경과 수자원 보호를 명목으로 골프장이 들어서기 어려웠던 해변 구릉지도 입지 가능한 곳으로 바꿀 계획"이라고 덧붙여, 해안지대 골프장 허가도 예고했다.

정부의 이런 방침은 외견상 '골프장 난립'을 막기 위한 것인 양 비쳤으나 실제 내막은 그렇지 않았다. 기존에 골프장이 들어섰던 구릉 지역의 경우 더 이상 골프장 신설이 불가능할 정도여서, 건설업자들은 그동안 간척지를 비롯해 해안지대 골프장 허가를 요구해왔기 때문이다.

문광부는 골프장 관련 규정도 대폭 완화하겠다고 밝혔다. 문광부는 현행 18홀 기준 1백8만㎡로 일률적으로 규정돼 있는 부지 면적 규정을 폐지하고, 대신 자연 지형에 맞는 코스를 조성할 수 있는 길을 터 주었다. 아울러 클럽 하우스 면적 제한(18홀 기준 3천3백㎡ 이내)과 코스 길이 제한 등도 모두 없애기로 해 전남-전북이 요구하는 수백홀 규모의 매머드급 대형 골프장이 자유롭게 건립되는 길을 열어 주었다.

인허가 관련 규제도 대폭 줄여 시장, 군수를 거쳐 시·도지사가 처리하도록 돼 있는 사업 계획 승인을 시·도지사가 직접 처리하도록 바꿔, 신속한 인허가가 가능토록 했다. 이럴 경우 골프장 건설에 소요되는 행정 절차 기간이 평균 3~4년에서 1~2년으로 줄어들고, 건설 비용도 1곳당 37억원이 절감될 것이라고 문광부는 밝혔다.

문광부는 또 도시 관리 계획 수립 절차에서 시·군의회 의견 청취 제도를 폐지하고, 교통영향평가 대상도 18홀 30만평 이상으로 상향 조정하기로 했다. 각종 구비 서류도 감축해 인·허가 기관에서 자체 확인할 수 있는 구비

서류 29건을 없애기로 했다.

골프장 관련 세금도 대폭 낮춰, 현행 10%인 취득세를 탄력적으로 적용하도록 해 2~4%의 일반세율 수준으로 낮추는 동시에 회원제 골프장 입장시 1인당 1만2천원씩 부과하던 특별소비세도 지방세로 이양해 세금 감면의 길을 열어주었다.

말 그대로 전면적 골프 부양 지원사격이었다.

이헌재 부총리의 '확고한 부동산 경기부양' 메시지를 읽은 건설업계와 투기세력은 또다시 꿈틀대기 시작했다.

2004년 6월부터 10.29대책후 멈칫했던 아파트 매매값이 기지개를 켜며 하락세에서 벗어나 반등하며 매매건수도 늘어나기 시작했다. '2004년 6월'은 이헌재 부총리가 건설업계 대표들과 긴급회동후 노골적으로 부동산 경기부양을 펼치기 시작한 시점이었다.

아파트값이 꿈틀대기 시작한 것보다 당시 더 심각했던 것은 전국의 땅값 폭등이었다. 이미 행정수도 이전지인 충청남도의 땅값은 종전 가격보다 3~5배나 대폭등하고 있었으며, '골프 부양론' 등 이헌재의 노골적 부동산 경기부양책에 자극받은 전국의 땅값이 일제히 급등하기 시작했다. 전임 김진표 경제팀이 경기부양책으로 '아파트값 폭등'을 초래했다면, 이헌재 경제팀은 '땅값 폭등'을 초래한 것이다.

이헌재의 '10.29-종합부동산세' 무력화

부동산 재폭등을 알리는 분명한 적신호가 켜졌음에도 불구하고 5% 성장률 달성에 연연하던 이헌재 경제팀은 '건설경기 연착륙'을 명분으로 지방의 투기지역을 잇따라 해제하는 등 '10.29대책'을 하나씩 무력화시켜 나갔다.

정부는 8월20일 김광림 재정경제부차관 주재로 부동산가격안정심의위원회를 열고 부산 북구·해운대구, 대구 서구·중구·수성구, 강원도 춘천시, 경남 양산시 등 7곳을 주택투기지역에서 해제했다. 주택투기지역 지정이 시행된 이후 해제조치가 단행된 것은 이번이 처음으로 이에 따라 주택투기지역은 57곳에서 50곳으로 줄게 됐고, 이들 지역에서는 우려대로 아파트값이 다시 꿈틀대기 시작했다.

정부 조치는 "지방 부동산 시장은 살리고 서울 및 수도권은 현상을 유지한다"는 방침에 따른 것으로, 강동석 건설교통부장관은 노골적으로 "지방광역시를 중심으로 투기과열지구 해제를 적극 검토하겠다"고 밝히기도 했다. 이에 앞서 이해찬 국무총리는 8월13일 열린우리당 대전-충청 지역 의원들과 가진 만찬 회동에서 "수도권과 충청권을 제외한 전국의 부동산 규제를 풀겠다"고 밝혀, 참여 정부가 범정부 차원에서 전날 단행한 한국은행의 콜 금리 인하에 발맞춰 대대적 부동산 경기부양에 나서기로 방침을 굳혔음을 분명히 했다.

특히 지방 부동산 경기 활성화 정책은 노무현 대통령이 8월11일 "부동산 정책 추진주체가 불분명하다"는 이유로, 종전에 대통령 자문 정책기획위원회(위원장 이정우)가 맡고 있던 부동산정책의 총괄 조정기능을 신설된 부동산정책 분과위원회로 넘기고 그 실무운영을 재정경제부가 맡도록 한 시점과도 일치해 노 대통령의 의중이 담긴 것으로 해석했다. 분배 기능을 중시하는 이정우 위원장은 대표적 성장론자인 이헌재 경제부총리 취임후 사사건건 충돌해 오다가, 노 대통령이 이 부총리 손을 들어주는 쪽으로 교통정리가 된 것이다.

정부는 그후에도 2004년 12월 2차, 2005년 1월 3차에 걸쳐 지방뿐 아니라 이번에는 서울의 투기지역까지도 잇따라 해제, 2005년 1월말 투기지역은 31개로 급감했다. 그러나 그후 이들 해제 지역의 아파트값이 재폭등하자 얼마 뒤 다시 이들 지역을 투기지역으로 재지정하는 '갈팡질팡' 블랙코미디가 재연됐다.

한편 이정우 실장과의 힘겨루기 끝에 부동산 정책의 전권을 쥔 이헌재 경제팀은 '10.29대책' 무력화에 그치지 않고, 정부여당이 국민에게 반드시 연내에 입법하겠다며 여러 차례 약속했던 '종합부동산세 도입' 방침도 하나씩 무력화시켜 나갔다. 종합부동산세란 "그동안 따로 세금을 부과해온 주택과 토지를 개인별로 합산과세해 부동산 과다보유자에 대해 세금을 중과하고 투기혐의가 짙은 비거주 주택에 대해서는 최고세율의 세금을 누진 부과하겠다"는 요지의 투기대책 중 하나였다.

하지만 재경부는 애당초 종합부동산세 도입 자체에 부정적이었다. 한 예로 2004년 5월31일 이종규 재경부 세제실장은 종합부동산세 개편 방안을 발표하면서, "주택과 토지를 한꺼번에 합해 과세할 경우 세부담이 크게 늘고, 주택과 토지를 한꺼번에 통합 과세하려면 기술적으로도 어렵다"는 이유로 "중장기 과제로 돌렸다"고 밝혀 여론의 거센 반발을 샀다. 설상가상으로 다음날인 6월1일 발표된 열린우리당의 '분양원가 공개' 공약 백지화로 국민 분노가 폭발하자, 정부여당은 말을 바꿔 '종합부동산세 연내 입법'을 약속했으나 주무부처인 재경부에게는 처음부터 종합부동산세를 도입할 의지가 없었다.

재경부 속내를 적나라하게 보여준 한 사례가 종합부동산세 실무기획단에
서울 강남구 등 시군구 대표 3명을 참여시킨 것이었다. 이는 공청회 등에서
종합부동산세 도입에 반대하는 지자체의 의견을 반영해 조세마찰을 줄이겠
다는 것이었으나, 사실상 종합부동산세 완화를 의미하는 사인으로 받아들여
졌다. 세간에는 "참여정부에 '여러분이 대통령'이라던 국민은 배제되고 기
득권층만 참여하는 꼴"이라는 비아냥이 나돌았다.

그럼에도 불구하고 재경부는 국민의 소리를 못 들은 척, 부동산 경기부양
에만 올인할 뿐이었다.

열린우리당, '종합부동산세'를 '따로부동산세'로

이 과정에 더욱 '블랙코미디'는 당초 '종합부동산세' 도입을 공약으로 내
걸었던 열린우리당이 실상은 재경부보다도 더 종합부동산세 도입에 부정적
이었다는 사실이다.

열린우리당과 재정경제부는 10월4일 홍재형 정책위의장과 이헌재 경제부
총리, 김병준 청와대 정책실장 등이 참석한 가운데 당정협의를 갖고 종합부
동산세 재정을 골자로 하는 '부동산 보유세제 개편안'을 확정 발표했다. 이
날 개편안은 상류층의 조세 저항을 우려한 열린우리당의 반대로 당초 과세대
상자가 절반으로 줄어들었고, 인상액도 당초안보다 대폭 낮춰진 것이었다.

당정은 국세인 종합부동산세 과세 대상 기준을 주택은 국세청 기준시가를
기준으로 9억원, 나대지는 공시지가를 기준으로 6억원, 빌딩, 상가, 사무실
등 사업용 토지는 공시지가 기준으로 40억원으로 정했다. 과세 기준은 2005
년 6월 기준이다.

　　재경부 이종규 세제실장은 "국세청 기준시가가 실제 시가의 90% 수준인 것을 감안하면 실제시가 10억원 이상 주택 소유자에게 종합부동산세가 부가될 것"이라며 "과세 대상자수는 대략 6만명안팎 수준이 될 것"이라고 추산했다. 이는 '주택 5억원(기준시가) 이상 보유자 10만명 대상'이라는 당초 정부가 마련한 초안에서의 과세 대상자를 절반 정도 줄인 것이다(그러나 그 다음해 1월 건교부가 발표한 '주택가격' 공시에 따르면, 종부세 대상자는 그보다 절반도 안되는 3만~3만5천 가구밖에 안되는 것으로 조사됐다).

　　당정은 또 종합부동산세 도입에 앞서 조세 저항을 줄이기 위해 거래세를 인하하기로 했다. 2005년 1월부터 부동산 등록세는 현행 5%에서 4%로 1%포인트 인하되고, 추가로 행정자치부가 각 시도가 자체 여건에 맞춰 지방세인 거래세를 추가 인하토록 함에 따라 거래세 인하폭은 시도에 따라 1%포인트 이상이 추가로 인하돼, 거래세가 현재보다 절반 가까이 인하되는 셈이었다. 당정은 또 보유세제의 개편으로 세부담이 급증하지 않도록 하기 위해 '개별세 부담 증가 상한선 제도'를 도입하기로 했다. 2005년의 세부담이 금년 부담액의 50%를 넘지 않도록 하고 2006년 이후에도 전년대비 50% 이상 증가하지 않도록 상한선을 정한 것이다.

　　또한 이날 당정이 합의한 종합부동산세는 말만 '종합부동산세'였지, 실제로는 '따로부동산세'였다. 주택과 나대지, 사업용 토지를 합산과세하지 않고 따로따로 과세하는 방식을 채택해, 부동산 부자들이 빠져나갈 길을 열어주었기 때문이다.

　　예를 들어 기준시가 9억원짜리 아파트 1채만 갖고 있어도 종부세를 내야 하는 반면, 8억5천만원짜리 집과 5억5천만원짜리 나대지, 39억원짜리 사업용 토지를 갖고 있는 사람(개인사업자)은 총 53억원의 부동산을 갖고 있는 데도 과세대상에서 제외되는 아이러니가 발생했다. 아울러 부부합산과세도 하지 않기로 해 1가구 다주택자들이 빠져나갈 길도 열어주었다.

당정은 "종부세 도입에 따라 2005년 보유세액이 금년보다 10% 정도 증가한 3조5천억원으로 추계된다"고 말해, 스스로 이번 대책이 대국민 기만용일 뿐 상류층에게는 특별한 부담이 되지 않는 형식적 조치임을 토로했다.

더욱 코미디는 이 정도 '차 떼고 포 뗀 위장개혁' 안조차 열린우리당 의총에서 "경제회복에 악영향을 끼칠 게 확실하고, 강남의 조세저항이 우려된다"는 이유로 반대여론이 거세 연말 국회에서 간신히 통과될 때까지 두달여 동안 진통을 겪었다는 사실이다. 열린우리당의 어지러운 '정체성'이 또 한차례 그 실체를 드러낸 현장이었다.

이헌재 경제팀과 열린우리당의 '합작 코미디'는 이미 '분양원가 공약 백지화'에서 배신감을 느낀 국민 다수에게 또다시 절망감을 안겨주었다. 당시 국민이 느낀 배신감과 절망감이 얼마나 컸던가를 잘 보여주는 한 글이 있다. 김경수 명지대 교수가 당정의 종부세 발표 얼마 뒤인 그해 10월17일 〈한국일보〉에 기고한 '부의 정통성 원하다면'이란 제목의 칼럼이 그것이다.

김 교수는 칼럼을 통해 "지난 주 언론에 보도된 뉴스 가운데 유난히 세인의 눈길을 끈 두 기사가 있다"며 "하나는 경기불황에도 불구하고 1천만원짜리 백화점 상품권이 불티나게 팔렸다는 기사이고, 다른 하나는 50대 가장이 병원비가 겁나 집에서 낙상한 상처를 바느질실로 직접 꿰맸다가 상처가 덧나 부득이 극빈자 진료소를 찾게 됐다는 이야기"라고 소개했다. 김 교수는 이어 "세계 경제대국 10위권에 진입하고, 선진국클럽이라고 하는 OECD에 가입한 지도 10여년이 돼가는 한국에서 이런 일이 벌어진다는 것에 대해 동시대를 살아가는 한 사람으로서 자괴감을 느끼지 않을 수 없다"고 참담한 심경을 토로했다.

김 교수는 문제의 종합부동세안과 관련, "종부세의 경우 '종합'이란 말에 걸맞지 않게 가구별 합산 대신 개인별로 과세한다든지 주택과 나대지, 사업용 토지를 합산과세하지 않고 따로따로 과세토록 함으로써 진짜 부자가 빠져나갈 구멍은 모두 마련된 상태"라고 질타했다. 그는 "일례로 9억짜리 아파트 한채뿐인 사람은 과세대상이고 8억 집에 5억 나대지, 30억 사업용 땅 등 도합 52억원의 막대한 부동산을 가진 사람은 과세대상이 아니라는 것은 명백히 잘못"이라며 "개인별 과세이다 보니 이론상 부부의 경우 최대 1백4억원의 재산을 가지고도 종부세를 한푼도 안낼 수 있다는 것은 조세정의 구현에 정면으로 배치되는 것"이라고 지적했다.

김 교수는 또 "주택만 가지고 있는 경우라 할지라도 부부가 공동명의로 소유할 경우 기준시가 18억원이 넘지 않는 집은 아예 종부세 대상이 안 되는 것도 큰 문제"라며 "실제로 시가 25억원 내외의 집은 그리 많지 않다. 이런 식으로 새 세제의 허점을 이용해 빠져나간다면 종부세 도입 취지가 무색해지는 것은 아닌가 심히 우려된다"고 밝혔다. 그는 "형평과세는 경제민주화, 즉 부의 정통성을 세우는 지름길이며 우리의 취약한 사회보장 재원을 마련하기 위해서도 최우선 순위를 두어 추진해야 할 역점과제가 아닐 수 없다"며 가진자의 눈치만 보고 있는 정부여당을 신랄히 질타했다.

당시 서울 동부 이촌동에 살고 있는 한 고위 금융인도 "내가 살고 있는 아파트의 경우 1년여새 평당 2천만원 하던 집이 3천만원으로 올라 가구당 평균 7억원 정도의 불로소득을 취했음에도 최근 세금이 몇십만원이 오른다고 하니 이를 묵과할 수 없다며 반상회를 소집하자고 하는 등 난리가 아니다"라며 "가진 이들이 이런 사고방식을 갖고 있는 한 한국의 미래는 없다"고 탄식했다.

참여정부와 집권여당이 "조세정의 차원"에서 행했다고 주장한 종합부동산세 개혁의 실체가 이러니, 전국에서 부동산투기가 거세게 부활한 것은 당연한 결과였다.

부동산투기 재연에 이헌재 희희낙락

우려대로 2004년 하반기 전국 90%의 땅값이 폭등할 정도로 부동산투기는 전국적 규모로 무섭게 재연됐다. 그러나 부동산값 재폭등 못지않게 심각한 사태는 이헌재 부총리가 부동산값 재폭등을 걱정하기는커녕 도리어 이를 경제에 '긍정적 사인' 이자 '자신의 업적' 으로 받아들였다는 사실이다.

서울 강남 재건축 아파트 가격이 재차 폭등한 것을 신호탄으로 부동산 투기가 분명히 재연된 2005년 2월4일 이 부총리는 정례브리핑을 통해 "부동산 경기가 위축세를 벗어나는 모습을 보이고 있다"면서 "강남 재건축단지도 오히려 너무 빨리 뜨는 것이 아니냐는 생각이 들 정도로 가격이 회복되고 있다"고 만족감을 표시해, 아파트 거품에 대한 위기감이 전무함을 드러냈다. 그는 노골적으로 "아파트 가격이 최근 2개월간 평균 1천만원씩 올라가고 있다"고 아파트값 급등에 만족감을 표시하면서 "미분양아파트도 점차 줄어들고 있다"고 자랑했다.

이처럼 재임기간 동안 오로지 부동산 경기부양에 올인하던 이헌재 부총리

는 과거에 경기도 광주지역에 위장전입 등의 탈법적 수단으로 수만평 규모
의 부동산투기를 했으며 거액의 양도소득세를 탈루한 의혹이 드러나면서 절
체절명의 위기를 맞게 됐다. 당연히 "이헌재에게 더 이상 부동산 정책을 맡
길 수 없다"는 교체 여론이 거세게 일었고, 그럼에도 불구하고 한 동안 유임
을 희망하는 듯한 행보를 걷던 그는 2005년 3월7일 불명예 퇴진을 해야만
했다. "말로 흥한 자는 말로 망하고, 칼로 흥한 자는 칼로 망한다"는 가르침
을 떠올리게 하는, 역사의 무서운 아이러니였다.

이헌재는 비록 불명예 퇴진했지만 '골프 경기부양론'은 지금 이 순간까지
도 정부안에 굳건히 살아있다. 건설족의 뿌리가 얼마나 깊은가를 보여주는
대목이다.

이 부총리 퇴진 두달 뒤인 2005년 5월20일 박병원 당시 재정경제부 차관
보(현 재경차관)는 과천정부종합청사에서 한덕수 부총리를 대신해 가진 정
례브리핑에서 "1.4분기 성장률이 2.7%에 그쳤음에도 불구하고 하반기에도
경제운용계획을 짤 때 5%를 타깃으로 하는 정책을 고수하겠느냐"는 물음에
대해 "그렇다. 정부는 올해 5% 성장 달성을 위해 모든 거시·미시적 정책수
단을 동원할 것"이라며 특히 부동산 경기부양에 전력하겠다는 입장을 밝혔
다. 그는 구체적 개발사업의 예로 "골프장이 1백개만 들어서도 지방 건설업
체들에게 도움이 될 것"이라며 "그러나 지방자체단체들이 환경단체 등
NGO(비정부기구) 영향으로 할 수 있는 게 없다"고, 골프장 경기부양에 반
대하고 있는 NGO 등에 강한 불만을 토로하기도 했다.

그뿐만이 아니었다. 이헌재의 뒤를 이어 경제부총리가 된 한덕수 부총리
도 얼마 뒤인 8월8일 재경부 간부회의에서 "규제개혁의 일환으로 실시되고

있는 골프장 건설 규제완화가 제대로 실행되고 있는지 현장점검을 실시하라"고 지시했다. 이는 "정부의 규제완화에도 불구하고 업계 집계상 전국 2백여곳에 건설되고 있는 골프장 중 실제로 완공된 곳이 거의 없는 등 실질적인 성과가 나타나지 않은 데 따른 것"이라고 재경부측은 부연설명했다.

한 부총리는 취임후 성장률 중심의 정책에 집착하지 않겠다는 의지를 여러 차례 밝혀왔었다. 한 예로 부총리 취임후 가진 시민대표들과의 만남에서 김성춘 경실련 대표가 "경제정책 면에서 수량적 목표를 지나치게 강조하면 부동산투기를 유인하는 등 자승자박의 결과를 가져온다"고 조언하자 이에 대한 공감을 나타나기도 했다. 또한 앞서 5월 열린우리당 워크숍에서 "우리 경제가 일본과 같은 장기침체의 늪에 빠질 소지도 배제하기 어렵다"며 솔직하게 부동산 거품에 대한 강한 경계심을 피력하기도 했었다.

그러던 한 부총리도 경기침체가 계속되며 경기부양에 대한 압박이 사방에서 몰려들자 끝내 이헌재의 '골프 경기부양'에 동참하기에 이른 것이다. 목전의 단기성과에 급급할 수밖에 없는 관료들의 태생적 한계를 보여주는 또 하나의 사례였다.

4장
재벌 종합선물세트 '기업도시'

전무후무한 재벌특혜인 기업도시법을 밀어붙이기 위해
열린우리당과 한나라당은 처음으로 하나가 됐다.
이들은 "주는 김에 홀딱 주자"는 아부도 서슴치 않았다.

골프도시는 '예고편', '본편' 기업도시 출현

이헌재 부총리의 '골프 도시'는 '예고편'에 불과했다. 정작 '본편', 즉 더 큰 노림수는 다른 데 있었다.

장기 경기침체로 노무현 정부가 한창 초조해하던 2004년 6월15일의 일이다. 재벌 연합체인 전국경제인연합회가 정부에 대해 이른바 '기업도시' 허용을 요구하고 나섰다. 이른바 '기업도시', 보다 본질적 표현으로는 '기업해방도시' 카드를 꺼내든 것이다. 기업도시는 장기 경기침체로 노무현 정부가 초조해하자, 재계가 이헌재 부총리와의 사전협의를 거쳐 꺼내든 회심의 카드였다.

전경련은 이날 오후 서울 조선호텔에서 재계 및 정-관계 인사들이 참석한 가운데 '기업도시 건설을 위한 정책포럼'을 개최, 정부에 대해 기업도시를 허용해줄 것을 공개리에 요구했다. 주제발표에 나선 이규황 전경련 전무는 전경련의 기업도시 요구안을 발표한 뒤 "기업도시를 건설할 경우 5백만평의 첨단산업 기업도시 개발시 건설효과를 시산하면 향후 3년간 28조원이 투자가 예상되며 국내총생산이 3년간 연 1~2% 증가하고 취업자수는 3년간 연 1~2% 증가시킬 것"이라고 주장했다.

강신호 전경련 회장도 개회사를 통해 "기업도시 건설은 정부 시책인 2만불 달성을 위한 성장전략"이라면서 "외국의 기업도시 사례가 여러 개 있다"

고 주장했다. 강 회장은 "일본 도요타시는 기업도시의 모델로 일본에서도 살기 좋은 도시, 기업하기 좋은 도시로 손꼽힌다"며 "스웨덴 시스타시도 에릭슨을 위주로 한 기업도시로 다른 나라들의 벤치마킹 대상이 되고 있다"고 강변했다.

이날 전경련은 정부에 대해 구체적으로 7가지 요구를 했다.

특히 주목을 끈 요구는 맨 첫 번째의 "기업이 개발단계부터 주도적으로 참여해 산업시설과 정주시설을 연계해 건설하도록 '기업도시 특구'를 지정하고 특히 기업도시 내에 민간시행자에게도 토지수용권을 허용해 달라"는 것이었다. '토지수용권'이란 공익을 위해 개인의 재산권을 제한하는 조치로, 위헌 논란이 계속되고 있는 사안인 만큼 그동안 중앙정부나 지방자치정부에게만 엄격히 허용돼 왔다. 그런데 이익집단인 재계가 이것을 자신들에게 달라고 요구하고 나선 것이다.

"기업이 조성된 토지의 처분가격과 방법을 자율적으로 결정하도록 허용하고, 주택공급방식은 시행자가 자율적으로 결정하도록 위임해 달라"는 두 번째 요구도 오만한 것이었다. 한마디로 말해 재벌이 민간인 토지를 평당 몇만원에 강제수용해 1백만원에 팔든, 1천만원에 뼁튀기해 팔든 정부는 모른 채 눈 감아달라는 것이었다.

"교육 서비스를 위해 자립형사립고·특수목적고 설립 조건을 완화하고 경제자유구역처럼 기업도시내 외국인대학설립을 허용하고 영리법인도 대학(전문)을 설립할 수 있도록 해주고, 등록금 자율화와 기여입학제도 허용해 달라"는 세 번째 요구와, "의료·문화·레저 서비스 확보를 위해 영리법인도 종합병원을 개설할 수 있도록 허용하고 원활한 병원 유치를 위해 법인세도 내려달라"는 네 번째 요구도 속 들여다보이는 요구였다. 확실한 돈벌이 수단인 학원 및 병원사업도 보너스로 허용해 달라는 것이었기 때문이다.

"문화·레저 시설 건설에 제약을 주는 도시공원법, 군사시설보호법 등 체육시설 관련 규제조항을 완화하고 이들 시설에 기업명칭제 도입, 골프장설립 및 부대시설 규제완화"를 주문한 다섯 번째 요구는 기업도시를 요구하는 속내가 '개발이익'에 있음을 재차 분명히 한 것이었다.

기반시설에 대한 지원과 조세 및 부담금 감면을 요구하며 구체적으로 "개발지역내는 시행자 부담을 원칙으로 하고 밖은 지자체와 정부 부담으로 하되 입지지역의 낙후 정도에 따라 부담을 차등 적용하며 경제자유구역 개발업자와 같은 수준의 조세 및 부담금 감면혜택을 달라"고 한 여섯 번째 요구도 속 보이는 특혜 주문이었다. 현행법은 개발지역 안은 물론 밖의 기반시설 부담을 사업자가 맡도록 돼 있다. 이를 바꿔 바깥 기반시설 부담을 정부와 지자체에게 떠넘기려는 것이었다.

기업도시 투자에 대한 출자총액제한 예외를 요구하며 "신용공여제도의 경우도 현행 자기자본 25% 범위를 기업도시 투자기업에게는 40%로 상향 조정하고 부채비율 제한 2백% 한도초과 규정에서도 예외로 인정해 달라"는 마지막 일곱 번째 요구는 기업도시를 제돈이 아니라 은행 돈 등을 빌려 개발하겠다는 것이었다.

전경련은 이밖에 기업도시내에 들어서는 산업시설에 대해서는 '노동유연성'을 보장해 달라는 부대요구를 하기도 했다.

이규황 전무는 이상의 요구를 열거한 뒤 이를 위해선 결국 "기업도시특구 지정을 위한 특별법 제정이 필요하다"면서 "오는 6월30일 기업도시 건설관련 건의안을 정부에 제출할 테니 9월 정기 국회에서 처리될 수 있도록 협조해 달라"고 정부와 정치권에 주문했다.

전경련 요구는 한마디로 "모든 규제로부터의 완전해방구 건설"로 요약가능하며, 특히 핵심은 전면적인 '부동산규제 해제'였고 궁극의 노림수는 천문학적 '개발이익'이었다. 요컨대 돈 들어가는 기간시설 공사는 정부·지자체가 떠맡고, 돈 되는 택지개발이나 아파트건설·분양은 모두 민간이 독차지하겠다는 '현대판 봉이 김선달' 식 요구였다.

심상정 민주노동당 의원의 표현을 빌면 "전무후무한 대(對)재벌 종합선물세트"인 '기업도시' 요구는 그러나 우발적인 게 아니라, 재계와 정부가 오랜 물밑 협의를 거쳐 탄생한 것이었다. 참여정부의 '부동산 경기부양 2탄'이 그 실체를 드러낸 것이다.

공청회, 잘 짜여진 사전각본에 따른 한 편의 쇼

재벌과 정부의 '사전 묵계'는 이날 정책토론회 과정에 적나라하게 드러났다.

김광림 재경부차관은 격려사를 통해 "정부는 기업도시 건설을 뒷받침하기 위해 기업규제 완화 방안을 마련하고 있다"며 "기업도시는 기업의 자율과 창의를 바탕으로 기업 주도하에 산업시설·주거·복지 시설 등을 갖춘 자족도시"라고 주장했다. 김 차관은 "9월말부터 산업단지특구, 교육특구, 레저특구 등이 시행될 예정"이라면서 "정부에서는 기업도시 건설 지원방안도 함께 논의되고 있다"고 밝혀 재계와의 사전협의 사실을 드러냈다. 그는 "산업기능과 연구기능을 합친 혁신클러스터 육성방안도 추진중인데, 여기에 기업도시가 가세하면 더욱 국토의 균형발전에 기여할 것"이라고 강조했다. 김 차관은 "재경부도 최근 도요타시를 현장조사한 결과 지방정부가 토지를 저렴한 가격에 공급하는 등 아낌없는 지원과 혜택을 줬다"고 말해, 기업도시를 위해 해외출장까지 다녀왔음을 드러냈다.

이날 특히 눈길을 끈 것은 그동안 재벌개혁을 주장해온 열린우리당의 달라진 모습이었다. 김 차관에 이어 격려사에 나선 열린우리당 홍재형 정책위의장은 "우리나라 대기업은 압축성장의 주역이며 정부는 대기업이 경제하려는 의지가 살아나도록 기업환경 조성에 힘을 합해 나갈 것"이라고 대기업 예찬론을 편 뒤 "중소기업도 대기업이 투자해야 따르는 만큼 대기업의 투자확대가 무엇보다 중요하다"고 주장했다. 홍 의장은 이어 "경제성장동력이 요구되는 시점에서 전경련이 기업도시 건설로 투자활성화와 일자리 창출을 위한 구상과 토론회를 여는 것은 매우 적절하다"면서 "열린우리당은 기업도시 계획이 잘 추진되도록 필요하다면 특별법 제정에 적극적 협조를 아끼지 않을 것"이라고 밝혔다.

재경부장관 출신의 강봉균 열린우리당 의원도 "전경련이 지난 몇년간 내놓은 아이디어 중 기업도시 구상이 제일 좋다"고 화답하며 "나는 경제자유구역법에 관여한 적도 있는 만큼 특별법 통과에 힘쓰겠다"고 약속했다. 그는 또 "특별법 통과를 위해서는 규제완화를 반대하는 세력과 합의를 이끌어내고 설득을 하는 것이 관건"이라면서 "유치 희망 지역주민들의 의사를 무기로 해서 난관을 돌파하는 제도적 장치가 필요하다"고 말해, 기업도시 반대여론은 기업도시 유치시 땅값이 오를 것을 기대해 찬성할 게 확실한 지역주민들을 내세워 무력화시켜야 한다는 전술적 조언까지 아끼지 않았다.

야당인 한나라당 이강두 정책위의장도 "현재의 경제상황은 매우 심각하다"고 정부의 경제실정을 비난하면서도 "기업도시가 침체된 경제살리기에 특효약이 될 것임을 믿어 의심치 않는다"며 전폭적 지지 입장을 밝혔다.

언론의 반응도 마찬가지였다. 토론회에 패널로 나선 〈매일경제신문〉의 강응선 논설위원은 "특화된 인센티브 없이는 기업도시 구상은 시작부터 죽을 것"이라면서 "지자체는 '노사분규가 몇년간 없도록 하겠다'는 식의 강력한 인센티브를 제시해야 한다"고 주장했다. 그는 "중앙정부도 경제자유구역 이상으로 토지 이용에 대한 인센티브를 기업에게 허용해야 한다"고 주장하기까지 했다. 이런 '인센티브론'에 대해 토론사회를 맡은 삼성 출신의 현명관 전경련 부회장은 "사실 개발이익에 대한 특혜시비로 기업도시의 싹이 잘릴까 우려된다"고 맞장구를 치기도 했다.

'기업도시' 구상은 노무현 대통령과도 사전 협의를 거친 것임이 곧 드러났다.

노 대통령은 기업도시가 제안된 이틀 뒤인 6월17일 '국가균형발전 5개년 계획'에 대한 국정과제회의를 주재한 자리에서 "기업도시가 지방을 살리는 정책이라면 설혹 형평성 문제가 나오더라도 적극적인 지원 정책을 펴겠다"고 말해, 전경련이 요구한 특혜성 기업도시를 전폭적으로 지원하겠다는 입장을 밝혔다.

노 대통령은 자신의 지지 발언이 여론의 거센 반발을 불러일으키자, 이틀 뒤인 6월19일 서울 삼성동 코엑스에서 전국경제인연합회와 산업자원부가 공동으로 마련한 일자리창출을 위한 투자전략 보고회에서는 "보도를 보면 엄청난 특례만 있는 것처럼 보여지고 있어 아쉽다"고 언론보도에 불만을 토로한 뒤 "수도권과 충청권을 제외한 나머지 지역에서 하겠다는 것인데 이것이 홍보가 잘 안되고 있는 것 같다"고 주장했다.(하지만 노대통령은 충청권 반발이 거세자 넉달 뒤인 10월20일 충북지역에서 열린 토론회에 참석해 "충청권에도 기업도시 유치를 허용하겠다"고 말을 바꾸었다.)

노 대통령은 이어 이날 "나는 반기업적 대통령이 아니며 기업하기 좋은 환경을 만들어가기 위해 적극 노력하고 있다"며, 재계에 재차 러브콜을 보냈다. 이날 보고회에는 이건희 삼성그룹회장, 정몽구 현대자동차회장 등 재벌 총수들을 비롯해 재계인사 3백50여명이 참석하고 있었다.

노 대통령의 적극적 기업도시 지지 의사 표명이 있자, 기업도시 주무장관인 강동석 건설교통부장관은 이날 보고회에서 "이달내로 건교부내에 실무지원팀을 구성해 지원해 나갈 것"이라면서 "토지수용권, 개발이익분배 등 문제가 되는 부분을 면밀히 검토해 필요할 경우 특별법 제정을 고려할 것"이라고 기업도시 강행 방침을 밝혔다. 그는 또 "삼성의 아산 탕정 LCD 단지 개발과 관련해서도 인프라 건설에 4천억원 규모의 지원을 하겠다"고 약속했다.

한마디로 말해 전경련의 기업도시 요구는 '잘 짜여진 사전각본'에 따른 한 편의 '쇼'였다.

성난 여론, "한국판 로보캅 시대 열자는 거냐"

전경련과 정부-정치권-언론의 '기업도시' 드라이브는 당연히 여론의 거센 저항에 직면했다. 출범 첫해 아파트투기를 조장했던 참여정부가 또다시 재벌 편에 서서 제2의 부동산투기를 재연하려는 게 아니냐는 의혹을 낳기에 충분했기 때문이다.

민주노동당은 기업도시 공론화 다음날 즉각 논평을 통해 "전경련의 기업도시 요구조건과 입법요구는 기업투자를 조건으로 재벌자유구역을 설치하겠다는 것"이라며 "7대 요구안은 재벌에 대한 무한한 특혜와 국민의 주거권과 생명권을 담보로 한 사업권 요구이며, 정부의 역할을 재벌에게 달라는 것"이라고 비판했다. 민노당은 이어 "특히 기업도시내에 민간업자의 토지수용권 요구, 기업이 조성된 토지의 처분가격과 방법에 대한 자율결정권 요구, 주택공급방식의 자율적 결정요구, 자립형사립고, 특수목적고 설립 조건을 완화, 골프장 설립규제완화 등의 요구안은 폭리 취득의 자유, 부동산투기의 자유, 사교육을 통한 이윤창출의 자유를 요구한 것"이라고 덧붙였다.

민노당은 또 정부여당이 전경련 제안에 화답한 것과 관련, "이런 터무니없는 재벌공화국 건설 요구에 정부와 열린우리당이 합창으로 화답한 것은 이들이 국민의 주거권과 교육권에 관심이 없다는 반증"이라며 "김광림 재경부 차관과 홍재형 열린우리당 정책의장의 기업도시 극찬은 정부와 열린우리당이 재벌의 2중대임을 실토한 대목"이라고 비난했다.

경실련도 논평을 통해 "전경련의 기업도시 요구를 정부가 적극 수용한 것은 기업도시 건설에 따른 대폭적인 규제완화와 합리적 절차와 타당성 검토, 그리고 국민적 합의 없는 재벌정책 변화에 큰 우려를 갖지 않을 수 없다"며 "만약 정부가 재벌에게 과도한 특혜를 주는 이 계획을 적극 추진한다면 이는 참여정부의 개혁정책의 후퇴로 단정하고, 이를 저지하기 위한 모든 노력을 다 할 것"이라고 경고했다.

경실련은 정부가 전폭적 지원을 약속한 전경련 요구의 문제점을 조목조목 지적하기도 했다. 경실련은 우선 "출자총액제한제, 은행법 등 예외 인정은 기업투자 활성화와 전혀 무관하며 오히려 이를 통해 재벌의 총수1인 지배체제를 공고히 하는 빌미를 제공할 따름"이라고 주장했다. 경실련은 정부가 기업도시를 만드는 시행업체에 대해 법인세와 소득세, 관세, 취득세, 재산세, 종합토지세 등을 일정 기간 감면해 주는 것에 대해서도 "재벌에게만 국한된 과도한 특혜"라며 "기업도시 건설의 시행주체와 참여업체는 소수 재벌만이 가능함에도 이들에게 과도한 조세감면을 시행한다면, 이는 현재 극도의 어려움을 겪고 있는 중소기업들, 근로소득자들과 비교했을 때 조세형평성에 국가건전 재정에 심대한 저해를 가져올 수 있다"고 경고했다.

경실련은 이밖에 "기업도시 건설법안에는 토지수용권과 이용권, 수익권에 대한 대책, 외국인 학교와 자립형 사립고 설립 허용, 기업이 영리적 의료시설 설립 등 사회적 합의가 전제되어야하는 내용을 포함하고 있어 전면 재검토되어야 한다"고 지적했다.

이밖에 전교조 등 교육단체를 비롯한 환경단체, 노동단체 등 여러 단체와 경제전문가, 다수 국민여론도 "전무후무한 재벌특혜법에 경악을 금치 못하겠다"며 강력반발했다. 경제전문가들은 전경련 및 일부 언론들이 일본의 도요다시, 프랑스의 니스시 등을 기업도시의 벤치마킹 모델로 제시한 것에 대해서도 "도요다시나 니스시는 수십년간에 걸쳐 기업생산활동 과정에 자연스럽게 형성된 도시이지, 결코 토지수용권 같은 특혜를 줘 만들어진 도시가 아니다"라며 "정말로 국가경쟁력 제고 차원에서 기업도시를 만들고 싶으면 우리나라의 대표적 기업도시인 현대그룹의 울산이나 포스코의 포항을 더 발전시키면 되는 일이지 무슨 놈의 뚱딴지같은 기업도시냐"고 허구성을 꼬집었다.

오래 전 할리웃 영화 〈로보캅 3〉을 보면, 한 일본계 악덕재벌이 도시 개발을 위해 서민들이 살고 있던 지역의 토지를 강제수용하려 하자 하루아침에 보금자리에서 쫓겨나게 된 서민들이 집단 봉기하는 장면이 나온다. 이에 재벌은 폭력단 등을 동원해 강제로 토지를 수용하려 하고, 이에 로보캅이 나서 서민들을 도와 재벌의 음모를 좌절시킨다는 스토리다. 전경련의 기업도시 구상은 공상 오락영화속에서나 나올 법한 '한국판 로보캅 시대'가 실제로 도래할 것을 알리는 황당한 신호탄이었다.

"여론? 신경 쓸 것 없어", 건교부의 속전속결

특혜 시비에도 불구하고 정부는 아랑곳 하지 않고 기업도시를 밀어붙였다.

강동석 건교부장관은 그해 9월17일 전경련 부설 국제경영원(IMI)이 주최한 '최고경영자 월례조찬회'에서 전경련이 요구하던 '기업도시 토지 강제수용권 1백%' 부여와 관련, "기업에 1백% 토지수용권을 부여하는 것은 실효성도 없고 저항도 심할 것"이라며 "그 대신 민간기업이 개발대상 토지의 50%를 (땅주인과) 협의매수할 경우 나머지에 대해서는 강제수용권을 부여할 방침"이라고 밝혔다. 특혜 시비를 의식한 절충안이었다.

강 장관은 이어 기업도시 조성에 따른 개발이익과 관련, "기업에 개발이익을 무한정 주게되면 지역민들의 환영도 왜곡될 수 있는 만큼 개발이익이 났을 때 일부를 떼어 문예회관이나 공원을 건설하는 등 기업도시내 공공 인프라 확충에 써야 한다"며 "개발이익의 30%만 기업이 취하고 나머지는 공공 인프라에 쓰는 토공―주공의 사례를 참고하면 될 것"이라고 말했다. 요컨대 개발이익의 최소한 30%를 보장해주겠다는 얘기였다.

강 장관 발언에 대해 전경련의 이규황 전무는 "정부의 전향적 움직임을 환영한다"면서도 "다만 협의매수 비율과 개발이익 배분 비율에 대해서는 재논의가 필요하다"고 말해, 1백% 강제수용을 거듭 요구하며 불만을 토로했다.

건교부는 강 장관의 발언이 있은 지 나흘 뒤인 9월21일 기업투자 활성화와 국가 균형발전을 명분으로 마련한 '민간복합도시개발특별법'(기업도시법) 안을 발표했다. 건교부는 이어 다음날인 22일 단 한차례 공청회를 거쳐, 당정협의를 거쳐 10월초 법안을 국회에 제출하겠다고 밝혔다. 말 그대로 번갯불에 콩 볶아 먹는 식의 속전속결이었다.

정부가 마련한 기업도시의 유형은 ▲산업교역형(제조업과 교역중심의 도시) ▲지식기반형(연구, 개발 위주) ▲관광레저형(관광레저, 문화위주의 도시) ▲혁심거점형 (공공기관 지방이전 중심의 지역 혁신 도시) 등 4가지였다.

정부는 논란이 돼온 '토지 강제수용권'과 관련, 전경련 요구를 전폭 수용해 ▲사업구역 50% 이상의 토지를 협의 매수후 수용 가능하고 ▲공공부문과 공동시행시에는 제한없이 수용권을 부여하는 방안을 검토중이라고 밝혔다. 요컨대 민간기업 혼자서 사업을 할 때는 개발지의 50%에 달하는 땅에 대한 토지 강제수용권을, 공공부문과 함께 할 때에는 100% 토지 강제수용권을 주겠다는 애기였다. 정부는 또한 투기지역 이외에서는 민간기업에게 조성토지 처분과 주택공급의 자율성을 인정하기로 해, 재벌이 기업도시를 조성한 뒤 헐값에 강제수용한 땅을 비싸게 되파는 것을 허용키로 했다.

정부는 이와 함께 각종 조세 및 부담금 감면을 해주고, 시행자가 부담하는 SOC(사회간접자본) 투자비용의 상당액에 대해서도 SOC민간투자사업과 마찬가지로, 출자총액제한의 적용 대상에서 제외하고, 민간복합도시 출자액에 대해선 신용공여한도 적용을 예외로 하는 방안을 적극 모색중이라고 밝혔다.

정부는 이와 함께 관광레저형 도시의 경우 총 사업비 5천억원 이상을 투자하는 사업시행자에 한해 외국인전용 카지노장을 허락하는 동시에, 경마, 경륜, 경정장 유치도 허용하는 방안 등 도박사업을 전면허용하는 방안도 검토중이라고 밝혔다. 또한 도시 형태에 구애받지 않고 모든 유형의 도시에 골프장 신설을 자유화했다.

한마디로, 정부안은 전경련이 요구한 '기업도시' 안을 거의 1백% 수용한 전무후무한 특혜 종합선물 세트였다.

정치권 '철판 공조', "주는 김에 홀딱 벗고 주자"

9월22일, 서울 여의도 중소기업협동조합중앙회 2층 국제회의장에서 '민간복합도시(기업도시) 개발방향과 특별법 제정(안)에 관한 공청회'가 열린 우리당 소속의 김한길 국회 건설교통위원회 의장의 사회로 열렸다. 이날 공청회는 사안의 중대성에도 불구하고 사전에 단 한차례로 정해진, 말 그대로의 '요식행위' 였다.

주제발표에 나선 이양재 원광대 교수(토목환경·도시공학과)는 주제발표를 통해 "가칭 '민간복합도시' 는 민간기업의 국내투자 활성화를 도모하고 국가균형발전을 도모하려는 도시개발사의 새 장을 여는 매우 모험적 시도"라며 "내용적으로 볼 때 외국의 기업도시와는 사뭇 다른 모습을 보이게 될 것으로 보여 개발방향 설정이 매우 중요한 과제"라고 지적했다. 이 교수는 특혜 논란을 의식한듯, "투자를 통해서 발생한 개발이익이 사업시행자에게 귀속하는 것은 타당하나 개발권 인·허가를 통해서 발생한 개발이익은 환수하도록 해야 한다"며, 정상이윤의 적정수준에 대해 "소위 신활력지역처럼 개발이익을 크게 기대할 수 없는 지역은 10~15%를 정상이윤으로 설정하되 지역개발정도가 매우 양호한 지역은 정상이윤을 5% 미만으로 설정하는 게 바람직하다"고 주장했다. 그는 또 "기업이 민간복합도시개발을 추진하여 부지조성을 끝내고 분양과 처분 등으로 개발이익만 챙기고, 의도적으로 공장이전이나 산업투자는 지연하는 등 원래의 기업 이전계획을 이행하지 않는 경우가 우려된다"며 "민간복합도시가 순조롭게 개발된 이후라 하더라도, 차후에 지역에 이전한 기업이나 그 기업의 주력산업이 쇠퇴할 경우 곧바로 도시경제의 위기로 닥칠 위험이 일반도시보다 더 크다"고 우려하기도 했다.

주제발표에 이은 종합토론에서 토론자로 나선 박완기 경실련 사무국장은 "토지수용권이란 공공목적에 국한해 부여할 수 있는 권한"이라며 "기업의 영리가 목적인 기업도시에서 민간에게 토지수용권을 부여하는 것은 사유재산권에 대한 근본적 침해행위로 법 제정시에는 위헌소송을 적극 추진할 것"이라고 기업도시법의 '위헌성'을 지적했다. 그는 "정부가 기업도시 조성과정에서 70%의 개발이익을 환수하도록 했다지만 이는 조성단계의 개발이익만을 염두에 둔 것"이라고 정부 주장의 허구성을 지적하기도 했다. 그는 "수도권 택지개발 이익을 추정한 결과 평균 8천2백억원의 개발 이익 중 택지조성단계의 개발이익은 1천3백억원 정도로, 전체 개발이익의 15%에 불과한 것으로 나타났다"면서 "개발이익환수장치는 토지수용·개발·개발이후의 판매·운영까지 전과정의 개발이익을 환수하는 것으로 확대되어야 한다"고 주장했다.

이에 맞서 이규황 전경련 전무는 "개발이익을 추구한다는 것은 과거의 패

턴을 생각한 오해"라고 주장했다. 그는 "실업자 특히 청년실업자가 많은데, 일자리를 늘리기 위해 기업투자가 절실하며 기업도시는 산·학·연과 지자체를 네트워크화하는 최대의 공공재"라면서 "도시라는 공공재 건설에 개발 주체가 누구냐는 중요한 게 아니다"라고 주장했다. 그는 "기업도시에 출자총액제한이나 신용공여한도 등을 풀어주지 않고는 투자할 여력이 있는 기업은 거의 없다"면서 대폭적인 금융 규제완화를 거듭 요구했다. 그는 또 "기업도시의 가장 중요한 자원이라고 할 수 있는 양질의 인적자원을 공급하기 위해 기업도시내에는 경쟁력 있는 교육을 위해 자율적인 교육기관 설립을 허용해줘야 한다"면서 "거주의 안전성과 쾌적성을 위해 의료기관 설립에도 파격적인 지원이 있어야 한다"고 교육, 의료 특혜를 거듭 요구했다. 그는 고용제도에서도 "도시의 흥망이 기업과 밀접한 기업도시에서는 산업 안정성을 위해 파견근로와 대체근로를 보장해야 한다"고 강조했다.

이날 공청회에서 정부 못지않게 기업도시에 더 노골적 지지의사를 밝힌 것은 열린우리당과 한나라당 의원들이었다.

공청회 며칠 뒤인 10월1일 국회에서 열린우리당 강봉균의원 등 여야 국회의원 20여명과 강동석 건설교통부장관이 참석한 가운데 열린 '지역혁신-기업도시 정책포럼' 창립모임 겸 간담회장은 한마디로 누가 재계에 더 잘 보이는가를 다투는듯한 경연장처럼 보였다.

우선 한나라당 이병석 의원은 "기업도시특별법의 모든 기조를 외국인 투자 유치를 기준으로 특혜라 할 만큼 혜택을 주고 기업 위주로 줘야 한다"며 전경련 요구의 전면 수용을 정부에 촉구했다. 이 의원은 "정부가 개입해 성공한 정책이 없고 민간 섹터는 이미 정부가 따라가지 못할 만큼 앞서 나가 있다"며 "모든 선택권을 줄 수 있는 한 기업에 줘야 한다"고 주장했다.

기자 출신인 같은 당의 최구식 의원은 한 걸음 더 나아가 "어렸을 때부터 들은 말 중에 '주는 김에 홀딱 벗고 준다' 는 말이 있는데 민간을 믿는 김에 좀 더 믿으면 좋겠다"는 주장을 펴기까지 했다. 최 의원은 "기업도시가 들어와 공공성을 해칠까 걱정한다지만 공익의 수호자인 지자체장들이 가만히 있을 리 없다"고 주장하며 "기업도시의 당사자인 지자체와 기업이 스스로 해결하도록 지켜볼 것"을 정부측에 주문했다.

한나라당에 뒤질 세라 열린우리당의 이광재 의원도 "선의를 갖고 되는 쪽으로 협의해 나가야 한다"며 "개발이익의 공익성 보장도 법규제보다는 협의를 바탕으로 이뤄가자"고 제안해, 개발이익 제한 방침을 법제화하지 말고 지자체와 협의하에 처리토록 해 달라는 전경련의 요구를 전폭 지지했다.

같은당 김종률 의원도 사회간접자본(SOC)투자에 소요되는 비용에만 출자총액제한을 제외토록 하고 있는 정부안에 대해서 "광범위한 예외를 인정하고 있는 마당에 개별적인 적용이 필요한지 의문"이라고 반대입장을 밝힌 뒤, "융통성 있는 접근이 필요하다"고 밝혀, 투자금액 전체에 대한 출자총액제한 적용 제외를 요구하고 있는 재계와 뜻을 같이 했다.

이처럼 여야 의원들이 전경련 요구 전폭 수용을 주장하고 나서자, 정부도 전경련안을 대폭 수용하겠다는 입장을 밝혔다.

강동석 건교부 장관은 당초 "전경련이 처음 기업도시를 제안해 왔을 때부터 정부는 노동유연성 문제와 환경규제완화에 대한 요구는 받아들이기가 어렵다고 밝힌 바 있고 토지 수용권의 경우에는 시민사회단체에서 오히려 과도한 특혜로 재벌에게 투기의 기회를 제공할 수도 있다며 강력 반발하고 있다"며 전경련의 요구에 선을 그었다. 그러나 의원들과 토론하는 과정에서 강 장관은 "공청회를 해 보니 지자체장들은 기업의 자율권을 좀 더 확대해도 된다는 열린 의견을 갖고 있었다"며 "노동-환경을 제외한 나머지 견해차이는 국회 심의 과정에서 공청회 등을 거치며 수렴될 수도 있다고 본다"고 한 걸음 물러서는 모양새를 보였다.

이날 모임의 회장으로 간담회 사회를 맡은 열린우리당 강봉균 의원은 "정부안도 있지만 여야 의원 공동 발의로 정기국회를 통과시키면 어떨까 한다"며 "여야가 협력아래 이번 국회 통과도 어렵지 않다고 본다"고 말해, 다른 사안에 대해선 여야가 사사건건 대립하던 것과는 180도 상반된 모습을 보였다.

이날 공청회를 지켜본 한 시민단체 관계자는 "열린우리당과 한나라당이 시쳇말로 얼굴에 철판을 깔고 재벌 대변에 나선 모양새였다"며, 양당 공조를 '철판 공조'라 비아냥대기도 했다.

열린우리당과 한나라당의 합작 '쇼쇼쇼'

10월20일, 열린우리당은 마침내 가을 정기국회 통과를 목표로 정부안을 그대로 반영한 '민간투자활성화를 위한 복합도시개발 특별법', 세칭 기업도시 특별법안을 단독 제출했다. 당초 정치적 부담을 줄이기 위해 한나라당과 공동 입법을 추진하려 했으나 거센 비난 여론을 의식한 한나라당이 막판에 공동 입법을 거부했기 때문에 불가피하게 단독 입법안을 제출하게 된 것이다.

하지만 공청회에서도 실체를 드러냈듯, 기업도시법 입법 과정에 보인 열린우리당과 한나라당의 행태는 시쳇말로 '쇼쇼쇼' 그 자체였다. 이들은 "기업도시법은 사상최악의 재벌특혜법"이란 세간의 비판 여론이 부담스러운

듯 정부 공청회와 별도로 또 한 차례 공청회를 갖는 등 모양새를 갖추려 했으나 그 내용 역시 또 하나의 '요식행위'에 불과했다.

열린우리당과 한나라당 의원들로 구성된 국회 지역혁신-기업도시 정책포럼이 11월3일 중소기업협동조합 강당에서 연 공청회. 이날 공청회는 친(親)기업도시 인사들로 토론 패널이 구성돼 "각계 의견을 수렴해 국민적 합의 기반을 확대하겠다"는 당초 주장이 결국 기업도시 강행을 위한 '레토릭'에 불과했음을 입증했다. 당시 국회를 일주일째 공전시키며 극한대치를 거듭하던 열린우리당과 한나라당의 정책위의장이 이날만은 나란히 공청회에 참석해 격려사를 나란히 할 정도로 화기애애한 모습을 보였다.

이날 지정토론 패널은 9명. 이 가운데 반대토론자는 경실련 대표 권영준 경희대 교수와 환경정의 대표 변창흠 교수 등 2명에 불과했다. 이마저도 토론 순서가 첫번째, 세번째로 지정돼, 토론 중반부터는 자연스레 기업도시 건설에 대한 초반 토론자의 우려를 반박하고 필요성을 설파하는 방향으로 논의가 흘러갔다.

첫번째 토론자로 나선 경실련의 권 교수는 "처음 식순 진행 과정부터 지금까지 느껴지는 느낌은 '오늘 잘못 왔구나, 괜히 왔다'는 것이었다. 정치인들의 정치 행사에 들러리로 이용되고 있다는 생각이 많다"는 쓴 소리로 발언을 시작했다.

기업도시법을 "망국적 투기도시 특혜법", "대기업 중심으로 한 특혜 분양 사업자 양성법" 등으로 규정한 권 교수는 "공부 안하던 학생들이 시험 앞두고 커닝을 해서라도 시험을 통과하려 하듯, 평소에 경제를 안 챙기다가 급해지니 재벌 바짓가랑이 잡고 읍소하는 법안이 얼마나 효력 있을지 자성해 보기 바란다"며 특별법을 추진하는 의원들에게 직격탄을 날렸다. 그는 "특별법은 기본적으로 사업이 실패했을 경우 책임 소재에 대해 아무도 책임지지 않는 구조로 기업들에게 특혜를 줘서 건설 경기를 부양시키고자 하는 투기적 특별법이라 이름 지을 수밖에 없고 졸속하고 성급하게 진행돼 법 자체 문제가 매우 많다"고 지적했다.

환경정의 대표인 변창흠 교수 역시 "우리 동네에 타워팰리스가 생긴다고 판자촌 사는 내가 행복해지지는 않는다"며 "추진 중인 특별법 형태로는 서울 사람이 내려와서 서울 사람이 일하고 살며 이익을 챙겨갈 뿐이지 그 지역 주민을 위한 도시가 되기 힘들다"며 기업도시 추진파의 홍보논리인 '지역균형발전'의 허구성을 정면으로 반박했다. 변 교수는 "기업도시가 정말 산골짜기 낙후지역에 세워지는 것처럼 말하지만 실제는 대전, 원주처럼 개발잠재력이 큰 곳에 세워질 가능성이 크고 이 경우 충분히 개발이익을 볼 수 있다"며 '낙후 지역에 대한 투자라 개발이익이 발생하지 않는다'는 여권과 전경련 주장의 허구성도 지적했다.

그러나 '반대파'의 목소리는 소수였다.

학계 대표로 참석한 허재완 중앙대 교수는 "정부는 기업도시를 통해 투자를 활성화하고자 하는 욕망이 있으면서도 지나친 비판이 있지 않을까, 균형개발을 저해하지 않을까 걱정해 곳곳에 단서를 달다 보니 진정으로 지향하는 바가 투자 활성화인지 지역 균형발전인지가 명확하지 않다"며 정부측에 보다 적극적인 재계 지원을 주문했다.

〈매일경제신문〉의 온기운 논설위원은 개발이익 환수 규정을 없애달라는 전경련의 요구에서 한 발 더 나아가 "낙후지역에 손실이 날 수도 있는데

70% 정도로 개발이익을 환수하겠다면 손실시에도 보전할 수 있는 조치를 해 줘야 하지 않겠냐"며 "초기에 이익이 난다 하더라도 시간이 가면서 사양화될 수도 있으니 손실 보전책도 마련돼야 한다"고 '손실 보전'을 요구하기까지 했다. 그는 "출자총액제한의 경우는 우리나라에만 있는 제도로 기업도시가 아니더라도 철폐 혹은 완화해야 한다는 의견이 많은데 하물며 기업도시에 출자총액제한을 두는 것은 온당치 않은 일"이라며, "나라 경제를 활성화하려는 의지를 갖고 국민이 굶어 죽지 않을 것을 걱정한다면 어떻게 이런 한가한 생각을 할 수 있나"며 출자총액제를 고수하는 정부를 비난하기도 했다.

지원사격에 고무된 이규황 전경련 전무는 "토지수용권에 50% 협의 매수규정을 둔 것은 오히려 규제 요건이 돼 토지 가격을 올리거나 수매에 지장을 줄 수 있고 이는 기업도시 사업을 위축시킬 수 있다"며 토지수용권을 100% 달라는 전경련의 기존 주장을 거듭했다. 그는 또 "개발이익을 70% 수준에서 환수토록 하겠다는데 기업도시의 경우 개발이익을 산정하는 것이 현실적으로 불가능하다"고 주장, 사회를 보던 강봉균 의원으로부터 "현실화되는 부동산 매각 이익의 경우 충분히 산정할 수 있고 정부는 이를 기업의 주머니에 들어가지 않도록 하겠다는 방침"이라고 빈축을 사기도 했다.

공청회라는 요식행위를 거친 열린우리당은 며칠 뒤인 11월9일 정책의총에 기업도시법을 상정, 당론으로 최종 확정지은 뒤 이를 국회에 제출했다. 당론을 확정하는 과정도 궁색하기 짝이 없었다. 열린우리당은 이날 정책의총에서 "법안 확정 전 경실련 비롯한 시민단체와 충분한 토론을 거쳤고 중요한 내용들 중 합리적으로 인정되는 내용들은 거의 수용했다"고 주장했지만, 경실련 등의 반응은 "뭘 수용했다는 거냐. 생색내기용 수정에 불과하다"

는 싸늘한 것이었다.

기업도시법 처리 과정에 한나라당이 보인 모습도 기회주의, 그 자체였다. 한나라당은 열린우리당이 기업도시법안을 마련해 국회에 상정하자, 처리 과정에는 마치 자신들은 이 법안에 반대해온 것처럼 행동했다. 한나라당 의원들은 10월26일 건교위에 열린우리당 기업도시법안이 상정되자 표결에 불참하는 형식으로 이를 통과시킨 뒤, "우리는 시민단체 의견을 반영하려 했다"고 강변하며 "기업도시가 잘못되면 여당 책임"이라고 정치공세를 펼쳐 빈축을 샀다.

한나라당 이한구 정책위의장과 최경환 제4정조위원장은 공동성명을 통해 "공공성을 담보하기 위한 개발이익 환수 및 토지 수용권 문제 등 시민단체에서 우려하고 있는 문제점을 감안하여 이를 반영하기 위해서 최선의 노력을 다하였으나, 여당의 반대로 이를 끝내 관철하지 못하였다"고 주장했다. 이들은 "기업이 땅장사·집장사를 한다는 의혹을 받지 않고 본연의 생산적인 기업활동에 매진할 수 있도록 철저한 개발이익 환수, 토지처분에 대한 자율성 제한 등 공공성을 담보하는 제도적 장치를 마련해야 한다"고 주장하는 동시에, "기업도시의 당초 개발 취지인 기업의 경쟁력 강화와 관계가 없는 수익성 중심의 관광레저형 기업도시는 도시 유형에서 삭제되어야 한다"고 주장하기도 했다.

그러나 기업도시특별법이 이미 건교위를 통과된 뒤에 나온 한나라당의 성명은 비난 여론을 희석시키기 위한 '면피성'에 불과했다. 실제로 건교위 법안심사소위 심사 과정에 한나라당 소속 건교위 위원들은 관광레저형 도시를 배제시키자는 당론에도 불구하고 관광레저형 도시에 적극 찬동하는 모습을 보였다.

　열린우리당과 한나라당간 야합은 법안이 정기국회를 통과한 직후인 그해 11월16일, 양당이 공동 발의로 기업도시를 개발하거나 입주하는 기업에게 법인세와 소득세를 최초 5년간 50%, 그 후 2년간은 30%를 각각 감면해주고 지방세는 최장 15년간 감면해주고, 기업도시내 골프장에 대해서는 특별소비세를 면제해 주는 내용의 대대적 '조세특례법 개정안'을 제출함으로써 그 실체를 한층 분명히 드러냈다. 이날 개정안을 발의한 '기업도시 포럼'에는 열린우리당에서 강봉균, 이광재, 김종률, 박상돈 의원 등이, 한나라당에서는 최구식, 이계진 의원 등이 참가하고 있었다. 이들은 평소 국회에서는 국정감사 과정 등에 치열한 색깔-수구 공세 등을 펼쳐왔으나, 유독 기업도시법에 한해서는 '한 목소리'를 냈다.

　17대 국회 출범이래 열린우리당과 한나라당의 유일한 '공조 작품'인 기업도시관련 조세특례법 개정안은 특혜논란을 넘어서 조세체계 자체를 밑둥채 흔들고 있다는 점에서 전문가들의 심각한 우려를 낳았다. 기업도시에 입주하지 않는 기업들의 경우 법인세와 소득세, 지방세에서 커다란 불이익과 역차별을 받게 되기 때문이다. 따라서 이같은 불이익을 보지 않으려면 기존의 기업을 정리하고 기업도시로 이주하는 수밖에 없으며, 이 과정에 기업도시 개발권을 쥔 소수 재벌기업에게 막대한 개발이익이 돌아갈 것으로 예상되기 때문이었다. 또한 기업도시에 눈독을 들이고 있는 상당수 재벌기업들이 골프장 등 레저형 위락도시 건설을 선호하고 있는 마당에 기업도시내 골프장에 한해 특별소비세를 면제시켜주는 것 역시 특소세 체제의 근간을 뒤흔드는 특혜로 지적됐다. 이밖에 각종 지방세를 최장 15년간 감면해주기로 한 것

역시 당초 기업도시의 주요 명분중 하나가 지방세수 확충이었다는 점을 고려할 때 앞뒤 모순되는 대목이었다.

이렇듯 열린우리당과 한나라당이 얼굴에 철판을 깔고 노골적 공조를 편 기업도시법 및 제반 세금감면법은 2004년 12월29일 국회 본회의를 압도적 표차로 통과, 이 법안이 우리당과 한나라당간 '철판공조'의 산물임을 다시 한번 입증했다.

참여정부의 거침없는 '친재벌 독주'

기업도시법이 국회를 통과하자마자, 정부는 기다렸다는 듯 노골적으로 친재벌적 속성을 숨김없이 드러냈다.

건설교통부는 2005년 1월11일 총 14명으로 구성된 기업도시법 시행령 및 시행규칙 제정을 위한 실무작업반에 삼성전자, LG전자, 현대건설, 롯데건설, 금호건설, INI스틸, 대림산업, 포스코건설 등 8곳의 부·차장급 실무자 8명과 재벌기업들의 이익단체인 전경련의 기업도시팀장 등 기업관계자 11명을 참여시켰다. 정부가 법안 제정 과정에 기업들을 참여시킨 것은 헌정사상 처음 있는 일이었고, 그 결과는 우려대로 재벌 이익 확대였다.

건교부는 1월19일 기업과 지자체를 대상으로 한 '기업도시개발 관련 실무 설명회'에서 "개발이익 환수비율을 낮춰 달라는 의견이 많이 제기됐다"면서 "현재 25~100%로 돼있는 개발이익 환수비율을 25~85%로 낮추는 방안을 검토하고 있다"고 국회를 통과한 지 한 달도 안된 법안을 하위법 제정 과정에 바꾸겠다는 방침을 밝혔다.

국회를 통과한 기업도시법은 낙후도 등급 지역에 따른 개발이익 환수비율을 1등급은 25%, 2등급 40%, 3등급 55%, 4등급 70%, 5등급 85%, 6등급 및 7등급 100% 등으로 정하고 있었다. 제1호 기업도시(관광레저형)로 유력시되던 전남 해남·영암(J프로젝트) 지역의 경우 낙후도 2등급 지역이어서 개발이익 환수비율이 40% 선에서 정해질 전망이었다. 게다가 개발이익은 땅을 팔거나 임대해 얻는 총수입에서 부지 조성비 등 총사업비를 뺀 금액으로, 여기에는 가장 막대할 것으로 예상되는 아파트, 상가 분양 등을 통해 얻는 개발이익은 포함되지 않아 '눈 가리고 아웅' 식의 개발이익 환수라는 비난을 받아왔다. 그럼에도 불구하고 정부는 하위법 제정을 통해 개발이익 환수비율을 더욱 낮춰주겠다는 속내를 드러낸 것이다.

건교부는 여기서 멈추지 않고 "사업 시행자의 자금부담을 완화해 주기 위해 개발계획 승인시 100% 완납하도록 한 출자금 납부 규정을 완화해 개발계획 승인시 50%를 내고 나머지 50%는 실시계획 승인시 납부하도록 하는 방안도 검토중"이라며 출자금 납부 완화 방침도 밝혔다. 2004년말 국회 입법 당시에 따가운 여론의 눈총을 의식해 모호하게 넘어갔던 특혜조항들이 하위법 제정과정에 노골적으로 부활하는 양상이었다.

경실련 등 시민단체는 이에 "기업도시는 지구지정과 개발 형태에 따라 막대한 손익이 발생하고 이를 합리적으로 규제하는 것은 하위법령인데, 하위법령 제정 작업에 이해당사자인 대기업의 직원들이 참여시키는 것은 돈벌어가는 당사자에 법을 만들라는 것으로 '고양이에게 생선을 지키라' 는 식"이라고 비판했으나, 정부는 마이동풍이었다.

재벌기업 종사자들이 참여한 기업도시법 시행령은 우려했던 대로 재벌에게 극도로 유리한 내용으로 만들어졌다. 건교부는 실무작업반 구성 한달 뒤인 2월11일 기업도시 면적과 개발이익 환수비율 등을 주요 내용으로 한 '기업도시법 시행령·시행규칙 제정안'을 입법 예고했다. 시행령에 따르면, 산업교역형 기업도시의 최소 기준 면적이 2백만평에서 1백50만평으로 낮아졌다. 또 기업도시 개발이익 환수비율도 전경련 요구를 받아들여 당초 25~100%에서 25~85%로 완화됐다. 또한 지방자치단체들의 신청마감 연장 건의를 받아들여 마감시한을 당초 오는 15일에서 4월15일로 2개월 연장했다.

참여정부의 '재벌 특혜주기'는 여기서 멈추지 않았다. 건교부는 시행령 시행을 며칠 앞둔 4월13일 급작스레 "지난 2월 입법예고한 기업도시법 시행령에 기업도시 활성화를 위해 '미분양 또는 미개발산업단지에 산업교역형 기업도시를 건설하는 경우 최소면적을 1백만평으로 낮출 수 있다'는 예외조항을 삽입했다"고 밝혔다. 산업교역형 기업도시의 최소면적 기준은 지난 2월초만 해도 2백만평이었으나 1백50만평으로 줄어든 데 이어, 웬만한 택지개발지구보다도 적은 수준인 1백만평으로 또다시 줄어든 것이다.

경실련은 이에 긴급성명을 통해 "산업교역형 기업도시 최소면적을 1백만평으로 거듭 축소한 것은 기업에게 땅 투기하라는 것"이라며 "게다가 기업이 산업을 위해 토지를 직접사용 하는 규모가 12만평밖에 안되어, 처음 제안되었던 기업도시를 만들 수 없다"고 지적했다. 경실련은 "1백만평 규모에 기업도시 건설이 가능하다면, 기업들이 특별법에 의해 보장되는 수많은 혜택을 받으면서 부동산을 손쉽게 구입하고 처분에서는 막대한 이득을 보기 때문에 투기가 일어날 것은 자명하다"면서 "산업교역형 내에도 골프장을 지을 수 있게 허용하고 있음을 볼 때 실제로는 산업은 모양 갖추기로 만들고, 주택분양이나 레저 등 잿밥에만 관심을 가질 것"이라고 개탄했다.

열린우리당의 '기업도시 엽기공약', "삼성–현대에게 몇 조원은 껌값"

2005년 4.30 재보선. 결과적으로 열린우리당이 국회의원 선거구 6곳에서 전패하면서 과반수 의석 구도가 붕괴, 정국 주도권을 상실하게 만든 중요한 선거였다.

선거의 중차대성을 잘 알고 있던 여야는 당연히 선거운동 과정에 더없이 필사적이었고 표심을 잡기 위한 각종 공약을 쏟아냈다. 문제는 대다수 공약이 실현불가능한 말 그대로의 공약(空約)이었다는 데 있었고, 특히 최대 격전지였던 경북 영천에서는 열린우리당이 황당한 '기업도시' 유치 카드를 꺼내들어 패배를 자초했다.

기업도시 카드를 맨처음 꺼내든 이는 정동윤 열린우리당 후보. 정 후보는 "삼성과 LG같은 기업이 모두 영천에 투자할 것"이라며 "삼성과 LG가 10조원만 투자하면 기업도시로 육성할 수 있다"고 주장했다. 그는 "정부 여당의 힘이 보태지면 기업도시 유치는 쉬운 일"이라고 주장하며 "내년 연말까지 기업도시를 유치 못하면 당선돼도 금배지를 내놓겠다"고까지 했다. 마치 기업 돈을 마치 제 주머니 돈처럼 마음대로 쓸 수 있다는 투였다. 이는 또한 당시 영천 인구는 10만명으로, 10조원이면 한 사람당 1억원씩을 쏟아 붓겠다는 황당한 얘기이기도 했다.

해프닝은 정 후보 혼자 선에서 끝나지 않았다. 문희상 열린우리당 의장은 한 술 더 떠서 "기업도시가 서고 고속도로가 들어오면 영천 개발은 1백년 앞당길 것"이라며 "여당 의장으로서 산업형 기업도시 유치를 약속드린다"고 '보증'까지 서 주었다. 그는 "여기에 기업도시만 들어서면 30년간 발전하지 못한 서러운 한을 떨치고 천지개벽이 이뤄질 것"이라며 "이제 영천은 발전할 수밖에 없다. 모든 게 해결 되는 것"이라고 주장했다. 그는 이어 인구 10만 지역에 10조 투자를 약속하고 있다는 비판여론에 대해서도 "삼성이나 현대가 투자하는 데 있어 조(兆) 단위는 간단한 것"이라고 반박하기도 했다.

문 의장은 또 "정동윤 후보가 당선되면 3선으로 바로 국회 건설교통위원장이 된다"고 건교위원장 자리를 약속하기도 했다. 건설업계에 영향력이 큰 국회 건교위원장이 되면 기업도시 유치가 한층 쉬어질 것이라는 이유에서였다. 하지만 문 의장은 앞서 또다른 선거구인 성남 중원에 가서도 열린우리당 출마후보가 당선되면 건교위원장을 시키겠다는 '공약'을 남발한 상태였다.

열린우리당은 여기서 그치지 않고 선거기간중인 4월22일 국회 회기중임에도 불구하고 문희상 의장을 비롯한 5명의 상임중앙위원과 정세균 원내대표, 원혜영 정책위의장 등 지도부 전원이 참석한 가운데 경북 영천의 정 후보 선거사무소에서 상임중앙회의를 갖고 ▲기업도시 시범지역 조성 ▲방위산업 육성정책 거점 구축 ▲공공기관 중 농업관련 기관 이전 등을 추진하겠다고 약속했다. 특히 이날 원혜영 정책위의장은 그 무렵 영천이 건교부의 시범 기업도시 선정에 응모조차 하지 않은 점을 의식한 듯, "정부에서는 자발적으로 응모한 유치 도시 외에 객관적이고 종합적인 검토를 거쳐서 여건을 갖춘 도시를 추가적으로 선정할 계획"이라며, 기업도시 신청을 하지 않더라도 기업도시로 선정해줄 수 있다는 뉘앙스의 발언을 하기도 했다.

기업도시 공약이 애당초 터무니없는 '엽기 공약'이라는 사실은 원혜영 의장도 토로했듯, 당시 영천은 기업도시를 아예 꿈도 꾸지 않고 있었다는 데에서도 알 수 있다. 고속도로도 이어지지 않은 경북 오지에 대기업이 천문학적 거액을 투자할 이유가 없다는 게 영천 사람들의 생각이었다. 영천은 열린우리당의 '화끈한 공약'에도 불구하고 끝내 기업도시 신청을 하지 않았다.

열린우리당의 '엽기 공약'은 역풍으로 작용, 앞서가던 열린우리당 후보가 패하는 데 결정적 빌미를 제공했다. 4.30 재보선 직후 여론조사기관인 '리서치 앤 리서치(R&R)'는 "경북 영천의 경우 4월20일경 조사한 데이터에 따르면 열린우리당이 한나라당을 2배가량 앞서 있었다"며 "이것이 역전된 것은 일차적으로 박풍(박근혜 바람)이 여전하다는 것 외에, 열린우리당의 기업도시 유치 공약 등이 유권자들의 신뢰를 깎아내린 측면도 있다"고 분석했다.

문희상 의장은 그러나 선거패배후인 5월6일 재차 영천을 방문한 자리에서 또다시 "기업도시를 유치해서 5천년 영천의 한과 설움을 극복하자는 약속을 했는데 더욱더 열의를 갖고 지키겠다는 다짐을 드린다"고 기업도시 유치를 재차 약속했다. 이는 당시 선거 참패후 당 안팎에서 선거 패배의 한 요인으로 당 지도부가 기업도시 등 현실성 없는 공약을 남발한 점을 꼽으며 '지도부 인책론'이 거세게 일어난 데 대한 면피성 발언이었다.

열린우리당은 선거기간중 기업도시외에도 지역주민의 '땅투기 심리'를 부추기는 공약을 잇따라 발표, 비난을 자초했다. 한 예로 행정중심복합도시가 들어설 충남 연기·공주에선 국회 건교위원장인 김한길 의원과 이병령 열린우리당 후보는 토지보상과 관련, "시가(時價) 이상으로 토지 보상을 하겠다"고 약속했다. 김 의원은 지역 인사들에게 "지금 세워진 예산과 상관없이 감정가로 충분히 보상하겠다"고 했고, 이 후보도 "감정가는 시가보다 높으면 높았지 낮지 않을 것"이라고 했다. 이는 토지보상에 쓰이는 국민 세금을 제 주머니 돈처럼 여기는 오만한 발상에 따른 것이었다. 이들의 공약은 행정도시 선정 발표후 가뜩이나 폭등을 거듭하던 충남 땅값을 더욱 치솟게 만들었다.

4.30 재보선 과정에 여당이 보인 구태는 기업도시나 행정도시 등이 '지역 균형 발전'이라는 대의명분과는 달리 애당초 '선거용' '정치용'으로 기획된 게 아니냐는 의혹을 낳기에 충분했다.

전국을 휩쓴 땅투기, '땅값 2천조-아파트값 1천조' 시대 도래

우려대로 기업도시 드라이브는 2004년 후반부터 전국에 거센 땅투기 바람을 불러일으켰다. 2003년이 '아파트투기'의 해였다면, 2004년은 '땅투기'의 해였다.

기업도시만 유치하면 마치 하루아침에 떼부자가 될 수 있다는 환상에 사로잡힌 각 지방자치단체는 앞다퉈 기업도시를 자기 지역에 유치하기 위한 치열한 로비공세를 펼쳤고, 이 과정에 전국 곳곳의 땅값은 폭등을 거듭했다.

건설교통부가 기업도시 유치전략 설명회를 개최한 2004년 12월28일 오후 서울 웨스턴조선호텔에서는 삼성, 현대, SK건설 등 대기업 관계자들이 대거 참석한 가운데, 전국 2백34개 시·군·구 중에서 8개 광역자치단체 소속 39개 시·군이 기업들을 상대로 치열한 기업도시 유치 공세를 펼쳐 당시 지방을 휘말아치던 기업도시 광풍이 얼마나 뜨거운가를 보여줬다.

강원도에서는 원주를 비롯해 춘천, 양양, 고성 등이 유치에 나섰고, 충청북도에서는 충주시를 필두로 아산, 서산, 당진, 서천이 나섰으며, 경상북도에서는 포항, 영천, 경주, 경상남도에서는 창원, 김해, 마산, 사천, 거제, 전라북도에서는 군산, 익산, 부안, 남원, 무주, 전주, 완주, 군산, 익산, 정읍, 남원, 김제, 전라남도에서는 무안, 해남·영암, 나주, 함평, 순천, 광양, 여수,

제주도에서는 서귀포가 나섰다. 행정도시가 옮겨갈 충청남도를 제외한 거의 모든 주요 지역의 지방자치단체가 다 나선 셈이다. 이들은 예외없이 기업도시 유치를 장담했고, 이를 빌미로 전국 땅값은 급등했다.

지역주민들도 기업도시를 유치해야 땅값이 오른다는 착시현상에 빠져 광적 집착을 보였다. 그런 대표적 사례가 '태안 사태'였다.

2005년 5월16일 오전 충청남도 서산시 부석면과 태안군 남면 등 천수만 간척지 B지구 주민 4백여명은 철새 서식지인 가사천변 갈대숲에 휘발유를 뿌린 뒤 불을 지르고 일대 철새를 쫓기 위해 폭죽을 터뜨렸다. 이날 방화를 한 주민들은 그 동안 환경부가 인근 철새 서식지를 생태자연도 1등급 권역 으로 지정하려 하자 그럴 경우 이 지역에 기업도시와 웰빙·레저 특구를 건 설할 계획이 물거품이 된다는 판단에서 집단행동에 나선 것이었다.

서산시와 태안군은 각각 천수만 B지구에 1백75만평 규모의 웰빙·레저 특구와 4백20만평 스포츠 파크와 골프장 등을 갖춘 관광·레저형 기업도시 건설을 추진중이었으며, 태안군은 이미 문화관광부에 시범사업 지정 신청서 를 낸 상태였다.

초유의 사태에 접한 환경운동연합 등 시민단체들은 "지역 주민들이 기업 도시와 특구 지정을 위해서 천수만의 생태자연도 1등급 권역 지정을 반대하 며 철새를 내쫓기 위해 갈대를 태우고 폭죽을 터뜨린 것은 기업도시라는 망 상이 불러온 비극"이라고 개탄했다. 그러나 주민 반발에 놀란 환경부는 "천수 만 간척지의 경우는 조류학자들이 철새 도래지를 너무 넓게 판단해 1등급 면 적이 필요 이상으로 넓게 정해진 측면이 있다. 철새들이 주로 활동하는 담수 호 주변과 배후습지 등을 위주로 1등급 지역을 현실에 맞게 지정할 것"이라며

1등급 권역 축소 방침을 밝히는 등 뒤로 물러서는 모양새를 보였다.

다른 지역들의 경우도 정도의 차이가 있을뿐 기업도시를 유치하려는 경쟁은 치열했고, 이 와중에 땅값만 수직상승했다.

2005년 2월말 건설교통부의 표준공시지가 공시에 따르면, 2004년 한해 동안 재산세, 상속 증여세 등의 부과기준이 되는 개별공시지가가 평균 18.94% 올랐고, 특히 전국의 토지 2천7백41만여 필지의 88.7%인 2천4백75만 필지의 개별공시지가가 상승해 땅값 폭등이 전국에서 예외없이 발생했음을 보여줬다. 특히 판교-분당 등이 위치한 경기도는 35%, 행정도시가 옮겨가는 충남은 34%가 올라 상승 폭이 두드러졌으며 기업도시 유력 후보지로 거명되던 전남 해남·영암 등의 땅값도 크게 올랐다.

땅값 폭등의 결과, 우리나라 전체 땅값(공시지가 기준)이 마침내 2천조원을 넘어섰다. 건교부에 따르면 전국 시·도 2천7백91만필지(비과세 토지 제외) 9백7억7백40만§‡를 대상으로 개별 공시지가를 합산한 결과 2004년 한해 동안에만 우리나라 땅값이 3백47조원 오르면서, 전체 총액이 2천1백76조 2천억원으로 집계됐다. 참여정부 들어서만 5백조원이나 폭등한 것이다. 참여정부 출범이래 아파트값이 3백조원 올랐다는 사실과 비교할 때, 전국적으로 땅투기가 얼마나 거셌는가를 감지할 수 있는 숫자다.

부동산거품의 정도를 측정하는 잣대인 '땅값 대비 국내총생산액 비율'은 3차 부동산폭등기 직후인 91년 4.77배에 달했다가 그후 10년간 부동산투기가 종적을 감추면서, 2002년 1.97배까지 낮아졌었다. 그러나 그후 정부가 부동산 경기부양책을 취한 결과, 2003년 2.13배, 2004년 2.35배로 빠르게 높아져 부동산거품 파열 위기감을 심화시키고 있다.

우리나라 땅값 2천조원은 남한 면적의 1백배나 되는 캐나다를 5번, 남한의 5배인 프랑스를 8번 살 수 있는 액수로 미국 전체 땅값의 50%를 넘는 규모다. 특히 미국, 영국, 프랑스, 싱가포르 등 대다수 외국의 경우 땅값을 실제로 거래되는 가격인 시가로 파악하고 있는 반면, 우리나라의 공시지가는 아직 시가보다 턱없이 낮아 우리나라의 실제 땅값 총액은 2천조원보다 크게 높을 것으로 추정된다. 경실련 같은 경우는 "건교부는 건교부가 공시지가를 기준으로 한국 땅값이 2천1백76조원이며 이는 시가의 91%를 반영한 수치라고 발표했으나, 강남권 주요 아파트단지 등의 시가를 조사해본 결과 아파트값은 시가의 30~40%, 땅값은 50~60%밖에 안됐다"고 반박하고 있다. 정부 발표보다 우리나라의 부동산 거품이 더 심각한 지경이라는 지적이다.

망국적 부동산투기의 결과, 2004년 땅값이 2천조원을 넘은 데 이어 아파트값 총액도 1천조원대를 돌파했다.

부동산포탈 〈부동산뱅크〉에 따르면, 2005년 4월 현재 우리나라 전체 아파트의 시가총액은 1천조6천3백58억원이다. 2000년의 아파트 시가총액이 3백53조1천7백56억원이었다는 사실과 비교하면, 정부가 부동산 경기부양책을 취한 4년사이에 무려 6백47조4천7백46억원이나 늘어난 것이다. 특히 강남·서초·송파구 등 '강남 3개방' 아파트 시가총액은 1백63조1천9백68억으로 부산, 대구, 광주 등 6개 광역시의 아파트 시가총액 모두를 합한 1백97조6천48억원에 버금가, 부의 편중이 얼마나 극심한가를 새삼 절감케 했다.

성장률은 밑바닥을 헤미고 있는 외중에 나온 '땅값 2천조, 아파트값 1천조 돌파'라는 실적은 참여정부의 또 하나의 부끄러운 성적표였다.

이해찬의 궤변, "지방 땅값 상승은 서민경제에 타격 안줘"

부동산 폭등보다 더 큰 문제는 전국의 땅투기장화에 대한 정부 인식이 안이하기 짝이 없었다는 점이다.

실세총리인 이해찬 국무총리는 취임 1주년을 맞아 2005년 6월2일 〈경향신문〉과 가진 인터뷰에서 전국의 땅투기장화에 대한 질문을 받자 "민간부문 여유자금이 생산분야로 가야 하는데 자신이 없으니까 자본이득을 취할 수 있는 분야로 가려고 하며 그중 하나가 부동산"이라고 민간의 투기성향을 비판하면서도 "지방에서 부동산 가격이 오른 것은 기업도시, 혁신도시, 행정도시 이런 것의 영향을 안받았다고 할 순 없다"고 정부가 부동산값 폭등의 원인 제공자임을 시인했다.

하지만 그는 이어 "그러나 지방에서의 부동산가격 상승이 서민 경제에 큰 타격을 준 것은 아니다"라고 주장, 지금 전국에서 벌어지고 있는 땅투기 및 땅값 폭등에 대한 정부의 안이한 인식을 여지없이 드러냈다. 땅값 폭등은 곧바로 집값 폭등으로 이어진다는 기초 경제상식조차 결여한 발언이었다.

이 총리는 이어 "문제는 수도권 아파트 가격"이라며 "그 부분은 철저하게 불로소득을 취하지 않도록 여러 가지 제도적 장치를 통해 막아야 한다"고 답해, '지방의 땅값 폭등은 괜찮으나 수도권의 집값 폭등은 문제'라는 식의 이중 사고를 드러내기도 했다. '지역균형 발전' 차원에서 지방의 땅값 폭등은 불로소득이 지방민에게 돌아가니까 크게 문제될 게 없다는 식의 비뚤어진 인식구조였다. 이 총리는 여기서 그치지 않고 이날 국회에서 부동산정책 실패에 대한 비판이 제기되자 "부동산 문제에 대해선 역대 어느 정부보다 안정적으로 관리했다"고 강변하기도 했다.

이처럼 지방 땅값 폭등에 문제의식을 안 갖고 있던 이 총리는 마침내 2005년 7월8일 기업도시위원회를 열고 말도 많고 탈도 많던 '기업도시 시범사업지' 신청 지역 8곳 가운데 전남 무안(산업교역형), 충북 충주(지식기반형), 강원 원주(지식기반형), 전북 무주(관광레저형) 등 4곳을 시범사업지로 선정했다. 정부는 이어 8월25일 재차 기업도시위원회를 열어 앞서 보류했던 충남 태안과 전남 영암·해남도 관광레저형 시범사업지로 선정했다.

말이 시범 기업도시 선정이었지, 사실상 8곳 신청지 가운데 하동·광양과 사천 두 곳만 제외한 '무더기 선정'이었다. 당초 정부는 2~3곳만 선정한다는 계획이었으나, 지자체 및 지역정치권의 압박에 밀려 그 숫자를 크게 늘린 것이다. 무안의 경우 동광건설, 한미파슨스 컨소시엄 등이 참여하고, 무주에는 대한전선이, 충주에는 포스코건설, 임광토건, 이수화학, 동화약품, 주택공사가, 원주에는 롯데건설, 한독산학협동단지, 국민은행, 삼아약품 등이 참여 의사를 밝혔다.

외형상으로는 관광레저형 3곳, 지식기반형 2곳, 산업교역형 1곳 등 개발이익 비난여론을 의식해 지식기반형과 산업교역형도 포함시킨 모양새이나, 실제 내막을 들여다보면 이들 지식기반형-산업교역형도 개발이익을 노린 레저형 성격이 짙었다. 지식기반형과 산업교역형 3곳 또한 골프장 건설이 큰 비중을 차지하고 있었기 때문이다. 1천2백20만평 부지에 조성되는 무안은 산업교역형이라는 목적과는 관계없는 관광·레저 단지가 전체 면적의 3분의 1을 차지하고 1백8홀 규모의 골프장을 세운다는 계획이다. 지식기반형 기업도시로 추진되는 1백만평 규모의 원주, 충주에도 골프장과 골프 아카데미가 건설될 계획이다. 포장만 달리 했을 뿐, 개발차익이 최대 목적임을 보여주는 대목이다.

관광레저형으로 선정된 3곳에는 당연히 매머드 골프장이 줄줄이 들어설 예정이다. 무주에는 2백45만평 부지에 골프장, 콘도 등의 대규모 위락 시설이 들어서며 45홀 규모의 골프장이 들어설 예정이다. 개발지 대부분이 현대건설 소유인 충청남도 태안에는 무려 1백44홀의 골프장과 골프산업단지 등이 들어설 예정이다. 1단계로 우선 1천만평, 2단계까지 합하면 자그마치 3천만평을 개발한다는 계획을 세운 전남 영암.해남에는 그보다 더 큰 5백40홀 규모의 세계최대 규모의 골프장이 들어서는 것으로 돼있다. 이 사업에는 전경련과 한국관광공사가 참여하는 합동기획단과 전남개발공사와 광주.전남지역 주요 기업이 함께하는 전남개발컨소시엄, 일본기업연합과 (주)엠브릿지 홀딩스 등 국내외 4개 컨소시엄 15개 기업이 참여키로 했다. 이헌재가 불붙인 '전국토의 골프장화'가 마침내 그 막을 올린 것이다.

기업도시 개발이 본격화하면서 개발이익이 지역민들에게 돌아갈 것이라는 정부 주장과는 달리, 예상했던대로 이들 시범지역의 땅값 급등의 최대수혜자는 '외지의 투기세력'이 되고 있다는 사실도 언론 취재결과 확인됐다.

SBS 〈뉴스추적〉은 2005년 7월20일 현지르포 '기업도시-투기만 부추기나'를 통해 4개 기업도시 시범 지역의 외지인의 부동산 투기 실태를 고발했다. 보도에 따르면 기업도시 사업으로 땅값이 3~4배 오른 이들 지역에서 외지인은 온갖 편법을 동원해 땅을 사들이고 있었다. 2005년 1월부터 6월까지 기업도시 시범 사업 선정 지역에서 거래된 땅의 최대 83%를 외지인이 사들였다. 원주의 경우 1천7백52건 중 83%, 무주는 4백96건 중 62%, 무안은 2천4백56건 중 56%, 충주는 3천8백11건 중 27%를 외지인이 사들였다.

외지인의 땅 투기를 막기 위해서 토지 거래 허가 지역으로 지정하는 것도 실효성이 없었다. 토지거래 허가 지역으로 묶인 땅의 경우에는 6개월 이상 지역에 거주하지 않은 외지인은 거래를 하지 못하도록 돼있으나, 실제로는 음성적 거래가 공공연하게 이어지고 있었다. 예컨대 공시가의 4~5배의 땅 값을 외지인과 주고받고 명의 이전을 하지 않고 그대로 두거나, 외지인으로부터 돈을 빌려 현지인이 땅을 사는 것처럼 속인 뒤 등기부 등본상 근저당을 설정해 놓는 방법 등이 대표적인 편법이었다. 실제로 무안의 경우 기업도시 시범 사업 선정 직전인 6월 마지막 한 주에만 30건의 근저당 설정이 진행됐다. 이 중에서 채권자들의 주소지는 서울·수도권 거주자 10건을 포함해 모두 다 외지인이었다.

〈뉴스추적〉은 또 기업도시 선정 과정의 부실 의혹도 제기했다. 계획서상에 오른 상당수 참여 기업들이 개발 이익을 챙기기 위해 참여한 기업이거나 심지어 선정을 위해서 이름만 걸친 경우라는 것이다. 무안의 경우 투자 의향을 보인 46개 기업 중에서 11개가 건설 관련 회사이고 자산, 매출 규모가 없는 신설 법인도 5개사나 됐다. 원주의 경우에는 아예 참여 의사가 없는 기업을 버젓이 이름에 올려놓기도 했다. 산업교역형 기업도시로 선정된 무안에 투자 의향을 밝힌 한 기업 관계자는 "입지가 무안보다 1백배, 1천배나 좋은 영암 대불산업단지도 정부가 만든 지 30년이나 됐지만 텅텅 비어 있다"며 "무안 역시 경쟁력 없기는 마찬가지지만 기업들이 개발 이익을 챙기기 위해서 들어온 것"이라고 고백하기도 했다. 한마디로 말해, 참여정부가 '지역 균형발전'을 명분으로 강행한 기업도시의 앞날이 암울함을 보여주는 '잿빛 증거'들이었다.

5장
천당 아래 분당

판교에서 불붙은 부동산투기는 "천당 아래 분당"이란 말이 만들어질 정도로
분당 등 강남 일대에 거센 투기광풍을 몰고 왔다.
인터넷에는 "폭등에는 폭동으로"란 구호가 나돌며 민심이 험악해졌다.

◆

'네살배기 아시', 노 대통령의 대국민 사과 "경제 올인하겠다"

노무현 대통령은 2004년 12월31일 발표한 새해 신년사를 통해 양극화 심화로 서민들의 고통이 가중된 데 대해 공식 사과하고 '경제 올인'을 약속했다.

노 대통령은 "지난 한해 저와 정부는 원칙과 일관성을 가지고 열심히 노력했으나, 국민 여러분의 어려움을 다 풀어드리기에는 여러 가지로 부족한 점이 많았다"며 "무엇보다도 서민생활의 어려움을 속 시원히 풀어드리지 못한 점, 매우 송구스럽게 생각한다"고 사과했다. 노 대통령은 이어 "지금 우리 경제를 어렵게 하는 원인이 무엇인지는 분명히 드러나 있다"며 "그 중에서도 대기업과 중소기업, 첨단산업과 전통산업, 정규직과 비정규직, 수도권과 지방, 그리고 상·하위 계층간의 심화된 격차는 더 이상 외면할 수 없는 시급한 과제"라고 양극화를 최대 경제현안으로 지적했다. 노 대통령은 "대기업은 중소기업에게, 정규직은 비정규직에게, 수도권은 지방에, 중산층 이상은 서민계층에게 용기를 북돋우고 손을 잡아 이끌어주어야 한다"며 새해에는 자신도 양극화 해소를 위해 최선을 다하겠다고 약속했다.

노 대통령의 대국민 사과와 경제 올인 약속은 2004년 참여정부와 열린우리당이 총력전을 펼쳤던 '4대 개혁법' 통과가 결과적으로 정쟁만 심화시켰을 뿐 한나라당 반발과 열린우리당내 내분의 결과 용두사미 격으로 막을 내린 데 대한 국민의 차가운 시선을 의식한 것으로 해석됐다.

또한 "다수 국민이 죽어가고 있다. 민생부터 제대로 챙기라"는 진보진영의 사회 원로들의 따가운 질책에 대한 '고개 숙임'으로도 해석됐다. 여러 원로들이 동일한 경고를 했지만, 그 중에서도 노 대통령에게 가장 호된 질책을 가한 원로는 사회과학계의 거목인 최장집 고려대 교수였다. 최 교수는 〈아세아연구〉(2004년 가을, 통권117호)에 기고한 '한국 민주주의의 취약한 사회경제적 기반'이라는 글을 통해 노무현 정부의 '정치 만능주의'와 '민생 불감증'을 통렬히 비판했다.

최 교수는 "오늘의 한국현실에서 대다수 일반 시민이 직면하고 있는 경제생활의 질적 저하와 그것이 가져오는 사회적, 인간적 피폐화만큼 큰 문제는 없다"고 양극화가 초래한 민생 붕괴의 심각성을 지적한 뒤, "고실업, 고용불안정, 노동시장의 내부분화에 의한 이른바 대규모 비정규직 노동자의 누적, 소득분배구조의 악화, 가계파산에 의한 신용불량자의 양산, 빈곤층의 확대 등 오늘날 한국의 노동시장 상황을 나타내는 양상들은 IMF개혁 패키지를 통해 급격하게 전개된 한국경제의 구조변화를 특징짓는 중심내용들"이라고 지적했다. 그는 또 "한국 사회의 가장 중요한 문제인 사회경제적 문제가 중요한 정치적 사안의 범위 내로 들어오지 못하는 현실은 정치가 하찮은 문제를 둘러싼 갈등으로 왜소화되고 타락하고 있는 한국 정치의 현실과 결코 무관하지 않다"며 당시 4대 개혁법에 치중하던 정부여당에 따끔한 일침을 놓기도 했다.

당시 여여 갈등을 ▲정당 간의 정치 경쟁의 규칙을 어떻게 제도화하는가 ▲역사, 이념 및 가치, 정서적 문제를 둘러싼 이슈(역사 바로세우기, 지역감정 극복, 과거사 진상규명 등) ▲행정수도 이전과 같은 지역개발정책 분야

▲사회경제적, 정치경제적 이슈 등 4가지로 대별한 최 교수는 "현실적으로 최소한 서구 민주주의에서의 상황은 현실 생활에 기초를 둔 사회경제적 문제가 최우선 순위에 자리 잡고 있으나 한국에서는 이와 반대로 중요 의제로 부각되지도 못하고 있다"며 "대신 '과거사 진상규명' 같은 이념대립과, 삶의 현실적 문제와 거리가 먼 '행정수도 이전' 같은 지역 개발주의적 사안들이 정책의 최우선 순위에 자리 잡았다"고 노무현 정부를 질타했다.

최 교수는 이어 "권위주의적 관치경제 시기로부터 민주화이후 현재에 이르기까지 경제 영역에서만큼 정책의 연속성이 유지되는 분야는 없을 것"이라며 "노무현 정부에서조차 실제의 경제정책은 민주화 이전과 그 차이를 실감하기 어렵다"고 참여정부의 '기득권층 중심의 경제운영'을 지적했다. 그는 "따지고 보면 기득권 세력이 가장 강력한 헤게모니를 갖고 있는 영역은 냉전 반공주의도 아니고, 친일파 청산 문제와 같은 역사적 가치의 문제도 아닌, 경제와 관련된 이슈 영역"이라며 "민주화 이후에도 한국 정치는 사회경제적 이슈 영역을 중심적으로 대면하고 그 영역에서 갈등을 해소해 가는 과정에서 정치의 제도 개혁이나 역사적-정서적 이슈를 흡수 통합해가는 것이 아니라, 거꾸로 후자의 문제를 다루는 데 몰두하면서 전자(사회경제적 이슈)를 방치해 왔다"고 질타했다. 그는 "그 결과 어느 정당이 집권하든 경제정책은 유사하게 됐고, 과거 권위주의적 관치 경제를 주도하고 운영했던 관료의 수중에 놓이게 됐다"며 노무현 경제정책의 실수가 '관료의 덫'에 걸려들었기 때문임을 날카롭게 지적하기도 했다.

최 교수는 "지금이야말로 사회경제적 대안을 논의할 때"라며 "노무현 정부는 '2만불 성장시대'라는 성장의 목표와 가치를 천명하고 한편에서는 정부내 개혁파들이 사회정의, 사회복지, 분배의 가치실현을 언명하기도 하지만, 그것은 진정한 정책적 목표, 내용과는 무관하게 분배와 복지를 요구하는 지지 세력에 부응하는 슬로건 내지는 레토릭에 지나지 않는다"고 꼬집었다. 그는 "민주주의가 다른 체제보다 우월하다고 생각하는 것은, 그것이 보통 사람들의 삶의 질의 개선을 포함하는 시민권의 확대와 실현이 가능하다고 판단하기 때문"이라며 "만약 우리가 민주주의에 대해 이런 가능성을 기대하지 못한다면 민주주의에 대한 지지와 신뢰는 허약해질 수밖에 없고, 나아가 그 중심적지지 세력으로부터 괴리되기 시작한 민주주의는 그 취약함으로 인하여 민주주의를 원하지 않는, 혹은 민주주의와 갈등관계를 갖는 힘들에 의해 커다란 도전에 직면하게 될 것"이라고 수구세력의 재집권 가능성을 경고하기도 했다. 그는 "사회경제적인 문제가 정당들과 민주 정부에 의해 정치적인 문제로 다루어지지 않는 한 오늘의 한국 민주주의는 한 발짝도 진전하기 어려울 것"이라는 준엄한 경고로 글을 끝맺었다.

최 교수의 비판이 과연 노 대통령의 '고개 숙임'을 이끌어냈는지 연관 관계는 분명치 않다. 하지만 최 교수의 우려대로 2004년말 발생한 한 충격적 사건이 더 이상 노 대통령으로 하여금 대국민 사과를 하지 않을 수 없게 만들었음은 분명하다. 그 사건은 다름아닌 '네살배기 아이의 아사(餓死)' 였다.

성탄절을 앞둔 그해 12월18일 대구시에서 막노동을 하던 김모씨의 네 살 난 아들이 월세방 장롱에서 굶어 숨진 채 발견된 사건이 발발, 전 국민에게 큰 충격을 안겨주었다. 숨진 김군을 최초로 발견한 성당 사회복지부장 구모씨는 "김치와 쌀을 전해준 뒤 평소 건강이 좋지 않던 김군의 안부를 물었더니 김군의 아버지가 아무 말 없이 장롱문을 열어보였다"며 "뼈대만 앙상한 김군이 숨진 채 장롱에 있어 신고했다"고 말했다. 이에 앞서 김군의 어머니 김모씨(38)는 21개월 된 딸을 업고 성당을 찾아가 "먹을 것이 다 떨어졌다"며 도움을 청한 뒤 기저귀값 1천5백원을 빌려갔고, 이에 이튿날 성당의 구모 씨가 쌀과 김치를 갖고 김씨 집을 찾아갔다가 김군의 사망 사실을 발견하게 된 것이다. 숨진 김군은 발견 당시 말 그대로 '피골이 상접한 상태' 였다. 또 김씨의 21개월 된 막내딸도 심한 영양실조를 앓고 있어 인근병원으로 긴급 호송됐다.

2년전 직장을 잃은 뒤 막노동을 하고 있는 김씨는 "요즘 경기가 나빠지면서 그나마 있던 일감마저 사라져 온 가족이 하루 한 끼는 거의 매일 굶었고, 한 달에 1주일 정도는 전혀 식사를 하지 못했다"고 진술했다. 김씨 가족의 경우 겉으로는 부모가 30대로 젊고 노동력이 있어, 국가가 생계를 일부 보전해주는 '극빈층' 을 가리키는 '국민기초생활 수급대상자' 가 아니다. 하지만 실제상황은 이미 오래 전 극빈층 이상이었다. 경찰이 현장확인을 위해 김씨 집에 갔을 때 보증금 1백만원에 월세 25만원짜리 셋방에는 텅 빈 냉장고만 있었을 뿐 먹거리가 전무했다. 한달에 1~2만원에 불과한 전기·수도료마저 제때 내지 못해 집주인이 수개월 전부터 대신 납부한 것으로 알려졌다. 김군 어머니마저 정상이 아닌 정신지체 3급 장애자였다.

사망한 김군도 미숙아로 태어나 평소에도 건강이 좋지 않아 밥을 떠먹여주지 않으면 식사를 못할 정도였다. 하지만 생활비를 벌기 위해 부부가 밤낮 없이 뛰어다니는 동안 집안 살림은 일곱 살 큰 딸이 챙겨야 했고, 일곱 살난 아이에게 밥도 혼자 못 먹는 동생을 돌본다는 것은 너무 벅찬 일이었다. 이런 외중에 두살난 막내도 심각한 영양실조에 걸렸다. 김군 사체를 부검한 경북대 법의학교실은 "김군은 정상 몸무게의 3분의 1인 5kg으로 장기간 굶어 죽은 기아사로 추정된다"고 최종적으로 아사임을 확인했다.

김군 아사사건은 국민에게 큰 충격으로 받아들여지는 동시에, 7백만명으로 눈덩이처럼 불어난 극빈층과 차상위계층 등 빈민층이 양극화 하에서 얼마나 극한적 하루하루를 보내고 있는가를 일깨워주었다. 김군 사건이 알려진 직후 인터넷 등에는 하루 종일 "아가야 미안하다", "우리 모두가 죄인"이라는 국민들의 애도와 사죄의 글이 잇따랐다.

정부 일각에서도 모 경제부처 수장이 사석에서 말한 "빈민층이 급증하면서 내년에는 못 살겠다고 데모할 국민이 1천만명이 될 것 같다"던 '불길한 예언'이 눈앞 현실로 나타나는 게 아니냐는 위기감이 확대됐고, 이런 상황이 결국 노 대통령의 대국민 사과와 경제 올인 약속이 나오게 만든 결정적 계기가 됐음은 분명하다.

노 대통령 석달 만에 "경제, 다 극복된 것 같다"

노무현 대통령의 '경제 올인'은 그러나 오래 가지 못했다. 대국민 사과후 1백여일이 지난 뒤인 4월17일 터키를 방문중이던 노 대통령은 동포간담회에서 "상당기간 동안 특별히 사고만 안 치면 한국경제는 쭉 뻗어나갈 것"이라면서 "이제 다 극복된 것 같다. 안 됐다고 말하는 분, 걱정 많이 하는 분들은 그렇지 않게 보지만 내가 보기엔 다 극복된 것 같다"고 호언했다. 지난 연말 대국민 사과를 한 뒤 '경제 올인'을 선언했을 때와는 180도 달라진 '경제 올인 해제'였다.

노 대통령이 넉달도 안돼 '경제 올인 해제' 발언을 하게 만든 것은 2005년

1.4분기에 확연하게 '좋아진 숫자' 들이었다. 노 대통령이 '경제 올인' 발언을 할 때만 해도 '숫자' 는 엉망이었다. "5% 성장은 기본"이라던 정부의 호언장담에도 불구하고 2004년 경제성장률은 4.6%에 그쳤고 특히 4.4분기의 경제성장률이 3.3%로 급락하면서, 국민들 사이에 위기감이 확대됐다. 새해 전망도 형편없었다. 삼성경제연구소 같은 경우는 정부가 지난해와 마찬가지로 2005년 성장률을 5%로 잡았음에도 불구하고 3.7%에 그칠 것이라고 일축했다. 시장 참여자들은 정부 말보다 삼성연구소 전망을 더 믿는 분위기였다.

그러나 2005년 연초 분위기는 정부쪽에 유리하게 돌아가는 듯싶었다.

우선 주가가 북핵위기 심화, 유가 급등 등 외부 악재에도 불구하고 꿈틀대기 시작했다. 동인은 미국의 주식 호황이었다. 미국 경제가 절대호황을 구가했던 2004년에 이어 2005년에도 괜찮을 것이라는 낙관론이 확산되면서 다우지수와 나스닥지수는 수직상승했고, 그 여파로 국내주가도 상승했다. 연초부터 상승하기 시작한 주가는 2월14일 코스닥지수가 1년5개월 만에 5백선을 재돌파한 데 이어, 이어 2월28일에는 종합주가지수가 5년1개월 만에 1천선을 재돌파하면서 세간에 "곧 불황이 풀리는 게 아니냐"는 기대감을 확산시켰다.

주가와 동시에 아파트값과 땅값도 2005년 연초부터 급등하기 시작했다. 급등의 빌미를 제공한 세력은 여야 정치권이었다. 여야는 강남 아파트투기의 진앙인 재건축아파트의 불로소득 환수를 골자로 하는 개발이익환수제를 "건설경기를 살려야 한다"는 이유로 2004년말 국회에 상정조차 하지 않았다. 개발이익환수제 도입이 유보됐다는 소식은 즉각 강남 재건축아파트값을 재차 폭등시켰다.

　부동산포털 〈닥터아파트〉가 1월31일 기준으로 전국 재건축대상아파트 3백13개 단지 9백43개 평형의 시세를 조사한 결과, 12월말 대비 재건축아파트 시세는 전국 1.68%, 수도권(서울·인천·경기) 1.78%가 각각 상승했다. 특히 서울의 경우 송파구(3.68%), 강남구(2.29%), 서초구(0.55%) 등 강남권을 중심으로 큰 폭의 상승세를 보여, 지난 2001~2003년의 아파트투기 때와 마찬가지로 강남 재건축아파트가 아파트값 폭등을 견인하고 있음을 분명히 보여주었다. 한 예로 송파구 가락동 시영1차 아파트 13평형의 경우 한달새 4천5백만원이 올랐고, 송파구 잠실동 주공5단지 35평형은 5천5백만원, 강남구 개포지구내 주공1단지 13평형은 5천만원, 강동구 고덕동 시영한라 17평형은 3천5백만원이 올랐다.

　서울 강남 재건축단지에서 시작된 아파트값 급등은 강남권과 목동 등지의 일반 아파트로 확산되며, 서울 아파트값을 2004년 6월이래 7개월 만에 상승세로 반전시켰다. 아파트값이 반등하자, 집을 내놓았던 사람들은 추가 상승 기대감에 매물을 거둬들이거나 호가를 높여 아파트값 상승을 부채질했다.

　2월 들어서는 상승폭이 더욱 커져 설 연휴를 앞두고 일주일새 송파구 2.99%, 강동구 1.83%, 강남구 1.21%, 서초구 0.90%나 오르는 폭등세가 재연됐다. 재건축 단지 중 특히 송파구 가락시영 1,2차는 상승세가 한달 이상 지속되며 2월 첫주에만 가락시영 2차의 경우 평형별로 3천만~4천7백50만원이나 올랐고 1차도 15, 17평형이 2천7백50만원 올랐다. 강남구 개포주공 1단지 11평형도 4천만원, 17평형이 3천5백만원 각각 올랐으며 다른 평형들도 3천만원씩 상승했다.

　2월 들어 특히 주목해야 할 대목은 서울에 이어 경기지역 매매가 변동률도

9개월 만에 처음으로 상승세로 반전됐다는 사실이었다. 특히 판교 주변의 분당, 과천, 용인 등이 일제히 오르면서 이른바 '판교발 대폭등'이 시작했다.

앞으로 아파트값이 재급등할 것이라는 기대심리도 전국으로 빠르게 확산돼 나갔다. 〈닥터아파트〉가 전국 3백86개 부동산 중개업소를 대상으로 한 2005년 2월 첫째 주(조사기간 01월 31일~02월 02일) 조사결과, 3개월후의 주택시장 가격에 대한 전망을 묻는 '가격전망지수'가 분기점인 100을 넘어 115.8으로 폭등했다. 이는 전번 주 조사때의 98.7보다 일주일 사이에 무려 17.1포인트나 급등한 것으로, 집값 상승심리가 전국적 규모로 급확산되고 있음을 보여주었다.

이처럼 주가와 아파트값이 폭등하면서 불로소득이 생기자, 중-상류층의 씀씀이가 살아나는 조짐을 보였다. 통계청이 발표한 '1월 서비스업활동 동향'에 따르면, 1월 서비스업 생산은 부동산업, 숙박·음식점업, 운수업, 통신업 등의 호조세에 힘입어 지난해 같은달에 비해 0.7% 증가했다. 특히 2005년 새롭게 지수에 편입된 부동산 공급업이 부동산 재폭등에 힘입어 36.3% 상승해 지수 상승에 가장 큰 영향을 미쳤고, 부동산중개·감정업(20%)과 부동산임대업(3.7%) 역시 상승세를 나타냈다. 또한 전해 사상최대의 실적을 올린 삼성전자의 7천5백억원 보너스 등 대기업을 중심으로 뿌려진 2조원대의 연말 보너스에 힘입어 신용카드, 자동차, 백화점 매출도 증가세를 보였다.

통계청의 '1월 소비자전망조사' 결과도 전해 7월 이후 80선에 머물던 소비자기대지수는 90.3으로 4개월 만에 증가세로 돌아서며 경기회복 기대감을 높였고, 2월 들어서는 낙관론이 더욱 확산돼, 소비자기대지수가 99.4로 전월보다 9.1포인트나 급등하며 2개월 연속 상승했다.

연초부터의 가파른 원화 강세에도 불구하고 수출호조로 외환보유고도 2월 '2천억달러'를 돌파, 낙관론 확산에 기여했다.

이 과정에 정부의 바람잡이도 한 역할을 했다. 통계청은 "소비심리가 바닥을 다지고 상승추세로 전환된 것으로 평가된다"며 "앞으로도 추세가 이어질 것으로 예상된다"고 사실상의 경기회복 선언을 했고, 박승 한국은행 총재도 3월초 "당초 예상보다 빠른 2.4분기부터 본격 회복될 수도 있을 것"이라는 낙관론을 폈다. LG경제연구원도 4월12일 국내 경제연구기관중 유일하게 당초 전망치 3.8%를 4.3%로 대폭 상향조정했다. LG경제연구원은 "1.4분기의 예상밖으로 빠른 소비심리 회복에 자극받아 상반기 성장률을 3.2%, 하반기 성장률을 5.2%로 대폭 상향조정한다"고 밝혔다.

노무현 대통령이 4월17일 "이제 다 극복된 것 같다. 안 됐다고 말하는 분, 걱정 많이 하는 분들은 그렇지 않게 보지만 내가 보기엔 다 극복된 것 같다"고 호언장담한 것도 이런 분위기의 산물이었다.

또다시 시작된 정권의 '아파트 경기부양'

1.4분기는 분명 외형상 모든 숫자에서 경기 회복세가 완연한 듯 보였다. 그러나 냉철하게 이면을 들여다보면 실상은 그렇지 않았다. 세간의 경기회복 기대감은 정부의 인위적 경기부양책과 언론의 과잉 낙관보도가 만든 '착시' 측면이 컸다.

노 대통령의 '경제 올인' 선언후 재경부, 건교부 등 경제부처는 바빠졌다. 뭔가 부양책을 써야 했다. 하지만 이들이 쓸 수 있는 수단은 한정돼 있었다.

정부 예산의 조기 집행과 국공채 추가 발행을 통한 경기부양에는 근원적 한계가 있었다. 결국 이들이 택한 수단은 또다시 '아파트 경기부양'이었다.

건설교통부는 2월4일 "대도시 주거지역의 토지이용 효율을 높이고 쾌적한 주거환경을 조성하기 위해 2종 일반주거지역에 대한 충고제한을 폐지하는 방안을 적극 검토중"이라며 "빠르면 하반기에 충고제한을 폐지할 것"이라고 밝혔다. 지금까지 아파트와 단독, 연립주택 등이 섞여 있는 2종 일반주거지역은 중밀도(용적률 2백50% 이하)를 유지하도록 돼 있어 최고 15층까지만 지을 수 있었다. 이 규제를 풀어 층수 제한없이 고층 아파트를 지을 수 있도록 해주겠다는 것이었다.

당연히 강남의 고덕, 개포, 압구정 등의 재건축지구에서 환호성이 터져나왔고, 강남 아파트 재폭등이 시작됐다. "아파트값을 반드시 잡겠다"던 정부가 또다시 아파트에 불을 붙인 것이다.

특히 건교부의 충고제한 해제 방침은 '강남과의 사전교감'을 거쳐 나온 게 아니냐는 의혹을 낳는 움직임이 포착돼 정부에 대한 불신이 한층 심화됐다. 한강변의 강남구 압구정동과 청담동 일대의 8개 재건축단지를 최고 60층의 23개 주상복합아파트로 구성된 국내최대 규모의 단일 단지로 만들겠다는 '압구정 프로젝트'의 출현이 그것이다.

34만8천2백35평에 51개동 3천8백96세대가 살고 있는 압구정 아파트 재건축단지는 북쪽으로는 한강과 올림픽대로에, 동·서·남쪽으로는 언주로와 논현로 압구정로와 지하철 3호선 압구정역에 접하고 있고 단지 입구에는 갤러리아백화점과 현대백화점에 위치하고 있는 강남의 노른자위였다. 이 지역을 3개 동으로 이뤄진 도곡동 타워팰리스 8개를 합한 것과 같은 한국 최대,

아니 세계 최대의 단일 주상복합아파트 블록으로 만들겠다는 것이었다. 이들은 여기에 미니 야외골프장과 인공호수까지 만드는 동시에, 단지내에는 각각 3개씩의 초등-중-고등학교를 세우고 유명학원들을 유치하겠다고 밝혔다. 말 그대로 강남 압구정 일대에 '강남속 강남'을 만들겠다는 것이었다.

문제는 기존에는 건교부의 '층고제한' 때문에 실현불가능한 이 계획이 건교부가 층고제한 폐지 방침을 밝히기 두달 전인 2004년 12월말 이미 강남구청 홈페이지에 '압구정 아파트지구개발 기본계획 변경을 위한 공람공고'라는 이름으로 공고돼 있었다는 사실이다. 건교부와 강남 간 '사전 교감' 없이는 불가능한 일이었다.

건교부 발표뒤 당연히 압구정동 일대의 아파트 매물이 순식간에 사라지고 아파트값이 폭등하기 시작했다. 강남의 다른 재건축 지역들에서도 압구정을 흉내낸 '매머드 초고층 아파트단지' 건설계획을 마련하려는 움직임이 감지되며, 이미 연초부터 불붙은 재건축아파트값 폭등을 한층 가속화시켰다.

압구정 프로젝트와 함께 '제2의 강남'을 세우려는 판교도 분양일이 임박하면서 강남은 물론이고, 분당, 용인, 과천 등 판교 주변의 아파트값을 폭등시키는 '판교발 대폭등'이 시작됐다. 판교는 2005년 6월 시범지구 5천가구의 분양을 시작으로 2006년 하반기까지 4회에 걸쳐 매회 5천가구씩 분양할 예정이었다. 판교에 들어설 아파트는 '로또 아파트'라 불릴 정도로, 입찰을 받기만 하면 최소 수억원의 불로소득을 얻을 것이라는 기대를 불러일으키며 전국의 국민들을 투기심리에 빠져들게 만들었다.

당연히 아파트값 재폭등에 대한 사회적 우려가 크게 일었고, 특히 건교부의 '아파트투기 부양책'에 대한 비난이 쇄도했다. 비난의 표적이 되자, 2월

17일 재경부와 건교부는 이른바 '강남 재건축아파트 및 판교 투기대책'을 발표했다.

건교부는 우선 강남 아파트값 폭등의 기폭제가 된 '충고제한 해제' 방침을 '없던 일'로 백지화했다. 압구정동 일대 재건축 단지들이 추진중인 최고 60층짜리 초고층단지 재건축도 불허키로 했다. 또한 지난해 국회를 통과하지 못한 개발이익환수제를 골자로 한 '도시 및 주거환경정비법'을 열린우리당의 협조를 얻어 2월중 국회를 통과시키기로 했다.

이어 판교와 관련해선, 아파트 분양시기를 11월로 연기하는 동시에 4차례에 걸쳐 하려던 2만1천여 가구의 분양을 11월에 일괄 분양하기로 했다. 판교 분양이 장기화할 경우 아파트투기 열풍도 장기화할 것을 우려한 전형적 미봉책이었다.

하지만 정부가 한번 불붙인 아파트투기 광풍은 이 정도 대책 갖고 끄기에는 역부족이었다. 더욱이 4월30일 재보선과 2006년 지방선거를 앞두고 '표'를 의식한 열린우리당까지 부동산투기 조장 붐에 가세하면서 상황은 더욱 나빠져 갔다.

김한길 의원의 '서울공항 이전' 발언 파문

정부가 2.17 부동산투기 대책을 발표한 지 며칠도 안 지난 3월8일 열린우리당이 행정부처 이전에 따른 수도권 '민심달래기' 차원에서 성남의 서울공항 이전 가능성을 언급, 파문을 불러일으켰다. 서울공항이 옮겨지면서 공항터에 2백만평 규모의 '고급도시'가 세워질 경우 '제2의 판교' 광풍이 몰아칠 게 불을 보듯 훤했기 때문이다.

　이번에 불을 붙인 이는 서울시장 출마를 꿈꾸고 있던 김한길 열린우리당 수도권발전대책특위 위원장이었다. 김 위원장은 이날 국회에서 건교부, 산자부 등과 수도권 발전대책 당정간담회를 가진 뒤 브리핑에서 "국방부와 협의해 수도권 주변에 군 주둔지로서의 성격을 상실한 부대를 이전하는 문제를 논의해볼 수 있을 것"이라며 "서울공항을 예로 들자면 군사적 효용가치를 잘 모르기 때문에 국방부 등과 논의해봐야 하나, 다만 지리적 요건으로 보면 서울공항은 수도권 경쟁력 제고에 쓰일 수 있는 입지"라고 말해, 서울공항 이전을 검토하고 있음을 드러냈다. 그동안 성남시 등 지자체나 민간 건설업계가 서울공항 이전을 요구한 적은 있으나, 정부여당이 이전 가능성을 언급한 것은 처음이어서 그 파문은 컸다.

　서울공항은 서울 강남과 인접해 있고 자연 환경과 교통여건도 판교보다 훨씬 좋아 수도권 최고의 고급 주택단지 후보로 꼽혀왔다. 평소 이곳을 '수도권의 마지막 엘도라도'라 부르던 건설업계는 이곳만 개발되면 천문학적 개발 차익을 거둘 수 있을 것이라는 기대감에 오랜 기간 군침을 흘려왔다. 하지만 국방부, 건교부 등 이전 및 개발허가권을 가진 관련부처는 그동안 대체 부지 마련의 어려움과 부동산투기 우려를 내세워 반대해 왔다. 그러던 차에 열린우리당과 건교부 당정협의후 서울공항 이전이 공식 언급되자, 행정수도 이전에 따른 수도권 민심 달래기 차원에서 정부여당이 종전 입장을 바꾼 게 아니냐는 관측을 낳았다.

　열린우리당과 건교부의 서울공항 이전 추진은 국방부의 강한 반발로 좌절됐다. 국방부측은 김한길 발언이 나오자마자 즉각 "서울공항은 강원도 횡성에 있는 8전투비행단과 함께 중부권을 담당하는 최북단 공군기지여서 유사시 북한 공군의 기습적인 공격을 차단하는 데 핵심적인 기지"라면서 "서울 공항을 이전할 계획을 전혀 갖고 있지 않다"고 강력 반박했다. 떡 줄 사람은 생각도 않는데 김칫국부터 마시지 말라는 경고였다. 김한길 의원은 고개를 숙여야 했다.

부동산값 상승을 '정치수단'으로 이용하려는 열린우리당의 시도는 그 직후 치러진 4.30 재보선 기간에도 계속돼, 앞서 밝혔듯 경북 영천에서의 '기업도시 유치 공약', 충남 연기-공주에서의 '시가 이상 보상' 약속 등을 남발해 국민적 비난을 자초했다.

건교부도 오십보백보로, 그 이후 "용적률 증가 30%포인트 미만 재건축 단지에 대해선 임대아파트 건설 의무를 배제하겠다"고 밝혔다가 강남의 해당 단지를 중심으로 아파트값이 폭등하자 또다시 '없던 일'로 하는 등 갈팡질팡을 거듭했다.

정부여당의 갈팡질팡을 지켜보던 국민들은 과연 정부여당이 '무능'하기 때문인지, 아니면 건설족의 이해를 증식시키기 위한 '계산된 행보'인지가 의문스러울 지경이었다.

"천당 아래 분당", "지옥 위에 일산"

정부가 '판교발 폭등'을 막기 위해 2.17대책을 내놓았으나, 이를 비웃듯 분당, 용인, 과천의 아파트값 수직상승은 계속됐다. 특히 판교 바로 옆에 인접한 분당의 폭등세는 전례를 찾기 힘들 정도로 가공스러웠다.

분당 폭등의 발단은 판교였다. 전문가들은 오래 전부터 '판교발 폭등' 가능성을 우려하며 정부에게 판교를 '공영방식'으로 개발할 것을 요구했으나,

막대한 개발차익을 포기할 생각이 없던 정부나 토지공사-주택공사 등 공기업이나 지방자치단체에게는 애당초 우이독경이었다. 그도 그럴 것이 경실련이 추산한 정부-공기업-지자체에게 돌아갈 판교 개발이익은 10조6백14억원이나 되고, 민간건설업체들도 분양받은 택지에서 총 6조2천9백55억원의 시세차익을 거둘 것으로 추정됐기 때문이다.

이러던 차에 2005년 1월말 "판교의 중대형 아파트의 평당 분양가가 최소 2천만원이 될 것"이라는 보도가 나왔다. 이때부터 분당의 폭등은 시작됐다. 분당 일대 중대형 아파트는 불과 2주새에 7천만~8천만원이나 폭등했으나 매물을 찾아볼 수 없었고, 그후 상승속도가 더욱 빨라졌다. 매주 아파트시세를 집계하는 각종 통계에 따르면, 분당은 그후 6월까지 무려 24주 동안 쉼없이 매주 1~3%씩 오르는 폭등세를 거듭하며 강남의 중대형 아파트값과 똑같아지기에 이르렀다. 분당을 투기지구로 지정해 양도세를 실거래가로 부과키로 한 정부조치가 오히려 거래가에 양도세까지 얹는 형태로 가격 상승만 심화시킬 뿐이었다.

분당 폭등은 주상복합아파트가 주도해, 분당구 정자동의 주상복합 아이파크 57평형은 연초보다 반년 사이에 5억원 오른 14억원선에 가격이 형성됐지만 매물이 없는 상황이며, 그보다 평수가 큰 아파트는 10억대가 오르기까지 했다. 말 그대로 광풍이었다. 한 분당 주민은 "동네 사람들 표정이 모두 밝아지고 분당 지역 경기도 활기를 찾았다"며 "주민들 사이에서는 '천당 아래 분당'이라는 농담도 나돌고 있다"고 분당 분위기를 전하기도 했다. 반면에 1990년대초 분당과 동시에 세워졌을 때만 해도 가격이 같았으나 분당 폭등으로 가격이 배나 벌어진 일산에서는 "지옥 위에 일산"이라는 분노섞인 개탄이 터져 나왔다.

국민은행이 집계한 '2005년도 상반기 주택가격 동향 조사'에 따르면, 6월 말 현재 전국 집값은 지난해 말보다 2.4% 상승한 반면, 경기도 분당은 평균적으로 24.2% 폭등해 전국 상승률 1위를 기록했다. 이어 과천(23.7%), 용인(18.8%), 서울 서초(18.2%), 강남(14.8%), 송파(14.4%), 강동구(12%) 순으로 이른바 '판교 영향권'에 있는 지역의 아파트값 상승폭이 커, 2005년 상반기에 얼마나 판교발 광풍이 거셌나를 여실히 보여주었다.

경실련은 "판교개발이 시작되면서 용인 분당의 집값은 11조, 강남권은 23조원이 폭등하면서 참여정부 집권 이후 2년여새 아파트 시가총액이 2백76조원이나 상승했다"며 "전국적인 투기 광풍에 이제 서민들은 분노를 넘어 망연자실할 따름이며 몇십년을 아껴가며 돈을 모아도 1주일 사이에 올라가는 호가에도 미치지 못하는 기막힌 현실에서 서민들은 절망하고 있다"고 정부의 부동산투기 방임을 질타했다.

이처럼 아파트값 폭등이 재연되면서 국민적 분노가 부글거리던 무렵, "이제 다 극복된 것 같다. 안 됐다고 말하는 분, 걱정 많이 하는 분들은 그렇지 않게 보지만 내가 보기엔 다 극복된 것 같다"고 한 노무현 대통령을 머쓱하게 만드는 동시에 정부의 무능을 새삼 실감케 한 충격적 '숫자'가 발표됐다. "2005년 1.4분기(1~3월) 경제성장률이 2.7%에 불과했다"는 한국은행의 잠정 집계가 그것이었다.

한은이 5월20일 발표한 2005년 1.4분기 실질 국내총생산(잠정)'에 따르면, 1.4분기 실질 GDP(국내총생산)은 당초 예상치보다 크게 낮은 2.7%로 나타났다. 분기 성장률이 2%대로 추락한 것은 2003년 3.4분기의 2.3% 성장

이후 1년 반 만에 처음이었고, 전기 대비로도 0.4% 성장에 그쳐 역시 2003년 2.4분기 이후 가장 낮았다. 2005년 1.4분기를 휩쓸였던 경기회복 기대감이 '착시' 현상이었음을 보여주는 증거였다.

기대밖 저성장의 근원은 원화 강세 등으로 야기된 교역여건 악화에 따른 수출증가율 하락이었다. 그동안 성장을 견인해온 수출증가율은 8.1%로, 2002년 1.4분기(1.4%) 이후 3년 만에 처음으로 증가율이 한자릿수로 둔화됐다.

내수도 제조업은 전분기 8.0%에서 2005년 1.4분기에는 5.3% 증가에 그쳐 상대적 위축세를 보이며 성장기여율도 전분기 63.8%에서 57.3%로 하락했다. 반면 서비스업은 생산 증가율이 전분기 0.6%에서 2.2%로 크게 개선되면서 8.8%에 불과했던 성장기여율이 40.1%로 크게 높아져, 1.4분기의 경기회복 기대감이 주가와 땅값 급등에 따른 중-상류층의 씀씀이에 의존한 것이었음이 입증됐다.

숫자가 엉망으로 나오자, 정부 당국자들은 크게 당황해 했다. 불과 한달전 2.4분기부터 경기가 본격 회복될 것이라고 호언했던 박승 한은총재는 "아직까지 우리나라 경기는 완전한 회복세에 접어들지 않았으며 하반기부터 본격적인 회복이 시작될 것"이라고 말을 바꾸었고, 재경부도 마찬가지였다. 이헌재의 뒤를 이어 새 경제수장이 된 한덕수 경제부총리는 5월30일 열린우리당 의원-중앙위원 워크숍 경제분야 토론에 앞서 배포한 자료를 통해 "일본의 '잃어버린 10년'은 환율의 급격한 절상과 금융부실 외에도 구조개혁 지연으로 인한 생산성 부진에 근본원인이 있다"며 "현 단계에서 경제시스템의 획기적인 개선을 이루지 못할 경우 일본과 같은 장기침체의 늪에 빠질 소지도 배제하기 어렵다"고 정부로선 최초로 '일본형 장기불황'에 빠질 가능성을 언급해 파란을 일으키기도 했다. 앞서 착시 현상에 빠져 당초 전망치 3.8%를 4.3%로 대폭 높여 잡았던 LG경제연구원도 6월 들어 "고유가와 미국 경제 움직임에 따른 수출 둔화 등을 반영, 지난 4월에 수정 발표했던 올 경제성장률 전망치 4.3%를 4.1%로 낮춘다"며 고개를 숙여야 했다.

1.4분기에 형편없던 숫자는 2.4분기에도 이어져 3.3% 성장하면서 상반기 경제성장률은 3%에 그쳤다. 5% 경제성장을 호언하던 정부는 할말을 잊었고, 당초 4.1% 성장을 전망했던 한국은행은 전망치를 3.8%로 낮추었다.

창원에 몰아닥친 '투기 광풍', "전국은 지금 투기중"

정부가 머쓱해 하는 사이에 '판교발 광풍'은 분당-과천-용인과 서울 강남을 거쳐 전국 주요도시로 급속히 확산되며 사상최악의 투기판을 재연했다.

2005년 6월 경남 창원에서 전국의 투기광풍이 얼마나 거센가를 보여주는 상징적 사건이 일어났다. 13~14일 창원에서 분양신청을 받기 시작한 43층과 32층 규모의 주상복합아파트 '더 시티 7 자이'의 1천60여채 분양에 5만여명의 분양신청자와, 1조5천억원의 청약증거금이 몰려든 것이다. 2년 전 스타시티 등 서울의 주상복합아파트 분양때 목격되었던 아수라장의 재연이었다.

몰려든 인파 못지않게 놀라운 사실은 이 아파트의 90평형과 1백3평형의 분양가가 각각 평당 9백95만원, 9백99만원으로 사실상 1천만원선이 됐다는 사실이다. 기존의 이 지역 최고분양가는 전해 9월 주택공사가 공급한 반송 주공 재건축아파트의 6백만~7백만원. 몇달새 분양가 최고 40%나 폭등한 것이다.

청약장은 아수라장이었다. 은행지점 청약장소에는 1㎞ 가량 길게 줄지은 청약자들의 장사진이 쳐졌고, 아예 전날 저녁부터 자리를 깔고 누워 기다리는 이들도 있었다. 일당 10만원을 받고 대신 줄을 서주는 '알바'도 사람을 구하지 못할 정도였다. '떴다방'도 곳곳에서 목격됐으나 단속의 손길은 찾아볼 수 없었다. 뒤늦게 줄을 섰다가 시간이 만료돼 청약을 못한 1천여명중 일부는 심한 욕설과 함께 물병과 집기 등을 던지기도 했다. 이날 분양 현장 주변에 동원된 전경 5개 중대, 5백여명은 청약자들이 폭동화하는 것을 막기 위해 진땀을 흘려야 했다.

이날 몰려든 분양신청자들 중 절반은 외지인이었다. 외지인들은 주로 서울과 인천 등지의 수도권에서 대거 몰렸으며 부산, 대구, 진주 등 도내에서도 몰려들었다. 현장에서는 서울 등에서 온 관광차들이 무더기로 목격되기도 했다. 서울에서 왔다는 40대의 복부인은 지역신문인 〈경남일보〉와의 인터뷰에서 "서울 등 수도권에는 소위 돈을 굴릴 수 있는 여유자금은 많이 있으나 투자처가 없어 돈만 된다면 창원이 아니라 무인도라도 갈 준비가 돼 있다"고 말하기도 했다.

아파트 광풍은 경남 창원에서만 불고 있던 게 아니었다. 광주, 대구, 부산, 대전, 울산, 전주 등 전국 곳곳에서 목격됐다.

현대산업개발이 광주광역시 운암동에서 6월14일부터 청약을 접수한 운암산 아이파크' 52평형 최고층의 평당 분양가는 7백39만원으로 급등했음에도 청약열기가 뜨거웠다. 이 분양가는 앞서 3월 SK건설이 광주 풍암동에서 내놓은 아파트가 이 지역 최초로 평당 분양가 5백만원을 돌파한지 불과 석달만에 평당 2백만원이나 높아진 수치다. 광주의 아파트 분양가는 2002년 초만 해도 평당 3백만원대가 최고였다. 삼환기업이 대구 수성구에서 3월에 분양한 범어역 삼환나우빌의 대형평형 분양가는 평당 9백30만원을 웃돌아 평당 1천만원 돌파 초읽기에 들어갔으며, 전주에서 포스코건설이 내놓은 포스코더샵도 대형평형의 분양가가 평당 7백만원을 돌파하면서 2년전 인근에서 분양된 아파트의 배를 웃돌았다.

혁신 도시, 경제 특구 … 끝없는 땅투기 드라이브

판교발 광풍이 서울 강남을 거쳐, 전국 주요도시로 들불처럼 번져가고 있음에도 건교부와 재경부는 "급등은 수도권의 국지적 현상"이라며 중장기대책을 마련하겠다는 한량한 주장만 되풀이했다. 정부 스스로가 전 국토의 40%, 주거인구 기준으로는 60%를 '투기지역'으로 지정해 놓고도 하는 생뚱맞은 소리였다.

재경부는 6월15일 국회에 보고한 '최근의 집값 동향과 대응방향'이라는 보고서를 통해 "현재 집값 급등현상이 전국적으로 파급될 가능성이 크지 않다"며 "강남과 분당 등 집값이 급등하는 일부 지역을 중심으로 투기단속활동 강화와 기준시가 조정 등의 대응조치를 취하겠다"고 밝혔다. 건교부도 이날 국회에서 열린 열린우리당 부동산대책 정책기획단 첫 회의에서 똑같은 내용의 최근의 집값 동향과 대응방향을 보고했다. 건교부 등은 또 "정부가 마련한 부동산투기 억제 중장기 '로드맵'은 완벽하다"고 강변했다. 그러나 정부가 자랑하던 중장기적 로드맵만 믿다간 전국이 부동산투기로 다 타버린 흉상만 남을 판이었다.

며칠 뒤 전국 땅값을 들썩이게 만든 또 하나의 정부발표가 나왔다. 지방균형 발전을 위한 1백76개의 수도권 공공기관의 지방 이전이 그것이었다.

추병직 건설교통부장관과 성경륭 국가균형발전위원장은 6월24일 국무회의 후 "2012년까지 공공기관 이전작업을 모두 완료하겠다"면서 시·도별 배치안을 발표했다. 배치안에 따르면, 국내 최대 공공기관인 한국전력은 광주로 이전하고 토지공사는 전북, 농업기반공사는 전남, 도로공사는 경북, 주택공사는 경남, 가스공사는 대구로 이전하기로 했다. 이날로 수도권의 1백76개 공공기관은 부산과 대구에 각각 12개, 광주 3개, 울산 11개, 강원 13개, 충북 12개, 전북 13개, 전남 15개, 경북 13개, 경남 12개, 제주 9개 등으로 분산 이전하기로 최종 확정됐다. 정부는 이들 이전기관들을 중심으로 각 지역마다 총 12~14개의 '혁신도시'를 만들어 낙후한 지방의 발전을 주도케 한다는 계획이다.

하지만 취지와는 별도로 당연히 예상되던 부동산값 급등에 대한 예방 대책 없이 강행된 공공기관 이전 발표로 전국의 부동산투기 바람은 더욱 거세졌다. 선진국들의 경우 투기차익을 원천봉쇄하는 예방 장치를 마련한 뒤 지역개발을 하고 있다. 한 예로 프랑스의 경우 필요에 따라 지역개발 등을 해 정부가 땅을 수용해야 할 때는 토지 수용가를 전년도말 값으로 정해, 투기차익을 노린 투기꾼들의 준동을 원천봉쇄하고 있다. 하지만 우리나라 정부는 아무런 대책없이 각종 지역개발 사업을 추진함으로써 전국을 땅투기장으로 만들고 있는 것이다.

원로언론인인 시사평론가 김영호씨는 정부가 불붙인 전국적 투기 광풍을 지켜보며 이렇게 개탄했다.

"그동안 발표된 도시 형태의 개발계획만도 무려 40여개나 된다. 행정도시

1개, 혁신도시 12~14개, 기업도시 6개, 지식기반도시 8개 등이다. 경제자유지구도 4곳이나 짓는단다. 여기에 편승하여 지자체들이 지역특화발전특구를 16곳이나 건설한다고 나섰다. 낙후지역을 개발한다며 중앙정부에 지원을 요청한 신활력지구만도 70곳에 이른다. 혁신도시니 지식기반도시니 하는 용어도 아리송하다. '…특화특구', '신활력…' 따위는 뭔지 더욱 모르겠다.(중략)

어떤 근거로 도시수급을 예측했는지, 그 엄청난 재원은 어디서, 어떻게 조달하는지 모를 일이다. 아파트투기가 광란을 부리는데 전국을 개발계획으로 들쑤셔놓으니 땅투기가 기승을 부렸다. 갈 곳 없는 4백조원이 넘는 부동자금이 저금리를 지렛대 삼아 대공세에 나섰던 것이다. 땅값을 부추기니 집값은 더 뛰기 마련이다. 불을 끈다고 떠벌리며 기름을 퍼붓는 꼴이다.(중략)"
(〈내일신문〉 8월29일 칼럼에서)

민심 폭발 직전, "폭등에는 폭동으로"

부동산투기가 재연된 데다가 설상가상으로 회복된다던 경제까지 장기 침체의 늪에서 벗어날 조짐을 보이지 않자, '민심'은 폭발 직전의 임계점을 향해 부글부글 들끓었다. 아파트값 폭등 기사가 나올 때마다 인터넷 등에는 "더이상 말로는 안 된다. 이제는 국민이 다시 길거리로 나갈 때다", "폭등에는 폭동으로 맞대응하자"는 살벌한 댓글이 나돌 정도로 분위기는 심상치 않게 돌아갔다. 또한 실제로 아파트값 폭등이 절정에 달했던 2005년 6월에는 일부 시민단체들이 중심이 돼 획기적 투기방지 대책이 나오지 않을 경우 서울 광화문을 비롯해 전국 주요도시에서 대규모 '장외 항의집회'를 열려는 움직임까지 감지됐다.

정부여당은 초긴장하지 않을 수 없었다. 실제로 장외집회가 열려 아파트 값 폭등에 항의하는 국민들이 길거리에 쏟아져 나올 경우 정부여당이 받게 될 정치적 타격은 상상을 불허하는 것이었다. 특히 길거리에 쏟아져 나올 국민은 과거 2002년 대선 때나, 2004년초 대통령탄핵 때 길거리로 나왔던 과거의 노무현 대통령 지지세력이 중심이 될 가능성이 농후했다. 이런 상황이 실제로 벌어진다면, 임기 후반부를 눈앞에 두고 가뜩이나 저조한 지지율에 좌불안석이던 노무현 대통령은 극심한 레임덕(권력누수)에 빠져 통치불능의 상태가 될지도 모른다는 위기감이 정부여권내에 팽배했다.

정부는 이에 당초 6월17일 발표하겠다던 부동산투기 대책 발표를 8월말로 늦추며, 이번에는 반드시 부동산투기의 뿌리를 뽑을 확실한 대책을 발표할 테니 정부를 믿고 기다려달라고 호소했다. 김병준 청와대 정책실장 같은 경우는 "헌법보다 뜯어 고치기 힘든 부동산대책을 만들겠다"고 호언하기까지 했다. 일단 시급한 발등의 불끄기였다.

하지만 정부 호언에도 불구하고 참여정부 출범이래 수십 차례 대책을 발표할 때마다 도리어 부동산값이 폭등하는 것을 지켜본 국민의 대정부 불신은 지독했다. '양치기 소년' 현상이었다.

한 예로 정부가 "오는 8월 부동산대책을 통해 투기를 반드시 잡겠다"고 공언한 직후인 6월21일 〈내일신문〉이 한길리서치에 의뢰해 실시한 여론조사 결과, '현 정부의 정책이 아파트와 부동산 가격을 잡을 수 있을 것으로 보느냐'는 질문에 국민의 78.8%가 "잡지 못할 것"이라고 응답했다. 특히 집권여당인 열린우리당 지지층의 66.6%조차 "잡지 못할 것"이라고 응답해, 불신의 정도가 얼마나 극심한지를 극명히 보여줬다.

이와 함께 부동산 정책 실패가 노 대통령 지지도 하락의 최대 근원으로 꼽혔다. 응답자들의 51.1%는 노 대통령 지지도가 지속적인 하락을 보이는 이유로 '아파트 부동산 폭등 등 경제정책의 실패'를 꼽았다.

굿모닝 신한증권이 비슷한 시기, 부동산 전문가를 비롯한 펀드매니저, 대형 건설회사 임직원 등 91명의 부동산 관련 업계 전문가들을 상대로 실시한 설문조사 결과 역시 응답자의 89.9%가 "향후 3년간 부동산 시장 상승세가 지속될 것"으로 전망했고 "하락할 것"이라고 예상한 응답자는 2.2%에 불과했다.

노 대통령의 '말의 향연'

사태가 심상치 않게 돌아가자, 노무현 대통령도 다급해졌다. 대통령 특유의 '말의 향연'이 시작됐다.

노 대통령은 6월28일 열린우리당 지도부와의 만찬에서 부동산값 폭등과 관련, "전 세계 부동산 가격이 다 올라도 한국은 올라서는 안된다"며 "부동산 투기와의 전쟁에서 반드시 승리할 것이다. 부동산 정책을 통해서 반드시 이길 것"이라며 취임 초부터 누누이 했던 '부동산투기와의 전쟁'을 다시 한 번 선언했다.

7월6일 '국민에게 보내는 글'을 통해선 당시 야당이 경질을 주장하던 윤광웅 국방장관을 옹호하는 과정에 자신이 여소야대 때문에 일을 못하겠다고 주장한 것과 관련, "정치가 잘 되어야 경제도 잘 될 수 있다"고 주장하며 "당장의 부동산 정책만 보아도 당정협의에서 깎이고 다시 국회 논의과정에서 많이 무디어져 버렸고, 그것이 정책의 실효성에 대한 신뢰를 떨어뜨려서 부동산 시장에 큰 영향을 주고 있다. 정치가 경제정책에 바로 영향을 주고 있는 것"이라고 주장했다. 정부는 제대로 부동산 정책 방향을 잡았으나 열린우리당과 한나라당 때문에 투기를 잡지 못했다는 '네 탓 타령' 이었다.

노 대통령은 이어 2005년 7월7일 언론사 편집·보도국장과 만난 자리에서는 "부동산 정책은 지난 수십년 동안, 몰라서 부동산값을 못 잡은 것이 아니고 땅 부자들의 여론 조성에 밀린 거다, 계속해서. 그래서 1가구1주택 가진 사람들을 끊임없이 교란시키고 여론을 교란하고 승복시켜 가지고 1가구1주택 가지고 있는 사람들까지도 저항을 만들어 내서, 조세 저항이다 무슨 저항이다 해 가지고, 결국에는 계속해서 좌절시켜 온 거 아니냐. 그래서 정책이 없는 것이 아니고 저항에 정부가 못 이긴 거다"라고 주장했다. 이 또한 땅 부자들의 이해를 대변하는 언론에게 놀아나는 우매한 국민에게 부동산정책 실패의 책임을 돌리는 '네 탓' 이었다.

노 대통령은 이날 "부동산 거품이 들어갔다 꺼지면 IMF사태를 다시 맞을 수 있고 10년 불황 파탄을 맞을 수 있기 때문에 거품 들어가는 것은 안정을 위해 반드시 막아야 한다"고 말해, 부동산 거품 파열에 대한 공포감을 무의식중에 드러내기도 했다. 노 대통령은 부동산 거품이 파국적 형태로 진행시킨 양극화 문제에 대해 "속 시원한 대답은 없다"며 "더 나빠지지 않게 지키는 것만이라도 하면 좋겠다"고 무력감을 토로하기도 했다.

노 대통령은 이어 며칠 뒤인 7월14일 대학장들과 가진 오찬 간담회 때는 "제가 대통령이 된 이래 어느 분야를 보아도 옛날보다 후퇴했거나 위험을 가중시킨 곳은 없다"면서 "경제, 금융시스템, 신용불량자, 북핵, 한미동맹

등 한 군데도 상황을 악화시킨 곳은 없다고 감히 자신한다"고 호언했다. 노 대통령은 "앞으로 5년, 10년 문제없이 간다고 대통령으로서 책임있게 장담할 수 있다"고 덧붙이기도 했다. 노 대통령은 "다만 2004년부터 지금까지 풀리지 않은 걱정 하나가 바로 사회가 양극화 돼가고 있다는 점"이라며 "생산과 분배 과정, 산업간 분배 과정에 있어서의 단절을 어떻게 극복해야 할 것인지에 관해 정부를 포함한 어느 두뇌집단도 '이것이다' 라고 할 만한 정책 제안을 해 온 곳이 없다"고 주장했다. 이 또한 양극화 책임의 일단을 제대로 된 정책 제안을 하지 않은 한국 지식집단에게 돌리는 '네 탓' 타령이었다.

노 대통령은 다음날인 7월15일에는 국민경제자문회의에서 "80년대 금융 실명제 도입추진 등 안정을 추구했던 정책기조가 90년대 들어 2백만호 주택 건설 등 경기부양으로 바뀐 것은 당시 사회분위기에 정책결정자들이 굴복한 사례이며, 2001년 벤처, 카드, 부동산 거품을 가져온 경기부양책이 나온 것도 당시 사회분위기의 큰 영향이 있었다"며 "참여정부는 결코 경제에 거품을 만들지 않겠으며 차기 정부에 숙제를 넘기는 일이 없도록 건강한 정책으로 (경제를) 운영해 나가겠다"고 말했다. 이는 작금의 부동산 폭등에 따른 양극화 심화 책임을 전 정권인 김대중 정부 탓만으로 돌리는 발언이었다.

7월29일 기자 간담회에서는 당시 한나라당에 대연정을 제안해 정치적 파란이 일고 있는 데 대한 배경을 설명하는 과정에 "국민들이 저를 왜 대통령으로 뽑았겠나. 외교를 잘 하라고 뽑아준 것도 아니고, 경제를 제일 잘할 것이라고 뽑은 것도 아니다"라며 "총체적으로 우리 사회에 필요한, 보다 더 본질적인 개혁을 원칙대로 밀고 나갈 것이라는 그런 기대로 저를 지지하지 않았겠나"라고 덧붙이기도 했다. 부지불식중에 경제-외교보다는 정치를 우선

시하는 속내를 드러낸 셈이다.

노 대통령은 8월18일 중앙언론사 정치부장단과 만난 자리에서도 경제실정을 비판하는 작금의 경제기사에 대한 불만을 토로하며 "다섯 시간이든 여섯 시간이든 계속해서 한국의, 한국 경제의 전략지도에 관해 다 얘기할 수 있다. 자신 있다"며 "내가 몰라서 놓치고 그렇게 하지는 않는다"고도 주장했다. 노 대통령은 "단언하는데 참여정부 시절에 성장동력이 저하돼 다음 정권이 고생할 일은 정말 없을 것"이라며 "이 다음 정권 때는 경제부장들은 별로 쓸 게 없도록 제가 만들어 놓으려고 한다"고 호언하기도 했다.

그러나 노 대통령의 두 달에 걸친 적극적 해명공세에도 불구하고, 노 대통령이 '네 탓 타령'으로 일관하는 데 대한 국민 반응은 얼음장 그 자체였다. 노 대통령 임기가 후반기 돌입하는 반환점(2005.8.25)에 즈음해 실시한 각종 여론조사 결과는 노 대통령에게 참담한 것이었다.

〈동아일보〉가 코리아리서치센터에 의뢰해 1천명을 대상으로 실시한 여론조사 결과(8월18일 실시)에 따르면, '노 대통령이 가장 잘못했다고 생각하는 분야' 2개를 묻는 질문에 '부동산 정책'(28.8%)이 단연 1위를 차지했고 이어 '물가 불안정'(26.4%), '빈부격차 확대'(24.7%), '실업문제'(23.6%) 순이었다. 요컨대 '부동산값 폭등에 따른 빈부격차 확대'가 참여정부의 최대 실정으로 지적된 것이다.

〈한국경제신문〉이 중앙리서치에 의뢰해 1천명을 대상으로 조사한 결과(8월15~16일)도 92.0%의 국민이 '노 대통령이 경제정책을 잘못하고 있다'고 답했다. '잘한다'는 7.5%에 불과했다. 100점 만점에 채 10점도 못 받은 것이다. 사실상의 F학점, 낙제점이었다. 최악의 경제성적표였다.

노 대통령의 '국민 책임─대통령 무책임론' 파문

흔히 야당에서는 노 대통령의 정치 스타일을 '오기 정치' 또는 '벼랑끝 정치'라 부른다. 그런 야당의 평가가 정치적 공세만은 아님을 보여주는 사건이 노 대통령이 '임기 후반 전환점'에 진입한 2005년 8월25일 발발했다.

노 대통령은 이날 '국민과의 대화'를 자청하고 나섰다. 노 대통령은 KBS TV의 '참여정부 2년6개월, 대통령에게 듣는다'라는 프로그램에 출연, 다름 아닌 국민을 향해 '울분'을 토로하는 것을 시작으로 특유의 '벼랑끝 정치'를 재가동했다.

노 대통령은 "저의 국정운영에 대한 국민적 지지도는 엊그제 발표로 29%"라며 "책임정치를 하는 나라에서 29% 지지도를 갖고 과연 책임정치의 뜻에 맞는가, 이 수준의 국민적 지지도를 갖고 국정을 계속해서 운영하는 것이 과연 책임정치의 뜻에 맞는가, 이 수준의 국민적 지지도를 갖고 국정이 제대로 수행될 수 있을 것인가 하는 문제를 검토해볼 필요가 있다"는 예기치 못한 폭탄발언을 했다.

노 대통령은 이어 "'질문 던질 거 뭐 있나? 당신이 결단하라' 이렇게 말할 수도 있을 것이다. 그러나 우리 정치제도가 내각제가 아니어서 국회를 해산하고 총선을 통해서 재신임을 물을 수 있는 방법도 없고, 국민적지지, 여론조사 결과를 갖고 대통령직을 불쑥 내놓은 것이 맞는 것인지 확신이 없어 고심하고 있다"며 "나는 '29%짜리 대통령과 함께 우리의 미래를 걱정해야 되는가' 하는 것에 대해 국민적 토론이 필요하다고 생각한다"고 덧붙였다.

노 대통령 발언은 정치학계에서 흔히 '통치 불능 지지율'로 표현하는 '20%대 지지율'로 급락한 데 대해 대통령이 느끼고 있던 위기감이 얼마나 극심한가를 극명히 보여주는 것이었다. 이에 앞서 노 대통령은 여러 차례 비공식적 라인을 통해 자신을 '식물대통령'으로 표현하는가 하면, 옆나라 일본에서 최근 고이즈미 준이치로 총리가 정치적 승부수를 던져 밑바닥을 기던 지지율을 극적으로 반전시킨 데 대한 부러움을 드러내기도 했다.

노 대통령 발언은 그러나 보다 엄격히 말하면 국민에 대한 '도전장'이었다. 자신의 지지율이 왜 폭락했는지에 대한 '자성'을 하기보다는 '당신들이 그만 두라면 그만 둘 수도 있다'는 식으로 자신을 지지하지 않는 국민에 대한 '울분'을 토로한 것이었기 때문이다.

노 대통령의 이런 인식은 국민들이 참여정부의 최대 실정으로 꼽고 있는 부동산 정책 실패에 따른 비난여론에 대한 강한 반발과 '국민 탓'에서 적나라하게 드러났다. 노 대통령은 참여정부 출범이래의 잇따른 금리인하와 지역개발이 전국의 부동산값 폭등을 초래했다는 지적에 대해 "금리가 부동산 가격에 영향을 미치는 것은 사실이지만, 부동산 가격 폭등현상은 금리로부터 비롯된 것이 아니다. 지역개발이 일부 투기꾼들을 움직이게 한 것은 사실이지만 지역 개발은 반드시 필요한 것이기 때문에 안할 수 없다"라며 정부 책임을 강력 부인했다.

노 대통령은 이어 "부동산 주택 가격 파동은 얼마간의 투기꾼들에 의해 조성된 것은 아니다. 부동산 정책에 대해 국민이 내성을 가지고 있다"라고 본격적으로 '국민 책임론'을 폈다. 노 대통령은 "역대 정부가 계속 실패했다"는 말로 부동산 실정이 참여정부만의 현상이 아닌 역대 정권의 공통된 실정임을 강조한 뒤, 역대 정권의 실정 이유를 "정책을 하면 총론에서는 찬성하다가 각론 만들 때 서민부담 가중', 세금 폭탄', 시장원리 위배', 헌법 위배'

등 각종 반대를 들고 나와 주저 앉혀버린다. 총론할 때는 전부 박수소리가 나오는데 정책을 입안하면 그야말로 폭탄을 맞는다. 지난 18일부터 언론 보도들을 한번 봐라. 관계없는 서민들도 정부정책 때문에 세금 올라간다'고 느끼도록 돼 있다"고 주장, '건설족 언론'에 의해 끌려다니는 국민 탓을 했다.

노 대통령은 재차 "부동산 정책이 역대 정부에서 실패한 이유는 저항 때문"이라고 주장한 뒤, "10.29대책도 호랑이를 그리려고 했는데 표범보다 조금 작은 호랑이밖에 못그렸다. 경제부처 장관이 대통령에게 보고할 때 이거는 조세저항이 있고, 이거는 이래서 저항이 있고' 식으로 하나씩하나씩 빠지더니 당정협의에서 빠지고, 국회에 가서 왕창 깎인다. 그래서 지난번 것(10.29대책)도 그리 됐다"고 주장했다.

노 대통령의 주장을 요약하면, 대통령 자신은 제대로 부동산투기를 잡으려 했으나 자신만 빼고는 경제부처, 열린우리당과 한나라당, 언론 등이 차떼고 포 떼는 식으로 저항을 해 제대로 된 부동산 정책을 펼 수 없었다는 '대통령 무책임론'에 다름 아니었다. 노 대통령 편 '대통령 무책임론'은 누워 침뱉기였다. 대통령은 정부 전체를 대표하는 최고통수권자인 동시에, 얼마 전까지만 해도 국회 과반수 이상 의석을 갖고 있던 열린우리당의 사실상 오너다. 이런 막강한 자리의 대통령이 수하인 경제각료들과 집권여당의 저항 때문에 시원찮은 부동산 대책을 내놓을 수밖에 없었다고 말하는 것은 정치적 자해행위나 다름없는 일이었기 때문이다.

노 대통령의 주장은 동시에 사실관계와도 정면 배치되는 주장이었다. 2004년 6월9일의 노 대통령 발언이 그런 대표적 예다. 4월 총선때 공약으로 내걸었던 '분양원가 공개'를 열린우리당이 백지화하면서 비난여론이 일자,

노 대통령이 이때 내세운 주장이 그 유명한 '시장방임론'이었다.

"아파트 분양원가 공개는 개혁이 아니라고 생각한다. 시장을 인정한다면 원가 공개는 인정할 수 없다. 이것은 경제계나 건설업계의 압력이 있어서가 아니라 대통령의 소신이다. 장사하는 것인데 10배 남는 장사도 있고 10배 밑지는 장사도 있고, 결국 벌고 못 벌고 하는 것이 균형을 맞추는 것이지 시장을 인정한다면 원가 공개는 인정할 수 없는 것이다."

노 대통령은 물론 1년여 뒤인 2005년 6월24일 부동산값이 재폭등하며 비난여론이 들끓자, "(지난해 그렇게 말했지만) 지나고 보니 꼭 그런 것만도 아니더라"며 "아파트 분양원가 공개를 못할 것도 없다"고 말을 바꾸긴 했다. 그러나 노 대통령의 '6.9발언'은 결정적으로 주택가격 안정을 갈망하던 다수 국민의 가슴에 비수를 꽂는 발언이었고, 그후 부동산값 폭등의 결정적 기폭제 역할을 했다.

이런 노 대통령이 '대통령 무책임론'을 펴니, 과연 노 대통령이 '대통령 책임제'라는 헌정질서 아래 대통령이 얼마나 막강한 힘을 갖고 있으며 동시에 얼마나 큰 책임을 지고 있는가를 제대로 인식하고 있는지가 의문이 아닐 수 없었다.

노 대통령은 이날 자신의 직할권 아래 있는 정부와 열린우리당을 비난하는 동시에, 건설족 언론에 끌려 다니는 국민을 비난했으나, 한 여론조사는 대통령의 국민 비난이 얼마나 국민 모독적 발언인가를 여실히 보여주었다. 노 대통령 발언이 있었던 8월25일 〈내일신문〉 보도에 따르면, 여론조사기관 한길리서치를 통해 서울시민 6백명을 대상으로 여론조사를 실시한 결과 부동산 보유세를 강화하고 1가구 2주택자에 대해 양도세를 중과하는 정책에 대해 서울시민의 62.3%가 찬성하는 것으로 조사됐다. 찬성비율은 서울 강북 62.2%, 강남 64.7%로 도리어 강남에서 찬성여론이 더 높았다. "작금의 부동산값 폭등이 한국 전체를 파국으로 몰아갈 것"이라는 위기감의 결과였다. 실제로 많은 강남 사람들도 끝없는 아파트값 폭등에 대해 "부동산이 미쳤다"고 파국적 종말을 우려해왔다. 노 대통령이 매도하듯, 국민이 '세금 폭탄' 운운하며 저항을 조직하려는 건설족 언론에 끌려다니지 않고 있음을 보여주는 분명한 증거였다.

노 대통령이 또하나 주목해야 되는 여론조사 내용은 '정부의 8.31 부동산 종합대책이 아파트값 안정에 도움이 되겠느냐'는 질문에 대한 응답이었다. 전체의 6할 이상이 세금 강화에 찬성하면서도 전체 응답자 중 34.2%만이 "도움이 될 것"이라고 답했고 61%는 "도움이 될 것 같지 않다"고 응답했다. 세금만 갖고 부동산 폭등을 잡으려는 정부에 대한 강한 불신의 표현이었다.

정부의 '네 탓 타령', "건설족은 죄 없다. 투기족이 문제다"

위기의 노무현 대통령이 6월말 "하늘이 두 쪽 나도 부동산투기를 잡겠다"고 말하자, 모든 정부부처가 앞다퉈 "부동산투기를 뿌리 뽑겠다"고 나섰다. 이들은 부동산 투기세력, 공인중개사, 부동산정보포탈 등을 '투기족'으로 규정한 뒤 이들에 대한 엄중대처를 선언했다. 그러나 이들 역시 노 대통령과 마찬가지로 투기를 불붙인 정부나 고분양가 등으로 폭리를 취한 건설사 등에 대한 반성이나 대책은 결여돼, 국민의 냉소를 자아낼 뿐이었다. "투기족이 나쁜 것은 사실이다. 그러나 투기족만 문제냐, 투기족 위에 군림하는 건설족이 더 문제다"라며 "마치 정부가 산에 불을 질러 놓고선 뒤늦게 '불이야 라고 소리치는 격"이라는 게 국민 다수의 따가운 눈총이었다.

여러 부처 가운데 가장 먼저 나선 곳은 국세청. 전군표 국세청 차장은 6월 20일 "부동산투기는 전국민과 국가경제에 피해를 준다는 점에서 당사자들에게만 피해를 주는 강도, 절도, 도박보다도 더 악성 범죄"라면서 "부동산 가격 상승은 빈익빈 부익부를 초래해 소득계층간 위화감을 조성하고 건전한 사회를 건설할 수 있는 정신적·도덕적 기반을 와해한다"고 주장하며 세무조사를 통한 투기세력 척결을 선언했다.

며칠 뒤인 7월1일에는 "2000년부터 올해 6월까지 5년간 최근 부동산 가격이 급등한 강남지역 9개 아파트 단지에 대해 거래량을 분석한 결과 전체 거래량 2만6천8백21건 가운데 3주택 이상 보유자의 취득건수가 1만5천7백61건으로 전체의 58.8%를 차지한 것으로 드러났다"는 국세청 발표가 있었다. 조사대상인 서울 강남구 5개, 송파구 1개, 서초구 1개, 강동구 2개 등 강남권 아파트 9개 단지 가운데 6개 단지는 재건축 지역으로, 이들 9개 단지의 가격은 최근 5년새 3배 가까이 치솟은 것으로 조사됐다. 이들 지역의 평균 아파트값은 2000년 1월 3억7천7백만원에서 올 6월 10억6천5백만원으로 2.82배 (평균 상승금액 6억8천8백만원)나 올랐다.

이주성 국세청장은 전국 지방국세청 조사국장들을 긴급 소집한 자리에서 조사결과를 밝히며 "분석결과 투기적 가수요가 아파트 가격 급등의 원인임이 극명하게 드러났다"며 투기 척결을 지시했다. 국세청은 즉각 1가구 3주택 이상 보유자 전원에 대한 세무조사를 선언하는 동시에, 인터넷상에서 아파트 시세정보를 조작해온 혐의가 있는 부동산 포탈 등 34개 업체에 대한 세무조사에 착수하기도 했다. 그러나 국세청은 지난 4년간 단군이래 최대호황기간에 막대한 개발차익 – 분양차익을 거두고도 세금은 쥐꼬리만큼만 내 시민단체 등으로부터 탈세 조사 요구를 받고 있는 건설사나 공기업들에 대한 세무조사에 대해선 일언반구도 하지 않아 그 한계를 드러냈다.

부동산 폭등의 최대 책임자인 건설교통부도 '네 탓' 타령으로 일관하기란 마찬가지였다. 건교부는 아파트값 폭등의 책임을 난립하고 있는 공인중개사 탓으로 돌렸다. 서종대 건교부 주택국장은 한 언론과의 인터뷰에서 "미국에 비해 인구당 비율이 10배에 달할 만큼 부동산업소가 너무 많아 정부의 정책이 효과를 거두기 힘들다"고 투기의 한 책임을 공인중개사들에게 돌렸다. 그의 말대로 IMF사태후 실업 대책의 일환으로 공인중개사 규제를 풀고 부동산경기를 부양하자, 공인중개사 숫자는 50만명을 넘을 정도로 폭증했고 이들이 아파트 주민 등과의 호가 조작, 담합 등을 통해 부동산값 폭등의 한 원인을 제공한 것은 사실이다. 하지만 모든 책임을 자신들에게 떠넘긴 데 대해 중개업자들은 "현재의 부동산 시장 과열은 정부의 정책 부재에서 나온 것임에도 불구하고 이를 중개업자에게만 돌리는 것은 책임 회피"라면서 정부를 맹성토하며 동맹휴업에 들어가는 해프닝이 발생하기도 했다.

이밖에 정부는 공인중개사를 압박해 호가 조작을 하는 부녀회 등 가정주부들을 '집단투기세력'으로 규정하며 비난하기도 했다. 정부의 지적은 일면 맞으나, 부동산 경기부양책으로 아파트값 폭등을 초래해, '가만히 있다가는 평생 집 한 칸 장만이 힘들 것'이라는 불안감을 낳으면서 모든 국민을 집단 투기 심리로 빠져들게 한 근본적 원인 제공자가 정부 자신들이었다는 사실에 대해선 정부는 일말의 반성도 하지 않았다. IMF사태로 국가를 파산상태로 몰아넣고도 "우리가 잘못한 게 뭐냐"는 '관료 무(無)오류론'으로 맞섰던 관료들의 뻔뻔스러움의 재판이었다.

"정권의 명운 걸었다"던 8.31대책, '혹시나' 가 '역시나'

2005년 8월31일, 참여정부와 열린우리당이 '정권의 명운' 을 걸고 만들었다는 8.31대책이 발표됐다.

"이제 부동산투기는 끝났다"고 단언하며 정부가 내놓은 8.31대책의 골자는 그러나 2년전의 '10.29대책' 과 본질적으로 동일했다. 투기세력에 대한 중과세를 통해 부동산투기를 뿌리 뽑겠다는 것이었다. 10.29대책보다 보유세와 종합부동산세를 강화한 점만 다를 뿐, 나머지 내용은 대동소이했다. 오히려 강남 송파구에 2백만평을 비롯해 향후 5년간 수도권에 4천5백만평의 주택용지를 추가공급하고 강북의 층고제한을 해제해 고층 주상복합아파트 건설을 가능케 한 점은 곧바로 송파 등 해당 개발지역의 땅값을 급등시키면서 '제2의 분당사태' 를 예고했다.

또한 노무현 대통령이 한때 "못할 것이 없다"던 분양원가 공개가 애당초 거론조차 되지 않은 것을 비롯해, 정부가 2년전 10.29대책 발표때 아파트값이 더 오를 경우 취하겠다던 분양권 전매 전국금지, 재건축아파트에 대한 개발이익 환수, 투기지역내 주택거래허가제 등의 핵심내용도 빠졌다.

겉으로는 '투기족' 을 치는 듯 하면서도, 내용적으로는 '건설족' 을 옹호하는 내용이었다. '혹시나' 가 '역시나' 로 끝난 것이다.

8.31대책의 골자는 우선 주택 종합부동산세 대상을 종전의 '인별 합산과세' 방식에서 '세대별 합산과세' 방식으로 강화하는 동시에 기존의 9억원(기준시가)에서 6억원으로 낮춰 중과세 대상을 확대하는 것이었다. 이는 2

년전 10.29대책 때 당초 원안에 들어갔다가 당정협의 과정에 '강남의 조세 저항 우려'를 이유로 빠진 내용이었다. 하지만 이렇게 강화해봤자 종합부동산세 과세 대상은 종전의 4만명에서 16만명으로 늘어날 뿐이었다.

정부 방침은 16만명의 1가구다주택자나 고가주택 생활자에게 종합부동산세 등 보유세 부담을 가중시켜 가수요주택을 팔게 만든다는 것. 그러나 정부가 예로 든 강남 아파트들의 예를 볼 때 과연 계획대로 될지는 미지수였다.

정부는 강남 도곡동의 1백2평짜리 타워팰리스(공시지가 23억3천만원)를 예로 들며 예정대로 하면 2005년 연간 1천13만4천원이던 종부세가 2009년에는 2천7백64만원으로 3배 가까이 늘어날 것으로 추산했다. 하지만 지난 4년간 아파트값 폭등때 연간 수억원씩 집값이 폭등해온 결과 현재 시가가 30억원을 훌쩍 넘은 1백평대 타워팰리스에 사는 주민들이 과연 이 정도 세금 부담 증가에 눈이나 껌벅할지는 의문이었다.

정부가 또다른 예로 든 강남 서초구의 롯데캐슬 50평 아파트(공시지가 7억9천만원)의 경우를 보면 더욱 정책의 효과에 대한 의구심이 짙어진다. 시가가 14~15억원에 달하는 이 아파트 주민이 2005년 현재 내는 종합부동산세는 1백20만1천원. 이것이 4년뒤인 2009년에는 3백44만원으로 늘어난다. 4년뒤 세금이 2백여만원 높아진다고 집을 팔지는 여간 의문이 아닐 수 없다. 발표 직후 국민이 보인 반응은 "그래, 세금 조금 더 내고 부동산투기 맘대로 하라는 거냐"는 것이었다.

정부는 또 1가구2주택 보유자에게는 양도세율을 50%, 3주택이상 보유자에게는 60%로 높이기로 했다. 2년전 10.29대책 때는 투기지역내에서만 행하던 양도세 중과세 조치를 투기지역 여부에 상관없이 전국적으로 행하기로 한 것이다. 하지만 이 조치에 해당되는 다주택 보유자는 차 떼고 포 떼고 하니 28만세대에 불과하다.

중과세 대상 숫자가 줄어드는 과정은 한편의 블랙코미디였다. 노 대통령의 '부동산투기 전쟁' 직후 이주성 국세청장은 "1가구2주택 보유자가 1백58만 가구에 달한다"고 그동안 공개하지 않던 통계를 발표했었다. 그러나 어이 된 일인지 며칠 뒤 행정자치부는 "그렇지 않다. 우리가 파악하기론 89만 가구밖에 안된다"고 그 숫자를 60만 가구나 줄였다. 그러더니 10.31대책에서는 "실제는 더 적다. 72만 가구밖에 안된다"고 또다시 숫자를 축소하더니 결국 과세대상을 28만가구로 줄인 것이다.

10.31대책의 본질을 가장 적나라하게 드러낸 대목은 수도권에 향후 5년간 1백50만채의 추가로 아파트를 짓겠다는 '1백50만호 공약' 이었다.

정부는 원활한 수도권 주택 및 택지 공급을 명분으로 그린벨트까지 풀면서 연간 9백만평씩 5년간 4천5백만평을 개발, 1백50만가구를 건설키로 하고 이중 41만5천가구 가량은 중대형 아파트로 채우겠다고 발표했다. 중대형 아파트 공급방안으로 송파 신도시에서 2만가구를 비롯해, 판교와 인천 청라에 1만2천가구를 추가로 늘리겠다는 것. 특히 정부의 강남 대체용 신도시 구상에 따라 '제2의 판교'로 급부상한 송파 신도시에는 육군종합행정학교 95만평, 특전사 65만평, 체육부대 12만평, 군부대 골프장 28만평을 합쳐 2백만평(총 5만가구) 규모로 조성하고 현재 추진중인 김포, 양주 옥정 등 4~5개 신도시에서 공공택지 1천만평을 추가로 공급키로 했다.

정부는 강북 개발에도 불을 붙였다. 강북의 뉴타운 등 광역적 공공개발이 추진되는 최소 15만평 이상의 재개발 사업지역에 대해서는 소형아파트(전용 85㎡이하) 건설 의무비율을 현행 80%에서 60% 이상으로 낮추고 사업시행자 지정요건을 주민동의 3분의 2이상에서 2분의 1로 완화키로 했다. 또한 이들 지역에 대해선 층고제한을 해제해 타워팰리스 같은 초고층 주상복합아파트 건설이 가능토록 했다.

한마디로 말해, 건설족의 '공급부족' 논리를 1백20% 받아들여 강남외 수도권 지역의 아파트투기에 불을 붙인 것이다.

8.31대책이 특히 분노를 일으킨 것은 참여정부 출범이래 23번째 부동산대책인 8.31대책이 나오기까지의 과정이 기만적이었다는 사실이다.

처음에는 정부가 초강도 대책의 출현을 예고했다. 노무현 대통령은 "분양원가 공개를 못할 것도 없다"는 강력한 뉘앙스를 풍겼고, 김병준 청와대 정책실장은 "헌법만큼 바꾸기 힘든 부동산정책"을 예고하기도 했다. 박승 한국은행 총재 같은 경우는 한 술 더 떠 "정치권에서 저항할 정도로 충격적 대책이 나올 것"이라고 바람을 잡기도 했다. 정부는 또 "작금의 부동산값 폭등은 공급 부족이 아닌 투기적 가수요 때문"이라며 신도시 등을 추가로 세울 계획이 없다고 단언했다.

그러나 얼마 안가 기류가 묘하게 변하기 시작하더니, '사전 여론검증'이란 명목으로 언론에 그 내용을 흘렸다. 당연히 건설족이 반발했다. "세금 폭탄" 등의 자극적 표현으로 마치 모든 국민이 지금보다 몇배나 많은 세금을 내야하며 건설경기에 간신히 의존하던 경기가 급랭할 것처럼 건설족 언론이 불안감을 부추겨 나갔고, 아파트투기는 "세금이 아닌 공급 확대로 풀어야 한다"는 예의 건설족 논리가 지면을 도배했다.

때 맞춰 정부와 열린우리당의 굴절도 시작돼 '국민 불안심리'와 '조세 저항'을 이유로 당초 원안에서 하나씩 차를 떼고 포를 떼더니, 1가구2주택자에게 60% 중과세하겠다던 양도세율이 50%로 낮아지고 70%로 높이겠다던 1가구3주택이상 보유자에 대한 중과세율도 슬그머니 현행대로 60%를 유지키로 했다.

이와 함께 건설족의 '공급부족 논리'도 화려하게 부활해 '수도권 아파트 1백50만호 공약'이 나오기에 이르렀다. 노태우 정부때의 2백만호 공급보다 많은 2백50만호의 아파트를 지난 5년간 지어 공급한 결과, 공식적 주택보급률만 1백%를 넘어서고 여기에 집계로 제대로 잡지 않고 있는 연립주택, 오피스텔 등까지 합할 경우 실제 주택공급은 이미 과잉 단계로 접어들고 있음에도 불구하고 건설족의 '공급 부족' 논리에 따라 1백50만호를 더 짓겠다고 나선 것이다.

노 대통령은 앞서 8월25일 '국민과의 대화'에서 2년전 10.29대책을 만들 때 당시에 경제각료와 열린우리당, 한나라당 반발로 원래 추진하려던 대책이 무력화되던 과정을 토로한 바 있다. 8.31대책이 만들어지는 과정도 마찬가지였다. 똑같은 실수를 되풀이한 것이다. 일각에서는 이런 일련의 과정이 먼저 강도 높은 안을 언론에 흘려 반발여론을 조성한 뒤 무력화시키는 건설족의 노회한 대중여론 조작 탓이 아니냐는 의혹어린 시선을 던지기도 하나, 상황은 이미 종료된 상황이었다.

한 위대한 지도자가 세운 '반(反)건설족'의 나라, 싱가포르

"요즘 어디 아파트가 집이냐, 돈이지."

요 근래 주변에서 흔히 들을 수 있는 얘기다. 정부의 부동산 경기부양책으로 국민들 사이에 '투기심리'가 집단적으로 확산된 결과, 이제 많은 이들이 아파트를 주거 수단이 아닌 재테크 수단, 투기 수단으로 여기고 있음을 보여주는 증거다.

따라서 앞으로 우리 사회가 지향해야 할 주택정책의 올바른 방향은 모두가 "아파트가 어떻게 돈이냐, 집이지"라고 말하게끔 아파트를 더 이상 재테크 수단으로 사용하지 못하게 만드는 일일 게다. 어떻게 해야 이렇게 될까.

조기숙 청와대 홍보수석은 노무현 대통령의 '8.25 발언'이 있기 직전인 8월25일 오전 한 언론과의 인터뷰에서 "많은 사람들이 참여정부의 실책 중 하나가 부동산 정책이라고 하는데 너무 과한 표현"이라고 강변하며 "역대 정부 중에 부동산 정책에 성공한 정부가 없다"고 주장했다. 그는 이어 "부동산 정책은 계속 실패해 온 우리의 고질적인 병"이라며 "그런 점에서 참여정부가 좀 나은 점은 있다. 지금 전세값은 안정돼 있고 강북의 부동산 값도 안정돼 있다. 지금 참여정부의 문제는 특정지역만 과열되는 게 문제"라고 말했다. 한마디로 말해, 그날 노 대통령도 리바이벌했듯 '뭐 우리만 잘못했냐, 역대정권 모두가 범한 잘못인데'라는 식의 뻔뻔한 발뺌논리였다.

조 수석이나 노 대통령의 주장은 일면 맞다. 건설족의 지배아래 있던 역대정권의 부동산정책은 오십보백보였기 때문이다. 그러나 그의 이런 주장은 서민-중산층을 대변한다던 참여정부 역시 역대정권과 마찬가지로 '건설족 정권'에 불과했다는 자백이기도 하다. 홍세화 〈한겨레신문〉 편집위원이 애용하는 표현을 빌면, "공격적 뻔뻔스러움"의 극치이다.

그렇다면 과연 지구상에는 우리나라 같은 '건설족 정권'들만 존재하는 것일까. 답은 "그렇지 않다"이다. 그런 대표적 예가 싱가포르이다. 지상에서 가장 부패하지 않은 국가중 하나인 싱가포르에서는 건설족이 아예 발을 못 붙이고 있다. 국토가 비좁은 까닭에 전국민의 90% 이상이 고층아파트에서 살고 있지만, 싱가포르에서는 '아파트투기' 라는 단어도 찾아볼 수 없다. 동시에 대다수 국민이 우리와는 달리 주택문제로 전혀 고민하지 않고 있다. 그 이유는 무엇인가.

싱가포르 국민의 85%가량은 지금 '공공주택'에서 살고 있다. 싱가포르는 리콴유 수상 시절인 1960년 심각한 주택문제를 해결하기 위해 우리나라의 주택공사에 해당하는 주택개발청(HDB)을 설립, 강력한 공공주택 정책을 추진했다. 주택개발청은 '토지 공개념'에 기초한 강력한 토지수용법으로 전 국토의 80% 이상을 국유화한 뒤, 공공 아파트를 지어 서민과 중산층에게 저렴하게 분양했다. 이 때 싱가포르가 도입한 독창적 제도가 공공주택 소유자가 집을 팔려고 할 때에는 반드시 정부에 되팔도록 하는 '주택전매금지-주택환매제도'이다. 시가로 집을 되 사들인 정부는 이 집을 입주 대기자들에게 시가로 되판다.

주택개발청은 1960년대에는 주로 서민층에게 주택(일명 HDB아파트)을 공급했고, 1970년대 들어서는 중산층으로 그 대상을 확대한 결과 현재 전체 국민의 85%가량이 우리나라의 웬만한 중산층 아파트 못지않게 깔끔하고 세련된 공공 아파트에서 살고 있다. 이 공공 아파트는 평수도 23평에서 시작해 33평, 41평, 56평에 이르기까지 다종다양하나, 방 4개나 5개 짜리 중형아파트가 전체의 90%에 달할 정도로 주류를 이루고 있다. 17~21평이 주류를 이루는 우리나라 임대주택과는 천양지차다.

이들 HDB아파트는 우리나라의 국민연금에 해당되는 중앙연금준비기금

(CPF)으로 지어져 민간 아파트값의 45% 수준의 염가에 분양되고 있다는 사실도 우리에게 귀중한 시사점을 준다. 판교 등 정부가 개인 땅을 수용해 조성한 공공택지에 이 방식을 도입해 공공주택을 공급할 경우 작금의 아파트 투기를 결정적으로 타파할 수 있음을 의미하기 때문이다.

구체적으로 오래 전부터 '국민연금을 동원한 공공주택 건설'을 아파트거품 제거 해법으로 제시해온 공인중개사 이태용씨 같은 경우는 건설현장 취재에 기초해 "32평대 아파트를 1억2천여만원에 지어 공급가능하다"고 주장하고 있다. 요컨대 "건축비를 실제 시공사의 건설비에 기초해 평당 2백만원으로 잡을 경우 32평을 짓는 데 들어가는 총 건축비는 6천4백만원이면 되고, 32평형 고층아파트의 토지지분이 대략 10평 정도인 점을 감안해 땅값을 평당 5백만원으로 잡으면 땅값이 총 5천만원이 돼, 도합 1억1천4백만원이면 32평대 아파트 건설이 가능하다"는 것이다. 여기에다가 주택건설에 동원된 국민연금에 대해 국고채 유통수익률 이상의 적정 이윤을 보장해 주더라도, 1억2천여만원대 공공 아파트 공급이 가능하다는 것이다. 우리나라의 경우 선진국들에 비해 공공택지 비중이 상대적으로 낮아 모든 신규 아파트를 이런 식으로 공급하기란 한계가 있겠으나, 이런 식으로 정부가 조성하는 공공택지에서부터 '거품없는 아파트'를 지어 공급하면 다른 지역의 거품을 순식간에 거둬내면서 더 이상 국민이 아파트투기 때문에 고통받는 일은 사라질 것이라는 지적이다.

이같은 제언에 대한 국내 건설족들의 반응은 한마디로 "황당하다"는 것이었다. 하지만 이런 일이 이미 40여년 전 싱가포르에서는 실천에 옮겨져, 오늘날 세계 최고의 주택안정국가가 될 수 있었던 것이다.

싱가포르의 공공주택은 우리나라에서 임대에 주력하는 것과 달리, '분양'
에 포커스를 맞추고 있다. 싱가포르의 공공주택은 정부가 강력한 자가보유
촉진정책을 펼친 결과 대부분이 입주자 소유로, 싱가포르 국민의 90% 가까
이가 자기 집을 갖고 있으며 정부 소유의 임대 아파트가 차지하는 비율은
10%에 불과하다. 주택보급률이 100%를 넘어섰음에도 불구하고 자가 보유
비율이 50%가 안될 정도로 나날이 낮아지고 있는 우리나라와는 크게 대조
적인 모습이다.

그렇다고 해서 싱가포르에 고급 민간아파트가 없느냐 하면 그것도 아니
다. 싱가포르에는 벌써 10~20년 전에 '콘도'라고 불리는, 타워팰리스보다
훨씬 더 좋은 50~60억원 이상 가는 1백평, 2백평 넘는 궁전 같은 아파트도
즐비하다. 이들 고급 아파트 단지 안에는 옥외수영장, 테니스장, 헬스시설
등 다양한 레저시설이 갖춰져 있고 입구에는 경비실과 차단기 등 보안장치
가 설치돼 출입자들을 엄격히 통제하고 있다.

그럼에도 불구하고 싱가포르에서는 우리나라처럼 "계급이 '집 있는 계급'
과 '집 없는 계급'으로 새로 나뉘었다"고 할 정도로 극심한 계급간 위화감이
나 적개감이란 찾아볼 수 없다. 이는 정부의 공공부문과 민간부문을 이원화
해, 공공부문에서는 절대로 이윤을 남기지 않되 민간부문에 대해선 분양가
를 얼마를 받든 개입하지 않고 완전자율화한 빼어난 주택정책의 결과다.

싱가포르에서는 원천적으로 고소득층이 공공주택에서 살고 싶어도 살 수
없다. 구체적으로 월평균소득이 8천 싱가포르달러 이상인 고소득층이나,
HDB아파트를 짓는 재원인 중앙연금기금의 가입대상이 되지 않는 자유사업
자들을 공공주택의 공급대상에서 제외하였으며, 그 대신 이들은 가격이 높

은 민간주택 시장으로 흡수되도록 하였다. 반면에 월소득이 6천 싱가포르달러 미만인 중산층 이하 계층에게만 입주를 허용하고 있으며, 더욱이 이들에게는 아파트 구입시 주택가격의 80% 범위내에서 장기 저리로 주택구입자금을 융자해주고 있다.

우리나라와는 달리 싱가포르 국민들은 절대로 집 장만 걱정을 하거나 투기할 생각을 하지 않으며, 오로지 모든 에너지를 국가경쟁력 제고를 위해 집중하고 있는 것도 이런 탁월한 주택제도가 자리잡고 있기 때문이다. 건설족이 애당초 발 붙이지 못하게 만든 45년전 리콴유 수상의 선택이 오늘날 세계적 강소국 싱가포르를 가능케 했던 것이다. 또한 싱가포르가 오늘날 정경유착 등 부패가 없는 세계 제일의 청렴국가가 될 수 있었던 것도 구조적으로 '건설족 비리'가 존재할 수 없는 공공주택 시스템을 도입했기 때문에 가능했던 일이다. 지도자의 '선택'은 이처럼 국가의 운명을 통째로 바꾸는 법이다.

싱가포르의 예는 우리나라가 어떻게 해야 아파트투기라는 '죽음에 이르는 병'에서 빠져나올 수 있는 동시에, 부패가 일소된 청렴국가가 될 수 있는가를 보여주는 귀중한 가르침이라 하겠다.

6장
대재앙이 다가오고 있다

일본에서는 부동산 거품으로 1천조엔이 공중으로 사라졌다.

마찬가지로 한국에서 거품이 터지면 1천조원이 사라질 것이라는 우려가 나올 정도로,

건설족 재앙의 파괴력은 가공스러울 전망이다.

일본, "한국은 우리 뒤를 그대로 밟고 있다"

"일본의 뒤를 따를 것인가, 일본과는 다를 것인가."

'부동산 거품' 파열 여부를 놓고 지난 수년간 치열하게 전개돼온 쟁점이다.

대다수 경제부처나 국책연구소 및 일부 민간연구소 등은 "우리는 일본과 다르다"고 주장한다. 이렇게 주장하는 근거는 일본에 비해 우리나라의 주택 담보비율이 낮고, 일본보다 주택보급률도 낮으며 부동산 거품도 훨씬 그 정도가 약하다는 것 등이다.

한 예로 재정경제부는 일본형 장기복합불황 논란이 한창이던 때(2005.7.21) 보도자료를 통해 "우리나라의 주택보급률은 2004년 현재 1백2%로 1990년 일본의 1백10%보다 낮으며, 6월말 현재 실질 주택가격(전국기준)도 소비자물가 등을 감안할 때 강남 등 일부 지역을 제외하고는 1990년대초 정점보다 낮으며, 일본이 복합불황 초기에 무리한 경기부양책을 써 상황을 악화시킨 반면 우리 정부는 인위적 경기부양책을 쓰지 않고 있다"는 점 등을 그 근거로 내세웠다.

이들은 또 IMF(국제통화기금) 같은 국제기구나 S&P 같은 국제신용평가기관이 "한국의 부동산 거품 파열 위험은 전무하다"며, 도리어 정부에게 금리인하 등을 통한 부동산 경기부양을 주문하고 있는 점을 또 다른 근거로 내세우기도 한다.

이들은 부동산 거품 파열 우려를 '기우'로 규정하며, "몇년 전부터 부동산 거품이 터진다고 했지만 거품은 터지지 않았지 않느냐"며 "멈춘 시계도 하루에 두 번은 맞는 법"이라고 냉소하기도 한다.

반면에 반대 판단을 하고 있는 이들은 이미 "한국의 부동산 버블은 1991년 거품 파열 당시의 일본의 그것보다 극심한 상태"라며 "한국정부가 지난 2000년부터 지금까지 일관되게 펴온 부동산 경기부양책이 경기부양책이 아니면 뭐냐"고 반문하고 있다. 한 예로 미국 컨설팅그룹의 한국 최고책임자는 연전에 필자와의 미팅에서 한국의 부동산 거품 위기를 다음과 같이 진단했다.

"어떤 나라의 부동산 거품 정도를 재는 잣대는 여러 가지가 있으나, 우리는 세계 각국을 컨설팅하는 과정에 축적한 방대한 데이터에 기초해 우리 나름대로의 몇 가지 잣대로 부동산 거품 정도를 측정한다. 그 중 대표적인 것이 한 나라의 GDP(국내총생산)에서 건설업이 차지하는 비중의 변화로 거품의 정도를 측정하는 방식이다. 일반적으로 1인당 GDP가 8천달러가 될 때까지는 GDP에서 건설업이 차지하는 비중이 15%선까지 상승한다. 국가경제가 커지고 국민소득이 발전하면서 인프라 건설을 위한 토목 및 주택 수요가 급증하기 때문이다. 그러다가 1인당 GDP가 8천달러를 넘는 때부터 그 비중이 낮아지기 시작하면서 한국처럼 1만3천~1만4천달러 수준이 되면 GDP에서 건설업이 차지하는 비중은 4~5% 정도로 낮아지는 게 정상이다. 건설업 대신 서비스 산업 등 3차 산업이 발전하면서 이들 산업이 차지하는 비중이 커지기 때문이다. 하지만 한국은 현재 GDP에서 건설업이 차지하는 비중이 17%에 달하고 있다.

한국도 IMF사태가 발생하기 전에는 1인당 GDP가 8천달러를 넘으면서 건설업의 비중이 낮아지는 다른 나라와 비슷한 과정을 밟아왔다. 그러다가 IMF사태가 발발, 1인당 GDP가 8천달러 선으로 붕괴한 이후 이상현상이 나타나기 시작했다. 1인당 GDP가 1만달러를 회복한 뒤 최근 1만3천달러 선까지 회복됐음에도 불구하고 건설업이 GDP에서 차지하는 비중은 15%를 넘고 있다는 사실이다. 이는 무슨 얘기인가. 한마디로 IMF사태후 한국 정부가 건설업으로 성장률을 맞추는 '부동산 경기부양'에 주력해왔다는 얘기다.

또 하나의 부동산 거품 정도를 재는 잣대는 한 나라의 GDP 총액과 지가 총액의 비율이다. 일본이나 홍콩의 경우 GDP 총액보다 지가 총액이 4배 높아진 시점에 예외없이 거품이 터졌다. 한국의 GDP 총액은 2004년도에 6천8백억달러를 기록했다. 한국 돈으로 약 7백조 원이다. 정부는 한국의 지가 총액이 2천조원을 넘었다고 발표하고 있다. 그러나 공시지가로 책정한 땅값을 시가로 계산한다면 그 액수는 더 클 것이고, 여기에다가 한국은 아파트값만 1천조원에 달하고 있어 이것까지 합한다면 지금 한국의 거품은 일본이나 홍콩보다 더 심하면 심하지 결코 못하지 않다. 한국 정부의 필사적 노력으로 거품이 터지지 않고 있을 뿐, 거품이 터지는 건 시간문제다. 결론적으로 한국의 부동산 거품은 1991년 거품 파열 당시의 일본이나, 1995년 거품 파열 당시의 홍콩보다 심각한 상황이다."

또 다른 외국계 투자가 역시 "뉴욕 맨해튼의 아파트값과 강남 도곡동 타워팰리스 값이 같다는 게 도대체 말이 되냐"고 냉소하며 "과연 강남이 세계의 경제심장인 뉴욕만큼 돈을 벌어들이는 곳이냐"고 반문했다. 그는 "미국의 경우 소득대비 주택가격이 3.7배이나 서울은 8.9배로 거품이 심각한 상황"

이라며 "한국의 아파트 거품이 터지지 않는다면 그것은 세계 경제사를 다시 써야할만한 기적일 것"이라며 거품 파열을 단언했다.

여기서 주목해야 할 대목은 논란의 와중에 누구보다 거품경제의 부작용을 혹독히 체험한 일본이 "한국이 일본의 전철을 그대로 밟고 있다"고 보고 있다는 사실이다. 일본 중앙은행인 일본은행의 후쿠이 도시히코 총재는 지난 2005년 5월27일 한국에서 열린 한-중-일 중앙은행간 통화스왑 계약 체결 서명후 행한 연설을 통해 "중앙은행은 자산가격 변동추이와 경제안정에 미치는 파급경로를 예의주시해야 하며 자산가격 급변동에 대한 대응방안을 마련할 필요가 있다"며 "경제거품이 붕괴된 뒤에야 모든 거품은 붕괴된다는 것을 깨달았다"고 토로했다. 그는 "일본은 90년대 중반부터 장기조정과정을 거쳤고 그 과정에서 과도한 잉여, 부채, 실업률 상승 등의 고통이 있었다"며 "가격안정을 바탕으로 지속가능한 성장을 달성하는 게 가장 중요하다"고 덧붙였다. 이 자리에 있었던 한국은행 사람들은 이를 한국의 부동산 거품에 대한 우회적 경고로 받아들였다.

일본은행의 통한의 '거품 보고서'

한국에 거품을 경고한 일본은행 산하의 금융연구소(IMES)는 지난 2000년 1월25일 〈자산가격 거품과 금융정책: 1980년대 후반의 일본의 경험과 그 교훈〉이란 연구보고서를 발표한 바 있다. 1980년대 중반 "마침내 미국을 따라잡았다"며 "이제는 미국에 대해 'NO라고 말할 수 있는 일본'이 돼야 한다"고 큰소리치던 것도 한 순간, 1991년 부동산 거품이 터지면서 길고긴 침체의 늪에 빠져들어야 했던 일본의 통렬한 자기반성 보고서였다.

"일본경제는 1980년대 후반 이래 버블 경제의 발생, 확대, 붕괴라는 형태로 극히 커다란 변화를 경험했다. 버블 경제는 자산가격의 급격한 상승, 경제 활동의 과열, 통화-신용의 확대라는 세 가지에 의해 특징 지어진다"는 '버블' 정의로부터 시작되는 이 보고서는 우리에게 많은 시사점을 안겨준다.

보고서에 따르면, 일본 자산가격의 상승은 1982년경부터 시작돼 1985~1986년에 걸쳐 상승률이 높았다. 그러나 초기에는 자산가격의 상승이 비교적 완만했고, 1985~1986년은 '엔고 불황' 기와 겹쳤기 때문에 이 시기를 버블기라고 보는 시각은 적다. 대다수가 "본격적인 버블이 시작됐다"고 보는 시기는 1987년부터다. 그 이유는 1987년이 경기가 회복기로 전환되는 동시에, 통화 공급-신용량의 확대 속도가 높아지면서 자산이 급격히 상승한 시기였기 때문이다. 버블 경제 붕괴가 시작된 해를 놓고선 닛케이지수가 최정점에 달했던 1989년말, 땅값이 최정점에 달했던 1990년, 경제기획청이 경기정점으로 판정한 1991년 2월 등 여러 설이 있으나, 일반적으로 1987~1990년 4년간을 '버블기'로 규정한다.

버블기의 첫 번째 특징은 주가, 지가로 대표되는 자산가격의 급격한 상승이다. 자산가격의 상승 자체는 1983년부터 시작됐으나 급격한 상승이 시작된 것은 1986년부터였다.

자산가격 중에서 가장 먼저 급격히 상승하기 시작한 것은 주가로, 1986년부터 상승하기 시작한 닛케이지수는 피크였던 1989년 12월말 3만8천9백15로, 플라자 합의가 도출된 1985년 9월(1만2천5백98)에 비해 3.1배나 올랐다.

땅값은 주가보다 약간 늦게 오르기 시작했다. 땅값 상승은 도쿄에서 오사카, 나고야 등 주요도시를 거쳐 전국으로 확산됐다. 일본부동산연구소가 6

개 대도시 및 상업지역의 땅값을 집계한 '시가지(市街地)가격지수'의 경우 피크에 도달했던 1990년 9월, 5년 전인 1985년 9월에 비해 무려 4배가 올랐다. 이같은 자산가격의 급격한 상승은 2차 세계대전후 가장 큰 규모로, 주가와 지가를 합한 캐피탈 게인의 명목 GDP(국내총생산) 대비는 1986~1989년에 4백52%에 달했다. 이는 종전의 가장 높았던 기록인 1972~1973년의 1백93%를 크게 상회하는 것이었다.

상식밖 버블을 양산한 '메커니즘'은 무엇이었나.

보고서에 따르면, 서로 상호작용을 일으키며 일본경제를 초토화한 버블의 5대 요인은 금융기관의 공격적 대출 마케팅, 장기간에 걸친 금융규제 완화, 땅값 상승을 가속화시킨 잘못된 부동산 세제, 자체 리스크(위험) 관리 시스템의 부재, 일본 전체에 넘실대던 자신감 등이었다.

거품을 만든 첫 번째 요인은 금융기관의 공격적 대출 마케팅이었다. 소니 등 일본 대기업의 자금조달은 1980년부터 급속히 자유화돼 주로 국제금융시장에서 낮은 금리로 자금을 조달하기 시작했다. 기업들의 높은 신인도로 인해 더 이상 일본 국내에서 자금을 조달할 이유가 사라진 것이다. 반면에 은행의 증권업 진출은 제한적으로밖에 인정되지 않아, 그동안 대기업 대출에 의존하던 은행은 '대기업 이탈'로 수익률이 낮아지면서 강한 위기감을 갖게 됐다. 그 결과 은행들이 눈을 돌린 곳은 부동산 담보 대출과 중소기업 대출이었고, 특히 부동산 담보 대출이 폭증하면서 부동산 거품을 무서운 속도로 양산해냈다. (은행들은 집값이 계속 오를 것이라는 전제로, 집값의 1백 20%까지 대출해줬다. '집값을 치루고 남은 20%로 가구도 새로 사고 차도 새로 사라'는 식이었다. 심한 경우에는 최고 2백%까지 해주기까지 했다. 또한 야쿠자나 빠찡꼬 업자 등 종전의 대출 기피대상들에게까지도 서슴지 않고 돈을 내줬다.)

두 번째 요인은, 장기간에 걸친 금융규제 완화였다. 금융규제 완화는 우선 금융조달 코스트이자)를 낮춰 투기꾼들의 자금조달을 쉽게 만들었다. 동시에 금융규제 완화는 주가를 상승시켜 증자, 전환사채 등을 통한 자금조달을 용이하게 만들었다. 또한 지가와 주가의 상승은 기업이 보유하고 있는 토지와 주식의 자산가치를 높여 이를 담보로 한 은행 대출이나 사채발행을 쉽게 만들었다.

세 번째 요인은, 부동산 세제에 의한 지가 상승의 가속화이다. 당시 일본의 부동산 세제는 상대적으로 보유세는 낮고, 거래세는 높은 세율 체제를 구축하고 있었다. 일반적으로 보유세가 낮으면 토지 보유 부담이 적어 토지 보유를 늘리는 작용을 한다. 동시에 거래세가 높으면 더욱 매매를 기피하게 만들면서 결과적으로 토지 공급을 줄여 땅값 폭등을 초래한다.

네 번째 요인은, 금융기관, 기업, 개인, 정부를 포함한 많은 경제주체들이 잇따라 투기에 가담했음에도 불구하고 이를 사전에 제어할 자체 리스크(위험) 관리 시스템의 부재였다.

다섯 번째 요인은, 일본 전체에 넘실대던 자신감이었다. 일본의 경상수지 흑자 확대, 일본금융기관의 해외활동 확대, 일본기업의 잇따른 해외기업 인수 등 '세계최대 채권대국' 다운 행보와, "일본형 경영이 미국형 경영을 앞질렀다"는 국제사회의 평가, '국제금융센터 도쿄' 라는 당시 말이 대표하듯 외국 금융기관과 기업의 잇따른 도쿄 진출은 '부동산 불패' 환상을 한층 심화시켰다.

그러나 다섯 가지 요인 외에 결코 간과해서는 안되는 것이 일본 중앙은행의 '저금리' 였다. 일본은행은 부동산값 폭등에도 불구하고 1989년 5월까지만 해도 저금리 정책 기조를 이어나갔다. 1987년 10월19일 뉴욕 주가 대폭락이라는 '블랙 먼데이' 에 국제적으로 공동대처하기 위한 노력의 일환이었다. 레이건 미국대통령과 다케시다 일본총리는 1988년 1월 정상회담에서 '저금리 정책 유지' 에 합의했다. 그러나 미국이 얼마 뒤 블랙 먼데이 쇼크가 사라졌다고 판단되자 곧바로 금리를 인상해 거품 발생을 예방한 반면, 일본은 계속 저금리를 유지하다가 부동산투기와 주가급등이라는 자산 인플레를 한층 부추겼다.

그러다가 거품이 더 이상 방치할 수 없는 위험수위에 도달한 뒤에야 1989년 5월 일본은행은 콜금리를 2.5%에서 3.5%로 대폭 인상한 데 이어, 그해 10월과 12월에 걸쳐 각각 0.5%포인트씩 재인상하고, 다음해인 1990년에도 두 번에 걸쳐 각각 1%와 0.75%포인트를 또 인상했다. 그러나 이미 때가 늦었다. 보고서는 일본은행의 실패를 다음과 같이 반성하고 있다.

"금리인상을 조기에 행했다면 그렇지 않았을 경우에 비해 거품의 자율적 붕괴 타이밍을 다분히 앞당길 수 있었을 것이다. 그 결과 버블 시대의 신용팽창을 눌러 버블 붕괴후의 악영향을 줄일 수 있었을 것이다. 그러나 금리인상을 조기에 단행했다 할지라도 인상폭이 적었다면, 자산가격은 상승을 거듭했을 것이다."

하지만 반성은 이미 뒤늦었다. 1991년 터진 부동산 거품으로 2005년 현재까지 공중으로 사라진 돈의 총액은 무려 1천조엔(우리돈 9천조원)에 달했고, 일본은 지금까지도 부동산 거품의 후유증으로 고통받고 있다.

경제 전문가들은 흔히 한국 경제를 '일본의 10분의 1'로 규정한다. 경제규모가 일본의 10분의 1 수준이라는 의미에서다. 이 공식을 적용할 경우 부동산 거품이 파열됐을 때 우리 경제가 받게 될 타격도 막연하게나마 추정가능하다. 일본의 거품 파열 비용 1천조엔의 10분의 1인 1백조엔, 우리 돈으로 환산하면 9백조원이 된다는 계산이 가능한 것이다.

1997년 IMF사태때 붕괴한 금융시스템을 재건하기 위해 우리 국민이 피눈물을 흘리며 부담해야 했던 공적자금 규모가 1백63조원이었다. 여기에다가 기업 및 주식, 빌딩의 헐값 매각에 따른 국부 손실까지 합하면 IMF사태를 겪으면서 대략 3백조~4백조원 안팎의 국부 손실을 초래한 것으로 전문가들은 추정하고 있다.

이는 말을 바꾸면, IMF사태 때보다 최소한 배 이상 커다란 충격을 안겨줄지도 모를 경제 재앙의 도래 위기에 직면해 있다는 의미이다.

특히 일본은행이 '버블의 메커니즘'이라고 자성하며 분석한 5대 요인은 '제4차 부동산 폭등기'로 규정되는 우리나라의 2001~2005년 상황과 정확히 일치하고 있어 우려를 증폭시키고 있다. 마지막 5번째 요인인 '자신감'은 내용상 다소 차이가 있으나, 현재 부동산 투기세력이 "부동산 불패신화는 영원할 것"이라는 확신에 차 있다는 측면에서 본다면 일치한다 하겠다.

광란의 제4차 '부동산 폭등기'

건설교통부가 집계한 1970년대이래 지가 변동 상황을 보면, 지금까지 30여년간 우리나라에는 4차례의 '부동산 폭등기'가 있었다.

1차 폭등기는 1974~1979년의 박정희 정권 말기에 속하는 시기였다. 이

기간 중 부동산 가격은 연평균 28.3%가 올랐고, 1978년의 경우에는 무려 49.6%나 폭등했다.

2차 폭등기는 1983~1984년의 전두환 정권 중반기였다. 1980년대초 한 자리 숫자에 머물던 지가 상승률이 1983~84년에는 연평균 15.9%로 높아졌다.

3차 폭등기는 3저 호황의 착시현상이 두드러졌던 1987~1990년으로 노태우 정권의 전반기에 속하는 시기다. 이 기간중 지가는 '3저 호황'에다가 2백만호 건설이라는 잘못된 대책의 영향으로 연평균 23.7%나 폭등했다.

김영삼 정권기에는 부동산이 맥을 못췄다. 노태우 정권기에 조성된 부동산 거품 파열의 후유증이 워낙 심했던 데다가, 1990년 김종인 경제수석이 단행했던 강력한 투기 억제책의 결과였다. 1993년의 -7.8%를 시작으로 1994년 -0.6%, 1995년 0.6%, 1996년 0.9%, 1997년 0.3% 등 지가는 거의 꼼짝하지 않았고, IMF사태의 후유증이 극심했던 1998년에는 도리어 13.6%나 폭락했다.

4차 폭등기는 김대중 정권의 말기인 2001년 하반기부터 지금까지 계속되는 폭등기이다. 4차 폭등기는 앞서 3차례 폭등이 '고성장 시대'에 발생한 반면 '저성장 시대'에 발생했다는 특징을 띠고 있다.

요컨대 김영삼 정권기를 제외한 1970년대이래 모든 정권이 한차례씩 부동산 폭등으로 몸살을 앓아야 했던 것이다.

▶1차 폭등기(1974~79년) : 대응시기 놓쳐 경제 망쳐

4차례 부동산 폭등은 한 가지 공통점을 갖고 있다. 지가가 급등하기 전에 예외없이 '경기부양 정책' 및 '과잉 유동성'이 문제가 됐다는 점이다.

연평균 28.3%의 부동산값이 오른 1차 폭등기(1974~1979년)가 도래하기 전, 박정희 정권은 중화학공업 입국화를 위해 1972년 8월 사채동결을 주요 내용으로 하는 8.3조치를 단행하는 한편 대출금리를 크게 낮추는 대대적 경기부양책을 폈다. 8.3조치로 은행의 일반대출 금리는 연 20%에서 16.5%, 정기예금 금리는 17.4%에서 12.6%로 낮아졌다. 지금 보면 두자리 숫자의 금리가 대단히 높은 금리로 보이나, 10%대 고성장을 거듭하던 당시 상황에서 보면 대단한 저금리였다. 또한 1973~1979년중 통화공급량을 의미하는 연평균 M2 증가율이 30.9%에 달하는 등 시중유동성이 풍부한 상태가 장기간 계속됐고, 특히 1974년 1차 오일쇼크후의 중동건설 수출 호조로 1977년에는 경상수지가 흑자를 기록하는 등 외화유입까지 증대함으로써 1977년의 M2 증가율은 29.2%, 1978년은 39.3%에 달할 정도로 시중 유동성이 크게 높아졌다.

1차 폭등기때 정부 및 통화당국의 대응은 너무 늦었다. 한국은행 관계자는 "1974년부터 부동산값이 큰 폭으로 오르기 시작했으나 경기부양 차원에서 이를 모른 척 외면하다가 1978년에 가서야 총수요관리를 강화하는 등 정책대응이 시기적으로 너무 늦어짐으로써 부동산가격의 조기 안정에 실패했다"고 정책실패를 시인했다. 그는 "통화정책면에서 보면 1976년부터 경제성장률이 10%를 상회하는 등 고성장이 지속되었음에도 불구하고 풍부한 시중 유동성을 장기간 방치함으로써 부동산값이 계속 오를 수 있는 여건을 제공했고, 부동산정책면에서도 1978년부터 과세 강화 등 각종 규제책을 도입했으나 시기가 너무 늦었다"고 자인했다.

장장 6년간에 걸친 부동산값 폭등은 1979년 부마항쟁 등 민중봉기 발발에 따른 박정희 18년 개발독재 붕괴의 주요한 원인으로 작용했다.

▶2차 폭등기(1983~84년) : 강력대처로 조기 진화

전두환 정권 중반부에 발생한 2차 폭등(1983~84년) 역시 2차 오일쇼크에 따라 1980년대 초반부터 추진한 경기부양책이 화근이 됐다.

정부는 1980년 11월부터 1982년 6월까지 7차례에 걸쳐 정기예금 금리를 24.0%에서 8.0%로 무려 16.0%포인트나 낮추었다. 부동산 규제도 대폭 완화해, 1981년 6월 부동산투기 단속대상 특정지역을 전면 해제한 데 이어 1982년 7월에는 3년내 아파트 재당첨 금지규정도 완화했고, 세제면에서는 부동산거래 관련 양도소득세율도 큰 폭으로 낮췄다.

이런 부양책의 결과 1983~1984년에 물가상승률은 3% 내외로 안정된 반면에 부동산가격 상승률은 연평균 15.9%로 높아지면서 심각한 사회문제가 됐다. 그러나 2차 폭등기 때에는 정부와 통화당국이 신속히 대응에 나섬으로써 더이상의 부동산값 폭등을 막을 수 있었다.

우선 한국은행은 1983년부터 통화증가율을 크게 낮추고 금리를 인상해 시중유동성을 적극 흡수하는 등 1차 폭등기에 비해 신속히 대응함으로써 부동산값 상승을 물가상승으로 이어지지 않고 조기에 진화할 수 있었다. 정부도 아파트 재당첨 금지기간을 연장하고 양도소득세 탄력세율 적용시한을 단축하는 조치들을 취함으로써 부동산값을 잡는 데 기여했다.

▶3차 폭등기(1987~90년) : 경상수지 흑자 관리실패가 주범

연평균 23.7%의 부동산값이 오른 노태우 정권 전반부의 3차 폭등기

(1987~1990년)는 1986년 이후의 이른바 저달러-저유가-저금리의 '3저 호황'에 따른 과잉유동성이 근원이었다.

3저 호황은 1985년 일본 엔화를 종전보다 2배 평가절상하기로 한 플라자 합의로 대표되는 미-일 경제전쟁의 '어부지리'였다. 만성적자국이던 우리나라는 엔화 강세의 반사이익인 3저 현상으로 대내외 여건이 크게 호전되면서, 1986년 47억달러, 1987년 1백억달러, 1988년 1백45억달러, 1989년 53억달러 등 내리 4년 큰 폭의 경상흑자를 기록했다. 사상 초유로 3백억달러의 엄청난 달러가 국내로 쏟아져 들어온 것이다.

경상수지 흑자체제로의 전환은 88서울올림픽과 맞물려 선진국이 된다는 착시현상을 일으켜 내수를 크게 확대시키는 동시에, 해외부문에서의 유동성 유입이 지속됨으로써 풍부해진 시중유동성이 증시를 거쳐 부동산시장에 유입됨으로써 부동산값을 크게 올렸다.

여기에 노무현 대통령이 1987년 대선때 부동산값 안정을 위한 공약으로 내놓은 '5대 신도시 건설을 통한 주택 2백만호 건설'을 1988년 5월 실천에 옮기면서 주택경기를 자극, 집값을 잡겠다던 취지와는 반대로 1988년 27.5%, 1989년 32% 등 지가를 폭등시켰다.

이에 문희갑 당시 경제수석은 1989년말 토지초과이득세법 등 토지공개념 3법을 통과시키고, 통화정책면에서도 금리를 소폭 인상했으나 대응강도가 약해 부동산값 상승세를 효과적으로 진정시키는 데 실패했다.

3차 부동산 폭등은 1990년 김종인 경제수석이 부임해 재벌의 비업무용 토지 환수 등 강력한 진정책을 사용하는 동시에, 1천을 넘었던 주가가 5백선 밑으로 반토막 나도록 인위적 경제부양책을 쓰지 않을 정도로 일관된 '거품

빼기' 정책을 취함으로써 진정될 수 있었다.

▶4차 폭등기(2001년~) : 1~3차 폭등기의 악재 모두 내포

2001년부터 시작돼 지금까지 계속되고 있는 4차 폭등기는 1~2차 폭등기와 3차 폭등기를 합쳐놓은 듯한 양상을 띠고 파괴적 양상으로 현재진행형이다.

1~2차 폭등기 때는 내수경기 진작을 위한 부동산경기 부양책과 이에 따른 과잉 유동성 공급이 근원이었다. 3차 폭등기 때는 경상수지 흑자에 따른 해외에서의 과잉 유동성 공급이 근원이었다.

2001년부터 시작된 4차 폭등기는 1~3차 때의 두 가지 특징을 모두 내포하고 있다. 2001년 9.11테러후 세계 통화당국은 일제히 돈을 풀고 금리를 낮추는 경기부양책을 펼치기 시작했고 당시 정부로부터 강한 경기부양 압력을 받고 있던 한은도 마찬가지였다. 그 결과 시장유동성은 신M3가 30%를 웃돌 정도로 높아져 4백70조원대 자금이 단기차익을 노린 투기성 자본화됐다.

IMF사태후 1998년부터 계속돼 올해 외환보유고가 2천억달러를 돌파할 정도로 증가세를 멈추지 않고 있는 경상수지 흑자 역시 제3차 폭등기때와 마찬가지로 시중 유동성을 증대시키는 결과를 낳고 있다.

요컨대 지금 우리경제가 경험하고 있는 4차 폭등기는 1~2차 폭등기와 3차 폭등기의 위험요소를 함께 갖춘 전례 없이 위험한 국면인 것이다.

더욱 우려되는 대목은 현재의 4차 부동산 폭등이 과거 1~3차 때와는 달리 '저성장' 상황에서 진행되고 있는 까닭에 정부는 세금정책만으로 문제를 풀려할 뿐, 잘못될 경우 거품이 터지면서 가뜩이나 취약한 경제심리를 위축시킬지도 모른다는 공포감 때문에 금리 인상 등 거시수단이나 분양권 전매금지, 분양원가 공개 같은 수단을 동시적으로 사용하기를 극구 기피하고 있다는 사실이다.

9.11때 금리를 연거푸 내렸던 미연준 등 많은 중앙은행들이 그후 잇따라 금리를 올리며 더 이상의 거품을 막으려 애쓰고 있음에도 불구하고 우리 정부가 금리 인상을 절대 기피하는 숨겨진 이유 중 하나는 참여정부 들어 수출 증대를 위한 환율 방어와 내수경기 부양을 위한 경기부양책을 병행한 결과, 재정적자가 눈덩이처럼 늘어나 김대중정부 말기에 1백조원이던 재정적자가 2005년 2백조원로 배증했기 때문이기도 하다. 현재도 해마다 10조원의 재정적자 이자를 물어야 하는 정부는 금리 인상시 불가피한 추가 이자 부담을 꺼려하고 있는 것이다. '부양정책의 늪'에 빠져 이러지도 저러지도 못하는 형국이다.

이런 와중에 4차 폭등기때 부동산값은 밑바닥 성장에도 불구하고 1~3차 폭등기 때보다 더 악성이면 악성이지, 결코 그 못지않은 광란의 폭등을 거듭하고 있다. 더욱 과거의 세차례 폭등이 아파트 등 대도시 주택 중심으로 진행된 데 반해, 현재는 대도시의 아파트는 물론 '기업도시' '행정도시' '혁신도시' 등 정부의 각종 지방개발 정책으로 인해 전국토의 40%가 투기지역으로 지정되고 90%에서 땅값이 뛸 정도로 전 국토에서 파괴적 양상으로 진행형이다. 김헌동 경실련 아파트값 거품빼기운동본부장이 2005년 6월 한 토론회에서 "청와대 아래 10여개 위원회 중에 4~5개가 개발 위원회고, 15개의 정책 로드맵 가운데 13개가 건설 개발 정책이다. 청와대가 무슨 건설회사냐"고 날카롭게 꼬집었듯, 4차 폭등의 가장 큰 책임자는 정부이다.

'미국발 부동산 거품 파열' 공포, "공황 전야에는 투기가 극성이다"

최근 부쩍 통화당국이나 정부 관계자들이 사석에서 자주 하는 얘기가 "미국발(發) 부동산 거품 붕괴가 가장 겁난다"는 얘기다. 한국에서는 어떻게 해서든 정부가 부동산 거품 파열을 막을 수 있겠으나, 지난 몇 년간의 저금리 정책 때문에 적잖은 부동산 거품이 낀 미국에서 거품이 터지면 한국에도 순식간에 전파돼 정부가 손쓸 틈도 없이 부동산 거품이 터지면서 재앙적 국면을 맞게 될지도 모른다는 공포감이다.

이런 우려가 단순한 기우가 아닌 것은 지금 미국의 부동산거품도 만만치 않기 때문이다. 한 예로 미국 일간지 〈USA 투데이〉의 8월17일자 보도에 따르면, 부동산가격 조사회사인 '내셔널 시티'의 수석연구위원인 리처드 데카서가 미 주택시장의 80%에 해당하는 2백99개 전철역 주변지를 조사한 결과 53개 주요도시에서 개인집값이 극단적으로 과평가돼 집값 하락이 본격화할 위험을 안고 있는 것으로 나타났다.

특히 캘리포니아주의 샌타 바버라(과평가율 69%)가 가장 집값이 과평가된 것으로 나타났고, 캘리포니아주 살리나스(67%), 플로리다주 네이플스(62%), 캘리포니아 리버사이드(60%), 머세드(59%), 스톡턴(58%), 플로리다주의 포트 세인트 루시(58%) 등이 그 뒤를 잇고 있었다. 보고서는 "캘리포니아를 비롯, 플로리다주 남부, 보스턴 지역 근교의 주택가격이 매우 높은 것으로 나타나 부동산가격의 거품 빠지기가 본격화할 경우 이들 지역이 가장 위험성이 높다"고 분석했다.

시사주간지 〈타임〉도 앞서 2005년 5월13일자에서 미국부동산중개업협회(NAR)의 자료를 인용, "4월 미국 중간층 주택값은 20만6천달러로 5년 전과 비교해 무려 55% 급등했으며, 특히 고급 주택이 몰려 있는 로스앤젤레스의 집값은 5년간 1백35%나 치솟았고 샌디에이고와 라스베이거스도 같은 기간 각각 1백32%, 1백17% 올랐다"고 보도했다. 이처럼 집값이 급등하자 일반인들도 앞다퉈 집 투기에 나서, 1999년 4조달러를 밑돌던 미국내 총 주택담보대출은 2004년 7조8천억달러로 배 가까이 늘었고, 투기 수익률을 반영하는 미국내 자가소유자의 총 자산도 같은 기간 6조 달러에서 9조 달러로 늘었다. 〈타임〉은 미연준이 지난 4월부터 "이자가 오르는데 집값이 떨어지면 리스크가 커진다"면서 은행들에게 주택담보대출에 주의하라고 경고한 점을 상기시키며, 미국내 부동산 거품 파열을 우려했다.

이밖에 〈뉴욕타임스〉나 〈월스트리트저널〉 등 미국의 유력지들도 거품 파열 임박을 경고하며 "부동산 거품 파열은 이제 시간문제로, 빠르면 2006년부터 시작될 것"이라고 예고하고 있다. '월가의 불길한 예언자'로 불리는 모건스탠리의 스티븐 로치 수석이코노미스트는 〈뉴욕타임스〉와의 인터뷰에서 "미연준이 2000년 주가거품 붕괴 이후 3년간 동원한 초저금리 정책이 가계대출 붐과 주택가격 거품으로 이어졌다"며 "경상수지 적자를 메우려 금리를 올리는 과정에서 주택 버블이 붕괴할 것"이라고 예언했다.

세계적 경제석학인 폴 크루그먼 프린스턴대 교수도 8월25일 브라질에서 열린 '파생변수와 금융시장'을 주제로 열리고 있는 국제회의에서 "한창 팽창국면을 지나고 있는 세계경제가 내년 상반기에 한차례 위기를 겪을 것"이라면서 "새로운 위기의 주요 원인은 미국 부동산 시장에 형성된 거품에서 비롯될 것"이라고 구체적인 거품 파열 시기까지 예고했다. 그는 그 근거로 현재 모든 경제지수가 최고점을 지나고 있으며, 특히 미국 내 많은 지역에서 부동산 가격이 이미 절정에 달한 점을 들었다. 그는 "미국 시장에서 부동산 경기가 과열되는 이유는 중국이 막대한 외환 보유고를 이용해 미국 내 부동산을 취득하려는 움직임을 본격화하고 있기 때문"이라며 "중국의 미국내 부동산 취득 행위가 장기적으로 유지될 수 없을 것이라는 점에서 위기의 원인으로 작용할 것"이라고 덧붙였다. 그는 "현재 자본의 흐름이 잘못된 방향으로 가고 있으며, 세계경제는 지금 미국 마이애미에 콘도미니엄을 지으려고 달려가는 기관차 같은 모습을 보이고 있다"며 과잉유동성에 따른 세계적 부동산투기 붐을 개탄하기도 했다.

우리 정부가 내심 '미국발 부동산 거품 파열' 가능성에 대해 전전긍긍하고 있는 것도 무리가 아니다.

본디 미국은 부동산투기의 '원조 국가' 다. 유럽에서 건너온 이주민들이 나라를 세우던 18세기 미국은 백년 내내 대통령에서부터 하인에 이르기까지 땅투기에 진력했다. 땅부자인 미망인과 결혼한 '건국의 아버지' 인 조지 워싱턴이 땅 사재기에 열중했던 것은 물론, 미국 헌법을 기초한 벤저민 프랭클린, 토머스 제퍼슨, 초대 재무장관 알렉산더 해밀턴 등도 땅투기로 돈을 모았다. 이 과정에 6천만~1억명의 원주민 인디언들이 백인들의 '땅 야욕' 때문에 학살됐다.

반면에 유럽은 땅투기에 대단히 엄격했다. 아담 스미스의 뒤를 이어 고전경제학, 즉 '자유 시장경제' 의 이론 틀을 완성한 데이비드 리카르도조차 땅에서 발생하는 수익을 "100% 불로소득"으로 규정한 뒤, "땅은 신이 인간에게 내린 선물"이라는 이유로 결코 땅투기를 해선 안된다고 단언했을 정도다. 역사적으로 유럽의 부동산투기 정도가 상대적으로 덜한 반면, 신흥 자본주의국가인 미국에서는 "토지도 사고파는 상품의 하나일 뿐"이라는 '토지 사개념'에 기초해 주기적으로 땅투기가 활개를 치면서 경제에 암운을 드리우고 있는 것도 이런 이유에서다.

미국의 땅투기 문화는 세계 자본주의 경제를 붕괴 일보직전까지 몰고 갔던 미국의 1929년 세계대공황의 발발에도 공황 예광탄 같은 역할을 했다. 정운찬 서울대 총장은 저서 〈화폐와 금융시장〉에서 이 과정을 다음과 같이 기술하고 있다.

"1929년 대공황이 하루아침에 일어난 것은 아니었다. 그 조짐은 1920년대 초반에 시작된 플로리다 지역의 부동산투기 열풍에서 찾을 수 있다. 추운 겨울을 보내야 하는 뉴욕이나 시카고와 비교할 때 사계절 내내 태양을 즐길 수 있는 플로리다는 대단한 매력을 지닌 곳이었고, 매매가격의 10%만 현금으로 준비하면 원하는 부동산을 구입할 수 있는 금융상품의 도입은 많은 사람들을 부동산 투기로 내몰았다. 투기가 한창일 때에는 불과 몇 주일만에 부동산 가격이 두 배로 뛰기도 했다.

그러나 1926년에 접어들어 지속적인 가격상승을 지탱할 새로운 자금공급이 없어지자 부동산 시장은 붕괴되기 시작했다. 그러나 부동산 가격 폭락으로 위기를 맞은 투기적 열풍은 이에 아랑곳하지 않고 당시 상승기를 타고 있던 주식시장으로 옮겨가면서 대공황의 서곡을 알리게 된다."

낙관론자들 사이에서는 미국의 역사적 예를 '역'으로 해석해 우리나라에서 부동산 거품이 터지더라도 곧바로 재앙적 국면은 도래하지 않을 것이라며, 시중의 풍부한 유동성이 증시로 옮겨가면서 커다란 부작용 없이 도리어 경제에 순기능을 할 것이라고 주장하기도 한다. 그러나 이는 큰 착각이다.

한국은행은 부동산 거품이 한창 부풀어 오르던 2003년 5월26일, 앞서 3월 31일자 IMF 서베이에 수록된 마이클 보르도(미 러트거스대 교수) 및 올리버 진(IMF 조사국 이코노미스트)과의 인터뷰기사 '자산가격 거품에 대한 중앙은행의 무해한 무시 정책은 타당한가' 와 2002년말에 발표된 이들의 공동연구보고서 '통화정책과 자산가치' 의 주요 내용을 요약한 한 편의 보고서를 발표했다.

보고서에 따르면, 1970년 이후 최근까지 OECD(경제개발협력기구) 15개 국의 자산가격 추이를 관찰한 결과 '자산가격의 거품이 붕괴(boom & bust)' 로 이어진 경험은 주식시장의 경우보다 부동산시장에서 빈번하게 발생했다. 주식시장은 24차례의 붐 가운데 단지 4차례만 가격폭락으로 이어져 경험적 확률이 17%에 불과하나, 부동산시장은 20차례의 붐 가운데 절반을 넘는 11차례의 거품 붕괴로 이어져 경험적 확률이 55%에 달했다. 특히 부동산시장의 거품이 붕괴로 이어진 것은 도시집중화가 심하고 국토면적이 작은 나라들일수록, 예컨대 일본, 덴마크, 네덜란드, 영국 등에서 빈번하게 발생했고 이들 국가의 거품 붕괴는 곧바로 은행위기로 직결됐다. 반면에 영토가 넓은 미국의 경우 전국적 차원에서 부동산시장의 버블이 붕괴한 전례가 전무했다.

요컨대 광대한 영토의 미국에서는 부동산거품이 형성돼도 '국지적 현상' 에 그쳐 파멸적 형태로 발전할 확률이 낮으나, 좁은 영토에 바글거리는 인구를 갖고 있어 한번 거품이 생기면 쉽게 전국적 형태로 확산되는 한국 등 아시아와 북유럽에서는 거품 파열시 국가경제가 '파멸적 재앙' 을 맞을 가능성이 농후하다는 중차대한 의미였다.

서방 자본의 2차 음모, "한국 부동산 거품 더 키워 다시 잡아먹자"

미국과 유럽의 언론과 국제경제기구들은 요즘 연일 세계적 규모의 부동산 거품을 우려하며 파열 가능성을 경고하고 있다. 그런데 이들은 단 한곳, 한국에 대해서만은 부동산 거품이 존재하지 않는다는 황당한 진단을 내리며 부동산 경기부양을 위해 금리를 인하하라는 '정반대 처방'을 내놓고 있다.

국제통화기금(IMF)의 조슈아 펠먼 아시아태평양국 한국담당 부국장은 2005년 6월7일 한국에 대한 '2005년 정례협의' 결과를 설명하면서 "최근 일부 지역의 부동산값이 많이 오른 것은 사실이지만 실질 가격으로는 2003년보다 6% 낮은 수준으로, 부동산 거품이 있다고는 생각하지 않는다"고 주장했다. 그는 이어 "한국은행이 물가를 확실하게 관리할 수 있는 상황에서 경제회복이 주춤한다면 한은이 금리를 추가로 내릴 여지도 있다"며 우회적으로 금리인하를 주문하기도 했다.

한국에는 부동산 거품이 존재하지 않으며 도리어 부동산 실질가격이 2년 전보다 떨어졌으니 금리 인하를 통해 부동산 경기부양을 하라는 IMF진단은 말 그대로 '상식밖' 그 자체였다. IMF가 아무리 한국 실정에 '깡통'이라 할지라도, 이런 진단을 내놓으리라고는 상상도 하지 못했기 때문이다. 당연히 IMF의 '숨은 저의'에 의구심의 눈길이 쏠렸다.

IMF는 외환금융위기 발발 직전까지도 "한국경제의 펀더맨탈(경제기초여건)은 튼튼하다"는 주장을 펴 환란 발발의 결정적 요인을 제공했던 기구이다. IMF는 또 환란이 발발하자 한국에 대한 긴급구제금융 계획을 짜면서 월가의 이해를 대변해 제일, 서울은행을 외국계에 반드시 매각토록 하는 '불평등 노예협정'을 체결토록 강요한 바 있다. 이뿐인가. IMF는 환란발발후 부실기업 축출이라는 명분아래 30%대의 살인적 고금리정책을 강요, 멀쩡한 기업들까지 무더기 도산시켰고 그 결과 외국자본이 한국기업과 부동산들을 헐값에 사냥하게 만들었다. 이처럼 철저하게 서방자본의 이해를 대변하고 있는 IMF가 지금 또다시 8년 전과 마찬가지로 한국경제에 '치명적 독약'인 부동산투기를 조장하는 금리인하를 강요하고 나선 것이다. 당연히 국내 일각에서 "IMF가 서방자본의 이해를 대변해 한국경제의 아킬레스건인 부동산 거품을 더 키워 터트린 뒤 한국을 또 한차례 공략하려는 게 아니냐"는 의혹이 제기됐다.

이런 의혹을 한층 증폭시키는 일이 며칠 뒤 벌어졌다. 영국의 경제잡지 〈이코노미스트〉도 한국은행에 대해 금리인하를 통한 집값 상승, 이를 통한 소비여력 회복을 주문하고 나선 것이다. 〈이코노미스트〉는 6월9일자 기사를 통해 "인플레이션 우려가 거의 없는데도 한은이 7개월째 콜금리를 동결한 것은 의외"라며 이같이 주장했다.

이 잡지는 "한은은 금리를 인하할 경우 해외로 자본이 이탈하고, 부동산값이 상승할 것으로 우려하고 있다"며 "그러나 부동산값 상승을 막으려는 정책은 내수 부양이 절실히 필요한 한국의 경제실정과 배치된다. 금리를 내려 주택가격을 부양할 수 있다면 소비자들이 부유해졌다고 느껴 소비를 늘릴 것"이라고 주장했다. 이 잡지는 또 "한은의 집값 상승 방어는 한국 정부의 평등주의적 성향과 부합한다"며 "한은은 마치 노무현 정부의 일부인 듯하다"고 비아냥대기도 했다.

〈이코노미스트〉는 뉴욕 월가와 더불어 세계 양대 금융시장으로 불리는 런던시장의 이해를 2백여년간 대변해온 경제잡지로, IMF사태 발발시 "아시아의 '4마리 용' 중 하나였던 한국이 지렁이로 전락했다"는 모욕적 언사를 사용하면서까지 고소해하고 그후에도 한국에 대해 전면적 시장 개방을 압박하는 등 일관되게 서방자본의 이해를 대변해왔다. 따라서 〈이코노미스트〉의 "한국 집값을 더 올려야 한다"는 주장은 단순무지의 차원을 넘어서 한국 재공략을 위한 음모적 접근이 아니냐는 해석을 낳았다. 한은 간부는 이와 관련 필자에게 "냄새가 난다"는 의미심장한 촌평을 하기도 했다.

얼마 뒤에는 세계적 신용평가기관들도 일제히 동조하고 나섰다. 세계 3대 신용평가기관중 하나인 피치는 '8.31대책' 발표직전인 8월29일 "강남의 일부 부유층 거주 지역을 제외하고 한국의 부동산에 심각한 '거품'이 존재한다는 증거는 어디에도 없다"며 "한국 정부의 지나친 부동산 규제가 경기 부양 노력을 훼손할 수 있다"고 주장했다. 피치는 "한국 정부는 부동산 가격 상승에 지나치게 반감을 보여왔다"고 지적하면서 "그동안 저금리를 유지하고 소비자 신뢰지수를 끌어올리면서 전개해 온 경기부양 노력이 이번 부동산 대책으로 망가질 수도 있다"고 지적했다. 스탠더드 앤드 푸어스(S&P)도 이날 "한국 부동산 시장이 과열 조짐을 보이고 있어 주의 깊은 관심이 필요하지만 거품은 공급이 수요를 충족시키지 못하는 일부 지역에 국한돼 있다"며 부동산 거품을 일부지역의 특수현상인양 축소해석했다.

이들 신용평가기관은 IMF사태 발발 직전까지만 해도 IMF와 마찬가지로 "한국의 펀더맨탈은 튼튼하다"며 한국신용등급을 A급으로 유지하다가 IMF사태 발발을 전후에 하루아침에 여섯 등급이나 내려 한국의 국가파산을 초래함으로써 국제사회로부터 '울리지 않은 경보기'라는 비판을 받아온 기관들이다. 하지만 과연 서방자본의 이해를 대변하는 이들이 '울리지 않은 경보기'였는지, '고의로 경보음을 내지 않은 경보기'였는지는 깊이 생각해볼 대목이다.

한번 실수는 몰라도 같은 실수를 두 번 되풀이하는 것은 '진짜 바보'다. 특히 호시탐탐 한국경제를 눈독 들이고 있는 외국자본에게 두 번 당한다면 한국의 미래는 그것으로 마지막이다. 그럼에도 불구하고 한국 경제관료들은 "그것 봐라. 외국의 권위 있는 기관들도 한국에는 부동산 거품이 없다고 하지 않냐"며 마치 천군만마의 지원이라도 얻은 양 호들갑이다. 한국의 앞날을 암울하게 만드는 풍광이다.

"몇년뒤 대공황이 오니 '마지막 한탕' 세게 하자"

뉴욕 월가의 유명한 '바람잡이' 중에 해리 S. 덴트(Harry S. Dent)라는 애널리스트가 있다. 덴트는 90년대말 미국에 이른바 '나스닥 거품'이 한창일 때 "다우존스지수가 2008년말이나 2009년까지 3만5천포인트 또는 4만포인트까지 도달할 것"이라는 〈광란의 2000년대(The Roaring 2000s)〉라는 저서(1998년 간)를 출간, 주식거품을 부풀리는 데 결정적으로 일조한 바람잡이로 유명하다. 그러나 2000년 3월 나스닥 거품이 터지며 주가가 폭락하자 수년간 잠수해 침묵하고 있다가 미국 경제가 활황을 띠던 2004년 또 하나의 저서를 발표하며 다시 바람몰이에 나섰다. 그의 신저 이름은 〈도래하는 거대한 버블 붐(The Next Great Bubble Boom)〉. 국내에서는 〈버블 붐〉이란 이름으로 번역출간된 이 책의 최대 매력(?) 포인트는 '1929년 공황의 재도래'를 전제로 지금 부지런히 투기를 해 돈을 벌어놓아야 공황기를 편하게 지낼 수 있다는 적나라한 투기 논리를 펴고 있다는 사실이다.

"우리는 앞으로 수년간 1922~1929년에 있었던 '광란의 1920년대 (Roaring Twenties)'와 유사한 역사상 가장 큰 호황기가 도래할 것으로 예측하고 있다. 그 당시에도 1919년말부터 1922년초에 발생한 기술 버블과 뒤이은 주가 폭락후 초강세시장이 도래했었다. 1921년말부터 1922년초는 바로 대공황의 시작처럼 보였다. 미국의 실업률은 12%, 영국은 18%에 달했다. 수십년만에 처음으로 디플레이션 현상이 나타났다. 독일에서는 1922년부터 1923년에 초인플레이션 상황에 빠져 국가경제가 거의 붕괴 직전이었다. 1924년에는 KKK 단원이 미국 국민의 23%인 5백만명까지 폭발적으로 늘어나는 등 (실업에 대한 공포 때문에) 새로운 이민자와 인종집단에 대한 거센 반발도 일어났다. 그러나 이러한 극단적 정치, 경제, 사회, 국제적인 갈등이 있었음에도 광란의 1920년대는 미국 역사상 최고 호황의 주식시장과 함께 높은 경제적 생산성을 구가한 10년이었다.

우리는 이번 10년(2001~2010년)을 1920년대와 항상 비교해왔다. 사실상 이 기간의 시작은 1920년대와 거의 정확히 일치한다. 2000~2002년의 주가 대폭락에도 불구하고 가장 큰 경기 호황과 강세시장은 아직 끝나지 않았다. 역사상 규모가 가장 큰 세대인 베이비붐 세대의 소득과 소비를 보여주는 인구통계학적 흐름은 2000~2002년의 하락시장에서도 결코 멈추지 않았고 이 흐름은 2009~2010년까지 계속될 것이다. 현재 1만 포인트 수준인 다우지수는 3만8천~4만 포인트에 도달할 것이다. 우리는 호황기 뒤의 침체기가 아닌 '대호황기'의 연속선상에 있는 것이다. 이번 강세시장의 가장 큰 호황기는 2004년말~2009년말 또는 2004년말~2010년초에 다가올 것이다. 이 기간은 지난 두 세기를 통틀어 최고의 강세장과 호황이 될 것이다. 투자가와

기업가들에게는 일생일대의 마지막 기회가 될 것이다. 이번이 우리가 백만
장자 대열에 합류하기 위해 돈을 벌 수 있는 마지막 호황기인 것이다."

"1920년대의 거세한 강세장은 마침내 미국 역사상 최악의 경제위기인 대
공황으로 이어졌다. 마찬가지로 앞으로 우리는 2010~2022년 무렵까지 그
때와 비슷한 하락세를 맞이할 것이다. 1990~2003년의 일본과, 1930~1942
년의 미국처럼 장기적인 경기 하향세를 맞이할 것이다. (그 하락세는) 대공
황 때보다도 더 심각하고 장기적인 주식폭락을 동반할 것이며, 역사상 가장
큰 경기하락이 될 것이다. 우리의 연구에 따르면, 우리 세대에서는 주식시
장이 2009년이나 2010년의 최고점 이후 다시는 새로운 정점에 도달하지 못
할 것이며, 2023년에서 2040년초나 돼서야 새로운 상승세를 맞이하게 될
것이다.

이렇게 예측할 수 있는 폭풍과 같이 강력한 사이클은 우리의 투자, 사업,
인생에 있어 평생의 어떤 사건보다도 더 큰 영향을 끼치게 될 것이다. 가장
큰 기회는 이처럼 아주 어려운 시기에, 그 기회가 오는 것을 보고 있는 사람
에게 도래하게 마련이다. 당신이 그것을 이용해서 앞으로 20년간 좀 더 나은
수익을 얻고 환경에 적응할 수 있기를 바란다. 가능하면 앞으로 다가올 경제
의 혹독한 겨울에 대비해, 쾌적한 준교외 지역이나 휴양지로 이사하는 것도
고려해볼 만하다."

요컨대 덴트의 주장인즉, 대공황 전야에 나타나기 마련한 '최후의 버블'
을 공격적인 부의 축적 기회로 이용해, 대공황이 도래한 후에도 안락한 생활
을 즐기라는 것이다.

덴트의 전망이 과연 맞아 떨어질지는 미지수다. 그러나 단 한가지 분명한

사실은 '제2차 세계 대공황' 얘기가 월가에서 자연스레 나올 정도로 세계의 자산거품은 지금 심각한 위기국면을 맞고 있다는 것이다. 특히 세계의 어떤 나라보다도 부동산 거품의 정도가 극심한 상황인 우리나라의 위험 노출도는 심각해, 앞날을 잿빛으로 만들고 있다.

하인리히의 '재앙의 법칙'에 빠져든 한국

미국의 산업재해연구가인 하인리히(1959년 사망)가 생전에 1920년대의 미국 산업재해 통계를 분석하던 중 발견한 한 노동재해의 발생확률 법칙이 있다. 요지인즉 "하나의 대형 재난(major injury)이 발발하기까지에는 그 전에 29건의 작은 사고(minor injury)가 발발하고, 또 그 이전에 3백건의 이상상태(no injury accident)가 발견된다"는 것이다. 이 법칙은 훗날 '하인리히의 법칙' 또는 '1:29:300 법칙'으로 명명됐다.

그후 1960대에 미국의 보험산업전문가 프랭크 버드(1980년 사망)는 1백 70만건의 사건을 분석, '하인리히 법칙'을 보다 정밀하게 입증한 '사고 피라미드'를 만들어냈고 이는 지금도 보험업계에서 사고요율 등을 계산하는 데 있어 주요도구로 사용되고 있다. 버드의 피라미드는 대형사고 발발 단계를 4단계로 보다 세분화하고 있다. 요컨대 6백건의 이상상태(no apparent injury of damage) 단계, 30건의 위험상황(property damage) 단계, 10건의 사고(other injuries) 단계를 거쳐, 1건의 대단히 치명적 사고(serious/fatal injury)가 발생한다는 것이다.

한마디로 말해 큰 사건이 발생하기 전에는 가을이 올 때 녹음이 울창한 가운데도 낙엽이 한 잎 두 잎 떨어지듯, 오랜 기간에 걸쳐 무수한 사전징후가 나타나는 만큼 이들 징후를 간과하지 말고 사전제어적으로 대응해야 재앙적 참사를 예방할 수 있다는 경험 법칙이다.

문제는 지금 우리 경제가 무수한 사전징후를 묵살함으로써 재앙적 수준의 위험에 무방비 상태로 노출돼 있다는 사실이다. 거품의 폐해는 김대중 정부 후반기에 만들어낸 카드거품, 주식거품의 파열 과정에 뼈저리게 절감한 바 있다. 그러나 그 막대한 사회적 비용을 치르고도 정작 정부는 배운 게 없었다. 천문학적 '학습비'만 지급했을 뿐 '학습효과'는 제로(0)였던 셈이다.

'학습효과 0'의 정부가 선택한 것은 "구(舊)거품 파열의 충격을 신(新)거품을 일으켜 상충한다"는 최악의 재앙적 접근법이었다. '카드거품' 파열의 충격을 '부동산 거품'을 일으켜 완충하는 길을 택한 것이다. 재앙 발발 시기를 잠시 뒤로 늦추는 '하루살이' 삶의 선택이었다.

본디 경제에 '공짜 점심'은 없는 법이다. '하루살이' 식 경제운영은 결국 조기대응을 할 때 드는 비용보다 몇 배나 고통스런 대가를 요구하게 마련이다. 지금 국내외 일각에는 "한국은 결국 또 한차례 경제 재앙을 피할 수 없을 것"이라는 비관론이 자리잡고 있다. 그런 판단의 확실한 근거중 하나가 세계최악 수준으로 진행된 한국의 양극화이다.

공산권 몰락, 도쿄 증시 붕괴 등을 예견해 유명해진 미국 서던 매소디스트 대학의 라비 바트라 국제무역학 교수는 〈돈과 인플레, 규제 및 공황의 주기〉라는 저서에서 "양극화야말로 공황의 근원"이라고 규정하고 있다. 그는 양극화가 공황으로 진행되는 과정을 세 단계로 나눠 설명하고 있다. 양극화가 심화되면 첫 번째, 자산을 거의 갖지 못한 무자산 계층이 늘어난다. 두 번째, 그 결과 인구의 다수를 이루는 서민 및 중간계층의 금융 신인도가 떨어진다.

세 번째, 그럼에도 돈을 굴릴 데 없는 금융기관들이 위험대출을 늘리면서 자산 부실화와 파산이 발생한다. 이런 와중에 돈을 쥔 극소수 부유층은 투자위험성에 둔감해지면서 투기를 일삼게 되고, 다른 계층들까지 투기에 합류하면서 거품경제가 절정에 달한다. 이런 비정상적 상태는 장기간 지속 불가능하며, 결국 거품이 꺼지면서 주가가 폭락하고 경기침체 또는 공황에 돌입한다는 게 바트라 교수의 주장이다.

그의 논법대로라면 지금 한국경제는 '공황 전야'이다. 우리나라의 양극화는 노무현 대통령조차 "도통 해법을 못찾겠다"고 실토했을 정도로 극심한 지경이기 때문이다.

앞서 "한국은 이제 '집 없는 계층'과 '집 있는 계층'으로 양분됐다"고 말한 바 있듯, 한국 양극화의 최대 근원은 부동산 소유 편중이다.

행정자치부 발표에 따르면, 2005년 8월 현재 전체 세대중 45.4%가 무주택인 반면에 상위 9.1%가 전국 주거용 주택 1천1백19만호 가운데 21.2%인 2백37만호를 보유, 평균 2.66채를 갖고 있는것으로 분석됐다. 또한 땅의 경우는 면적기준으로 총세대의 1%인 17만7천세대가 전체 사유지의 34.1%, 금액기준으로 4분의 1이 넘는 26.9%를 각각 소유하고 있는 것으로 나타났다. 특히 상위 1백세대는 전체 사유지의 0.7%를 보유하고 있는 것으로 집계됐다. 행자부 통계는 다가구주택을 1채로 기록하고 있는 건축물대장에 기초한 것으로, 실제 무주택자 보유현황은 더욱 열악하고 상위층의 아파트-토지 집중도는 더욱 심각한 것으로 추정되고 있다. 이렇듯 부동산 소유가 편중된 상황에서 부동산값이 폭등을 거듭하니, 빈부 양극화가 누구도 손 쓸 길 없는 말기암 단계로 치달은 것이다.

경제전문가들은 투기적 거품으로 양극화가 심화된 나라를 흔히 '죽음에 이르는 병'에 걸린 나라에 비유한다. 우리나라가 이런 병에 걸렸음을 보여주는 하인리히의 '재앙 증거'는 즐비하다. 그런 대표적 예가 전세계 최저로 급락한 우리나라의 출산율이다. 우리나라의 여성 1명당 평생 출산자녀수는 1.16명으로 일본의 1.29명을 제치고 세계최저로 급락했다. 2000년 1.47명이던 출산율은 아파트투기가 본격화한 2001년 1.30명, 2002년 1.17명 식으로 급속히 낮아지더니 2004년 마침내 1.16명을 기록하기에 이른 것이다.

우리나라보다 출산율이 높은 일본도 낮은 출산율 때문에 2005년 절대인구가 감소세로 돌아서자 일본열도 전역이 큰 충격으로 흔들렸다. 노령화가 빠르게 진행되는 가운데 절대인구가 줄어든다는 것은 젊은 세대의 조세부담이 가중되면서 경제 전체가 쇠락기에 접어든다는 의미이기 때문이다. 우리나라의 경우도 예외일 수 없다.

문제는 특히 우리나라의 출산 기피가 망국적 부동산투기의 한 산물이라는 데 있다. 서울 강북 변두리에 20평대 자그마한 아파트 한 채를 장만하는 데에만 20년 가까이 쓸 돈 안 쓰고 먹을 것 덜 먹고 저축해야 하는 현실, 반면에 가진 자들은 일하나 하지 않으면서도 천문학적 불로소득을 벌어들이는 현실, 게다가 공교육 붕괴로 연간 8조원대의 사교육비까지 부담해야 하는 암울한 교육현실까지 맞물리면서 젊은 세대의 집단적 출산기피로 이어진 것이다. 부동산투기 앞에 왜 '망국적'이란 표현을 붙여야 하는가를 말해주는 방증이며, 저출산에 놀라 뒤늦게 출산비 국고지원 등의 대책을 내놓고 있는 정부가 얼마나 한심한 미봉책으로 일관하고 있는가를 보여주는 증거이기도 하다.

정부 일각에서는 양극화의 '망국성'을 인정하면서도 이런 현상이 우리나라뿐 아니라 미국 등에서도 심화되고 있는 점을 들어 '불가항력인 세계화의 산물'인양 책임을 돌리고 있으나, 한국의 양극화를 단순히 세계화 탓으로 돌리기에는 부동산 경기부양을 통해 빈부격차를 최악의 상태로 심화시킨 정부 책임이 너무 크다. 요컨대 한국의 양극화는 전형적 '인재(人災)', 그것도 거품을 아랑곳 하지 않은 정부의 경기부양책이 초래한 최악의 인재이며, 우리 사회에 앞날에 IMF사태를 능가할 공황적 재앙을 예고하는 '최악의 시한폭탄'인 것이다.

IMF사태보다 심각할 부동산 거품 재앙

양극화가 극심해져 중산층이 붕괴하면서, 은행들이 주력하고 있는 시장이 프라이빗뱅킹(PB)이다. PB란 한마디로 돈 많은 고객에게 1대1 맞춤식 투자 서비스를 해주는 세칭 '귀족 마케팅'이다. 양극화가 심해지면서 백화점들이 돈이 넘쳐나는 초부자(Hyper Rich) 고객에게 금테 두른 수입식탁을 수천만 원씩에 판매하는 것과 비슷한 접근방식이다. 물가인상분보다 손에 쥐게 되는 이자가 적은 '마이너스 금리시대'를 맞아 돈많은 고객들이 은행측에 원하는 서비스는 당연히 큰 수익을 올릴 수 있는 확실한 투자처를 알려달라는 것이며, 이에 은행들은 부동산 투자 서비스에 주력하고 있다.

한 시중은행 임원이 얼마 전 직원들이 PB 영업을 제대로 하고 있는지 점검차 자행의 강남 PB센터에서 돈 많은 고객들을 모아놓고 강의를 하는 자리에 참석했다. 가 보니, 모임에 나온 대부분의 고객은 가정주부들이었다. 이날 모임에서 투자기법을 설명해주는 강사는 언론에도 자주 얼굴이 비치는 유명 부동산 컨설던트로, 입심이 상당했다.

"주부님들, 애들 공부 시키느라 맘고생, 몸고생이 많으시죠. 요즘 애들 얼마나 많은 유혹에 노출돼 있습니까. 한번 샛길로 빠지면 끝장이죠. 주위에서 잘 막아야지 그렇지 않으면 아무리 많은 돈을 들여 학원 보내고 해도 말짱 도루묵 아닙니까. 그런 의미에서 주부님들, 부동산 세금고지서 나올 때마다 고지서 애들이 못 보게 하느라 고생이 많으시죠? 애들 이름으로 아파트 사고 땅을 사뒀는데, 애들이 이걸 보면 그 순간부터 '야, 내 앞으로 돼있는 재산이 이렇게 많구나' 하고 공부를 안 하곤 하니까 말입니다. 다른 주부님들도 고지서 나올 때마다 아파트 편지함에서 살다시피 한다고 하시대요."

이 말이 나오는 순간, 주부들은 배를 잡고 깔깔대며 박장대소했다. "절대 공감하는 분위기였다"는 게 이 임원의 전언이었다.

이처럼 은행들도 오래 전부터 돈 많은 고객들의 좋게 말하면 부동산 재테그, 직설적 표현으로는 부동산투기에 깊숙이 관여해온 게 솔직한 현실이다. 이를 뒷받침해주는 조사결과도 있다. 한국경제신문 자매지 월간 〈머니〉가 2005년 5월25일 글로벌리서치에 의뢰해, 부유층 고객을 상대하는 은행의 PB 전담직원 1백명을 상대로 설문조사를 한 결과, '현재 관리고객의 투자자산 구성에서 가장 큰 비중을 차지하는 상품은?'이라는 질문에 79명이 '부동산'을 꼽았다. '향후 기대수익률이 가장 높은 자산은?'이라는 질문에도 85명이 역시 '부동산'이라고 답했다. 선호 부동산 유형은 토지(29명)가 1위, 아파트(19명)가 2위를 차지했다.

이렇듯 은행을 비롯한 금융기관들은 "고객 수요에 부응한다" 또는 "대출할 곳이 마땅치 않다"는 이유로 부동산투기에 직간접적으로 관여해왔고, 이는 부동산값 폭등의 주요 원인으로 작용했다.

비근한 예로 부동산투기가 극성을 부리던 2001년말~2005년 부동산담보 대출이 핵을 이루는 은행의 주택담보대출 급증만 보아도 책임은 분명하다. 2001년 85조4천억원에 불과했던 주택담보대출 잔액은 아파트투기 열풍이 전국을 강타하면서 2002년 1백31조3천억원, 2003년 1백52조7천억원, 2004년 1백69조1천억원으로 폭증하다가 2005년 7월말 현재 1백71조3천억원을 기록하며 배 이상 늘어났다. 정부가 투기를 막겠다며 한 때 90%까지 갔었던 투기지역내 담보대출비율을 40%선까지 낮췄으나 공염불로 판정난 셈이다. 그 이유는 은행들의 편법 대출과 '눈 가리고 아웅' 식의 금융감독 때문이었다.

한 예로 정부가 부동산투기를 잡겠다고 난리인 요즘도 웬만한 아파트 단지 입구마다 "돈을 쓰라"는 은행, 카드, 생명보험사, 저축은행 등의 대출 세일 전단이 덕지덕지 붙어있다. 정부의 담보대출 제한을 받지 않는 카드, 생보사 등은 아파트 시세의 80% 전후의 대출을 약속하고 있다. 상담에 따라 '그 이상의 추가대출'도 가능하다고 적혀 있다. 은행의 경우도 마찬가지다. 국책은행인 A은행의 경우는 일단 정부 대출규제대로 집값의 40%만 제출가능하다고 적고 있다. 그러나 동시에 옆에는 "A은행 자회사인 A파이낸스가 추가로 40% 대출을 해준다"고 적혀 있다. 정부 규제를 받지 않는 외국계 은행이나 다른 제2 금융권들과 대출 세일경쟁을 하려다 보니 불가피한 편법으로 보이나, 이처럼 국책은행까지 버젓이 금융당국 규제를 묵살하고 있음에도 불구하고 금융당국은 이런 현실을 아는지 모르는지 조처를 취하지 않아 온 게 작금의 현실이다.

부동산 거품 파열에 대한 우려가 확산되면서 정치권에서 논란이 일자, 금융감독원 은행감독국은 2004년 10월 국회에 제출한 자료를 통해 "올 6월말 현재 담보시가 대비 대출금액비율(LTV)은 59.3% 수준으로 이론적으로는 주택가격이 40% 이상 하락하지 않으면 은행의 자산건전성에 큰 부담이 되지 않는다"며 "은행들은 주택값이 10% 하락시 1천억원, 30% 하락시 4조3천억원의 손실을 입을 것으로 예상된다"고 밝혔다. 거품이 터져도 크게 문제될 게 없다는 주장이었다.

하지만 이런 낙관론은 A은행의 경우처럼 은행들이 자회사들을 편법동원해 대출비율을 80%대 이상으로 끌어올리고 있는 현실을 고려하지 않은 것으로 설득력이 부족하다. 2005년 현재 은행의 주택담보대출 1백71조원외에 저축은행 등의 주택담보대출은 25조원, 보험사의 대출은 13조원에 달하고 있다. 대출비율 규제를 전혀 받지 않고 있는 이들 제2금융권이 입게 될 피해까지 감안한다면 거품 파열시 금융권이 입게 될 실제 타격은 엄청날 것이라는 게 금융계의 전언이다. 아울러 거품이 터질 경우 고객들의 신용이 급속히 악화되면서 간신히 진정시켜 놓았던 신용불량자 문제 등이 또다시 수면위로 떠오르는가 하면, 은행들이 부동산 호황기간에 앞다퉈 늘린 건설업계 대출이 부실화하는 등 금융부실이 전방위로 확산될 게 분명하다.

거품 파열시 금융권보다 더 큰 피해를 입게 될 이들은 은행에서 돈을 빌려 집 장만을 한 실수요자들이다. 한국금융연구원이 2004년 7월 발표한 보고서에 따르면, 2월말 현재 주택담보대출 가운데 만기 3년이하의 단기대출이 차지하는 비중은 77.7%나 되고 있다. 외국의 경우 만기가 20~25년인 모기지론이 중심을 이루고 있어 부동산값 폭락시 받게 되는 충격이 상대적으로 적은 것과 크게 대비되는 상황이다.

이런 마당에 부동산 거품이 빠지면서 은행들이 만기연장을 해주지 않고 대출금 회수에 나설 경우 은행돈을 빌어 집장만을 한 실수요자들은 급락하는 집값 때문에 앉아서 큰 손실을 보는 것은 물론이고 최악의 경우 집을 빼앗기고 길거리로 나앉는 상황까지 맞게 될 수도 있다. 그럴 경우 앞서 부동산 거품이 터졌던 외국들의 사례에서 볼 수 있듯 은행들이 수만채, 수십만채의 아파트를 보유한 최대 주택보유자가 돼, 금융부실화를 한층 가속화하며 경제 전체를 공황적 상황으로 몰아넣을 공산이 크다.

국민에게 "아파트가 집이냐, 돈이지"라는 집단투기를 불러일으킨 부동산 경기부양책의 종말은 이렇듯 참담한 것이다.

재앙의 도래, 이제 무엇을 할 것인가

아파트값이 폭등하던 연전에 한 대형 제조업 노조의 초청으로 노조 간부들을 만나 '재앙이 다가오고 있다. 뱀파이어 경제의 부메랑' 이란 제목의 강연을 하고 토론을 가진 적이 있다.

여기서 지금까지 이 책에서 장황하게 언급한 IMF사태 발발후 '뱀파이어 경제의 전개과정'을 설명한 뒤 결론적으로 노동자들에게 한 가지 질문을 던졌다.

"당신들은 해마다 임금복지 개선을 위해 사측과 치열한 싸움을 하면서 왜 아파트값 폭등 같이 생존이 달린 문제에 대해선 외면하고 있는가. 당신들이 그렇게 싸워 연봉 2,3백만원을 올려봤자 집값은 순식간에 몇천만원, 몇억원씩 올라, 당신들이 어렵게 성취한 임금 인상분보다 몇십 배나 많은 돈을 살인적 지대로 빼앗기고 있는 셈인데 말이다. 어디 그뿐인가, 빈곤의 영구화와 빈곤의 세습이 불을 보듯 훤한데도 당신들이 이 문제에 대해 침묵하고 외면하는 이유는 뭔가. 노동자는 물론 국민 다수의 생존권을 위협하는 뱀파이어 경제를 외면하는 노동운동이 성공할 수 있다고 보는가."

침묵이 흐를 뿐이었다.

2004년 4월 총선에서 민주노동당이 약진, 10명의 의원을 배출했을 때 민주노동당 한 의원과 식사를 한 적이 있다. 민노당이 막 의원들의 상임위원회 배치를 마친 직후였다. 민노당은 14개 상임위원회에 모두 의원을 배치할 수 없어 4개 상임위에는 의원을 배치하지 못한 상황이었다. 그런데 의원을 배치하지 못한 상임위 가운데 건설교통위원회가 끼어 있었다.

"아니, 민노당이 건교위에 의원을 배치하지 않다니 이게 말이 되는 소리인가. 건교위가 어떤 곳인가. 당신들 민노당이 가장 대변해야 할 노동자, 서민을 골병들게 만들고 있는 건설족을 24시간 감시하고 견제해야 하는 곳 아닌가. 지금 아파트값 폭등을 막는 것보다 중요한 민생 과제가 또 뭐가 있는가."

역시 침묵이 흐를 뿐이었다.

지금도 진행중인 4차 아파트 폭등기때 건설족과의 싸움은 주로 인터넷상에서 네티즌이 외로이 해왔다. 일부 시민단체와 인터넷 언론, 일부 신문 등이 공조했으나 주역은 단연 네티즌이었다. 전 국민의 4분의 3이 인터넷을 이용하는 한국에서 네티즌이란 곧 다수 국민을 의미한다. 네티즌과 건설족간 싸움은 간단치 않아, 똘똘 뭉친 네티즌은 건설족의 일방독주를 견제하는 데 큰 역할을 했다. 한나라당의 김양수, 이혜훈, 강재섭 등 상당수 의원들까지 '분양원가 전면공개'에 동조하게 만들 정도였다.

하지만 건설족의 파워는 역시 대단했다. 숫자는 얼마 안 되나 한국의 부

(富)를 움켜쥐고 있는 이들은 비조직적인 저항운동을 펼치는 네티즌을 비웃 듯 각 부문에서 전방위로 막강 로비력을 행사, 불로소득을 나날이 확대재생 산했고 그 과정은 지금도 맹렬히 진행중이다.

건설족은 언론 등의 입을 빌어 건설족 횡포에 분개하는 국민에게 당당히 경고하고 있다.

"아파트 거품이 문제라고? 분양원가를 공개해서라도 거품을 터트려야 한 다고? 그래 한번 터트려 볼까, 누가 죽나? 우리가 죽을 것 같냐? 우린 이미 벌 만큼 벌었다. 장기불황에 빠지든 공황이 오든 우리는 모을 만큼 모았기에 문제될 게 없다. 그러나 당신들은? 아파트 거품이 꺼져 불황이 오면 누가 당 신들에게 일거리를 주고 먹거리를 줄 건데? 또 집 장만한다고 은행에서 빌 린 돈은 무슨 수로 갚을 게고? 온 가족이 길거리로 쫓겨나기 딱 십상일 걸. 그래도 거품을 터트리자는 거냐?"

한마디로 말해 재앙을 자초하기 싫으면 거품이 계속 확산되든 말든, 강남 아파트값이 평당 1억원이 되든 말든 가만있으라는 협박에 다름 아니다. 그 러나 유감스럽게도 이런 논리는 지금 '주류 논리'가 돼 우리 사회의 '주류 여론'을 형성하고 있다. 일부 메이저신문의 주필은 칼럼에서 "제 본분에 만 족하고 강남의 대형아파트를 바라보지 말고 작은 것이 아름답다고 생각하고 살라"고 훈수하기까지 한다. 빈곤의 세습화, 계급적 적대감 심화 등의 심각 한 부작용은 전혀 염두에 두지 않고 하는 가진 자의 논리다.

그들의 주장은 일면 맞다. 부동산 거품 파열은 우리 사회에 큰 충격을 던 져줄 게 분명하다. 그 충격은 IMF사태를 능가할지도 모른다. 일본이 겪은 13 년의 지긋지긋한 장기복합불황 이상 가는 고통이 수반될지도 모른다. 이 과정에 양극화를 해소할 근원적 처방을 제시하지 못할 경우 일각에서 우려하듯, 일본형 장기복합불황보다 더 악성인 중남미화의 늪에 빠질 가능성도 완전 배제할 수 없다. 물론 이런 우려들에 대해 정부는 "과잉 상상력의 산물"이라고 일축하고 있지만 말이다.

그럼에도 불구하고 거품 파열은 역사의 필연이다. 영국 사학자 E.H.카는 〈역사란 무엇인가〉라는 고전적 명저에서 "우연을 매개로 한 필연의 관철"이라는 유명한 역사법칙을 말하고 있다. 아무리 정부와 건설족이 필사적으로 거품 파열을 막으려 몸부림 쳐도, 거품이 터질 때가 되면 국내외의 예기치 못한 우발적 변수를 계기로 거품은 반드시 터진다는 게 이 역사법칙의 골자다. 특히 경제에서 무한대로 거품 확장이 계속된 예는 세계사적으로 전무하다.

그렇다면 상황은 분명해지며, 따라서 할일도 분명해진다. 우리나라의 부동산 거품 파열을 기정사실로 받아들이고 피해를 최소화하기 위한 구체적 대책을 마련하는 동시에, 다시는 부동산 거품이 발생하지 않도록 하는 근원적 조치에 착수해야 한다. 그렇지 못할 경우 건설족이 비아냥대듯 거품 파열은 양극화를 더욱 심화시키며 무정부적 사태를 초래, 결국 체제 붕괴로 이어질 가능성이 농후하기 때문이다.

거품 파열의 가장 큰 희생자는 연일 폭등하는 아파트값에 놀라 서둘러 은행돈을 빌어 제집 장만을 한 이들이 될 가능성이 높다. 이들에 대해선 만기 연장, 이자 감면 등의 특단의 정부조치가 단행돼야 한다. 거품 양산의 핵심 책임자는 정부이기 때문이다. 만기 연장 등의 과정에 은행 등 금융권에 일방적으로 손실이 전가되지 않도록 하기 위한 정부의 책임 분담이 불가피하다. 이에 필요한 재원은 막대한 폭리를 취하고도 제대로 세금을 내지 않은 건설족에 대한 대대적 세무조사를 통한 탈루액 환수를 통해 조달해야 한다.

이와 함께 부동산 거품이 다시는 발생하지 않도록 하는 근원적 장치 마련에 착수해야 한다. 그 방법은 대단히 간단하다. 모든 과정을 유리알처럼 '투명' 하게 만드는 것이다.

우선, 땅값을 시가로 통일해야 한다. 세금 매기는 땅값이 다르고, 실제 거래되는 땅값이 다른 나라가 지상에 우리나라밖에 없다. 현재의 기준시가, 공시지가를 시가로 현실화함에 따라 세금이 급증하면 세율을 낮춰 그런 일이 없도록 하면 된다. 역대정권이 각기 다른 땅값을 존속시킴으로써 폭리와 탈세를 가능토록 한 것 자체가 한국이 '건설족의 나라' 임을 보여주는 웅변적 증거다.

그 다음, 아파트 등의 분양원가를 공개해야 한다. 건설족은 "절대로 폭리란 없다"며 "원가공개는 죽어도 할 수 없다"고 저항하고 있다. 좋다. 그렇다면 방법은 있다. 판교 같은 공공택지를 국민에게 맡겨 강남 중대형 아파트 못지 않은 고급 공공 아파트를 얼마에 지을 수 있는지 실제로 지어보면 된다. 국민의 엄중한 감시하에 정부가 수용한 땅값에 적정마진을 보장받은 견실한 시공사가 좋은 자재를 써 합리적 건축비로 짓도록 하면, 기존의 건설업계가 얼마나 살인적 폭리를 취하면서도 세금을 제대로 내지 않았는가를 쉽게 입증할 수 있다. 만에 하나 이 과정에 건설업계의 조직적 저항이 있다면 이들에 대한 단호한 세무조사로 이들을 건설시장에서 영구 퇴출시키는 동시에, 건설시장 해외개방을 함께 단행하면 된다. 아무리 국적이 한국 기업이라 할지라도, '독점 담합세력' 은 한국경제, 한국공동체의 암적 존재이기 때문이다.

이와 함께 싱가포르에서 볼 수 있듯, 공공택지에는 공공주택을 지어 폭리

없는 저가로 실수요자인 무주택 국민과 젊은 세대에게 분양하는 코페르니쿠스적 주택정책의 대전환이 있어야 한다. 이를 위한 재원은 국민 돈인 국민연금을 동원하면 되며, 이럴 경우 후분양제 도입이 가능해진다.

마지막은, '철저한 정책실명제' 시행이다. 과연 정부내 누가, 정치권내 누가 건설족의 이해를 대변하며 절대다수 국민을 파탄으로 몰아넣은 정책을 생산해냈는가를 철저한 정책실명제로 확인, 해당분야에서 영구히 축출해야 한다. 이 책을 쓴 목적 중 하나도 향후 재앙이 도래했을 때 책임소재를 분명히 하기 위한 것이다.

이상의 개혁은 '권력의 의지'만 있다면 오늘이라도 시행가능하나, 유감스럽게도 참여정부에게선 그런 의지를 기대하기 힘들어 보인다. 뚜렷한 경제철학 없이 갈팡질팡을 거듭하고 있기 때문이다.

거품 파열이 또다시 '학습효과 없는 국민부담'으로 돌아오게 해선 안될 일이다. 그러기 위해 우리가 할 일은 단 하나다. 건설족의 철저한 축출이며, 다시는 건설족의 발호가 불가능한 투명 메커니즘의 확립이다. 이런 개혁을 관료나 정치권에게 맡길 수는 없는 일이다. 개혁의 핵심주체는 우리 국민이 되어야 한다. 역대 국란때 나라를 구한 것은 관병이 아닌 의병이었기 때문이다.

'화(和)'의 철학

2003년 노무현 정부가 출범한 지 몇달 뒤 일이다. 당시는 노무현 후보 당선을 전후해 잠시 멈칫 하던 아파트값이 또다시 폭등하기 시작한 중차대한 시점이었다. 노무현 정부가 '경제성장률'이라는 숫자에 집착, "부동산투기 뿌리를 뽑겠다"던 공약과는 달리 아파투기에 미온적 태도를 보일 것이라는 판단이 시장에서 섰기 때문이었다. 당시 집권여당의 한 의원과 만날 기회가 있었다.

"경제에 바짝 신경을 써라. 아파트값이 다시 폭등하는 등 돌아가는 상황이 심상치 않다. 아파트값을 잡지 못해 빈부 양극화가 심화되면 노무현 정권에게 치명타가 될 것이다."

경고성 조언에 대한 핵심인사의 답은 심드렁했다.

"우리가 뭐 경제에 대해 알아야지. 경제에 밝은 공무원들이 잘 풀어나가지 않겠나."

경제문제는 애당초 관심밖이었다. 그의 관심은 온통 열린우리당 창당 등 '정치공학'에만 쏠려 있었다.

이런 모습을 접하면서 김영삼 정권 말기 때 비슷한 광경이 떠올랐다. IMF 사태가 발발하기 전해인 1996년 후반 당시 김영삼 정권의 핵심인사와 만나 시국 얘기를 나눈 적이 있다.

"경제 돌아가는 게 자못 심상치 않다. 우리 경제를 이끌어온 반도체 경기가 거덜 나면서 경상적자가 2백억달러를 넘는 등 심각한 적신호가 커진 상태다. 경제를 제대로 관리 못하면 내년에 정권 재창출은 힘들 것이다."

이에 대한 그의 답은 "그런 일은 결코 없을 것이다. 우리 현대 정치사에서 경제가 정권 창출에 변수가 된 적은 없다"는 단호한 것이었다. 그러나 1년여 뒤 IMF사태가 터지면서 정권 재창출에 실패한 뒤 만난 이 인사는 "그때 조언을 한 귀로 흘려버린 게 천추의 한이다. 경제가 그렇게 무서운 것인지는 그땐 전혀 몰랐었다"고 한숨을 내쉬었다. 차 떠나간 뒤의 깨달음이었다.

민간 출신의 역대 정권이 집권후 보여준 공통점은 '정치공학'에만 집중한다는 사실이다. 경제상황도 중요하긴 하나 어디까지나 '주변 변수'일뿐, '핵심 변수'는 되지 못한다는 인식을 하고 있는 것이다. 김대중 정부도 집권초기에는 IMF사태 극복을 위해 경제문제에 집중했으나, 얼마 안가 정치시즌이 돌아오자 경제를 총선과 정권 재창출의 하위수단으로 인식해 코스닥거품, 카드거품, 아파트거품 등 거품을 잔뜩 양산하는 치명적 과오를 범했다.

'역사 잣대'로 잴 때 거품을 만들어 민생을 파산케 한 정권은 '실패한 정권'일 수밖에 없다. 얼마 전 한 사석에서 한 전문 CEO는 모임에 동석했던 한 정치인에게 이런 뼈있는 조언을 했다.

"정치에 문외한인 내가 뭘 알겠냐만, 정치가 지향해야 하는 것은 '화(和)'라는 한 글자에 다 담겨 있는 게 아닌가 싶다. 실제로 정치인들은 동서화해, 남북화해, 계층화해 등 '화' 자를 국정 운영목표로 즐겨 사용하고 있다. 하지만 '화'의 본질을 제대로 알고 있는지는 의문이다.

'화(和)'라는 글자는 본디 '벼 화(禾)' 자와 '입 구(口)' 자를 합쳐 만든 글자이다. 즉 입에 밥이 들어가야 비로소 화목이 가능하다는 의미다. 백성이 '배 부르고 등 뜨듯해야' 정치도 제대로 돌아갈 수 있다는 옛말 그대로다.

배곯는 이들에게는 그런 일이 없도록 배려하고, 일을 열심히 한 이들에게는 불평이 없게 제가 한 역할만큼 보상을 해줘야 한다. 그러지 않고 일은 하지 않고 능력도 없으면서 부동산투기 등으로 성실히 일하는 국민 등을 쳐 배를 불리는 '불로소득 세력'이 내로라하고 활개 치게 만든다면 그것은 더 이상 정치라 할 수 없다. 정치인들이 '화' 자의 의미, 경제의 중요성을 제대로 알아야만 과거와 같은 실수를 되풀이하지 않을 성 싶다."

'화(和)의 철학'이라 부를 만한 고견이었다.

그러나 유감스럽게도 우리 정치사에서 극히 상식적인 '화의 철학'을 실천한 정권은 드물다. 노무현 대통령이 "나만 부동산정책 실패했냐, 역대정권이 다 실패하지 않았냐"고 공격적으로 강변할 정도로 '실패의 연속'이다. 그

원인은 뭘까. 부패 메커니즘 자체를 타파하겠다는 '권력 의지'가 존재하지 않았기 때문이다.

역대 그 어느 정권도 취임시 "부패 척결"을 외치지 않은 적이 없다. 하지만 퇴임후 '부패 문제'로부터 자유로운 정권은 단 한 번도 없었다. 입으로만 부패 척결을 외치고 '재수없는 피라미'들만 건드렸을 뿐, 부패 메커니즘을 손대지 않은 데 따른 필연적 귀결이다. '건설족 비리'로 대표되는 부패 메커니즘을 작심하고 척결하지 않는 한, 역대 정권이 그러했듯 앞으로 출범할 정권들도 같은 전철을 밟을 게 불을 보듯 훤하다.

참여 정부의 실패는 참으로 안타까운 일이다. 정말로 많은 국민들이 '근원적 변화'를 열망했기 때문이다. 참여정부의 실패는 여러 원인의 복합적 결과이겠으나, 핵심원인 중 하나는 노무현 대통령이 '관료의 덫'에 걸렸기 때문이다.

이 '덫'에는 노 대통령뿐 아니라 역대 많은 대통령들도 걸려들었다. 특히 야당출신 대통령이 쉽게 걸렸다. 김대중 전 대통령도 그러했다. 한 측근의 회고담.

"집권후 맨처음 든 생각이 '야, 생각보다 대한민국 관료들이 정말 유능하고 일을 열심히 하는구나'라는 생각이 들었다. 당선되자마자 김 대통령은 정말 바빴다. 식물인간 상태였던 김영삼 대통령 대신 IMF사태를 수습해야 했기 때문이다. 밤 1~2시까지 회의를 할 때가 많았다. 그런데 경이로운 것은 김대중 대통령이 '이것 좀 알아보시오'라고 한밤중 관료에게 지시한 내용이 다음날 아침 출근해 보면 보고서로 만들어져 책상위에 올라와 있는 것이었다. 야당 총재 시절에는 비서들에게 '이것 좀 알아보라'고 지시하면 보고가 올라오기까지 몇날몇일이 걸리고 그 내용도 신문 짜깁기 수준을 크게 넘어서지 못했다. 그러다보니 당연히 관료에 대한 신뢰가 생기고 관료에게 의존하게 되기 마련이다.

하지만 시간이 지나고 보니 '그때 잘못 생각했었다'는 결론에 도달했다. 돌아가는 일을 파악하고 나니 그렇게 유능해보이던 관료가 실제는 눈치껏 알아서 위의 분위기를 맞춘 것일뿐, 유능하거나 개혁적인 것과는 거리가 멀어도 한참 먼 존재라는 사실을 알 수 있었기 때문이다. 실제로 김 대통령이 재임시 지방자치단체장을 시켜주고 의원배지를 달아준 경제관료들의 면면만 보아도 그러하다."

마찬가지 덫에 노 대통령도 걸렸다. 노 대통령은 취임후 "내가 아는 가장 유능한 관료"를 중용했다. 그러나 그 결과는 통한의 부동산값 폭등이었고 지지층의 대거 이탈이었다. 그후에도 유능하다는 관료들을 잇따라 중용했으나 그 결과는 땅투기의 전국화였다. 관료가 한국 기득권층의 이해를 대변하는 '건설족의 일원' 임을 알지 못한 데 따른 필연적 귀결이다. 그러다보니 "이 정부가 분배정책을 많이 해서 성장이 안된다고 보수세력이 비난하나, 실질적으로 이 정부는 분배정책을 한 게 없다. 말은 분배 정책하는 것처럼 하지만 실질적으로는 부동산값을 폭등시켜 분배를 악화시켰을 뿐"이라는 쓰라진 국민의 비판에 직면하게 된 것이다.

참여정부 실패의 결과, 다음 정권은 그 어느 정권보다도 무거운 '전(前)정권의 짐' 을 물려받게 될 것이다. 파열 초읽기에 들어간 부동산 거품을 필두로 급속히 악화된 재정적자, 파산 초읽기에 들어간 국민연금, 잠재성장력 하락에 따른 청년실업의 만성화와 저출산, 앞으로 크게 늘어날 북한에 대한 경제협력 부담 등등, 다음 정권이 떠맡게 될 경제적 짐은 생각만 해도 아찔하다.

더욱 걱정되는 시나리오는 다음 정권도 대안없이 정략만 갖고 집권해 근원적 수술 대신 미보책으로 일관하며 '전 정권 탓' 만 하는 경우다. 그럴 경우 한국은 영원히 벗어나기 힘든 나락으로 함몰할 게 분명하다. 이 과정에 외국 자본의 '한국 2차 사냥' 까지도 예상되는 상황이다.

차기집권을 꿈꾸는 정치세력은 그 어느 때보다 위기의 한국을 구조할 분명하고 치밀한 집권 청사진을 갖고 국민에게 이를 설명한 뒤 표를 호소하고, 집권과 동시에 이를 반드시 실천에 옮겨야 할 것이다. 집권후 임기 절반이 지나도록 위원회에서 '로드맵'을 만드는 일은 다시는 없어야 할 것이다. 또한 국민의 생존이 걸린 핵심공약을 헌신짝처럼 여기는 행태가 더 이상 있어선 안된다.

멀지 않아 또다시 정치 시즌이 본격 가동될 것이다. 과연 통치의 근원인 '화(和)의 철학'을 아는 세력이 집권할지, 두 눈을 똑바로 뜨고 예의주시할 일이다.